国家社会科学基金重大项目（14ZDB134）

中国家庭金融调查报告 2014
China Household Finance Survey Report

主 著
甘　犁　尹志超　谭继军

参 著
彭嫦燕　邓博夫　罗建东
何　欣　邱雨薇　吴　雨
王宏扬　唐俊蕾　弋代春
李江一　张号栋

西南财经大学出版社
Southwestern University of Finance & Economics Press

图书在版编目(CIP)数据

中国家庭金融调查报告(2014)/甘犁等著. —成都:西南财经大学出版社,2015.2(2015.12 重印)
ISBN 978 – 7 – 5504 – 1809 – 7

Ⅰ.①中… Ⅱ.①甘… Ⅲ.①私人投资—调查报告—中国—2014 Ⅳ.①F832.48

中国版本图书馆 CIP 数据核字(2015)第 028472 号

中国家庭金融调查报告(2014)
ZHONGGUO JIATING JINRONG DIAOCHA BAOGAO
主著:甘 犁 尹志超 谭继军

责任编辑	王 利
封面设计	科嘉艺设计制作公司
责任印制	封俊川
出版发行	西南财经大学出版社(四川省成都市光华村街55号)
网 址	http://www.bookcj.com
电子邮件	bookcj@ foxmail.com
邮政编码	610074
电 话	028 – 87353785 87352368
照 排	四川胜翔数码印务设计有限公司
印 刷	四川森林印务有限责任公司
成品尺寸	185mm × 260mm
印 张	15
字 数	320 千字
版 次	2015 年 2 月第 1 版
印 次	2015 年 12 月第 2 次印刷
印 数	5001—7000 册
书 号	ISBN 978 – 7 – 5504 – 1809 – 7
定 价	38.80 元

1. 版权所有,翻印必究。
2. 如有印刷、装订等差错,可向本社营销部调换。

序

这是我第三次为中国家庭金融调查团队出版的专著写序了，每一次我都能深刻体会这些用第一手数据撰写的著作的厚重与生动。翻阅着沉甸甸的书稿，一个个数据承载的是西财人敢为天下先的智慧和勇气，是中国家庭金融调查团队筚路蓝缕和历尽艰辛的创业历程，是西财学子孜孜求索的责任和担当。记得一位同仁说过："这项调查的难度是空前的，要做出影响，需要付出一代人的青春。"这个团队在短短几年间取得的成绩超出每个西财人的预期，他们一路披荆斩棘，向学校和社会交出一份又一份负责任的答卷。在国内同行机构中，中国家庭金融调查与研究中心已然成为行业标杆，在高校、政府和业界产生了广泛而深远的影响。中国家庭金融调查已成为西财一个耀眼的品牌，是推动我校建设特色鲜明高水平研究型财经大学的重要力量。

《中国家庭金融调查报告（2014）》一书根据第二轮中国家庭金融调查数据分析而成，内容涵盖人口特征与工作、生产经营和住房资产、金融资产与家庭负债、收入与支出、保险与保障及家庭财富等全面的家庭金融微观数据。较之于2012年的调查报告，此书所依赖的调查样本更多，具有更为广泛的代表性。在2011年调查成果取得重大影响的前提下，中心2013年在第二轮调查中将样本由8 438户增加到28 000余户，使调查数据在具有全国代表性的同时也具有省级代表性，为产出更多更具有影响力和针对性的社会服务成果奠定了坚实的基础。该书对我国家庭人口、资产、负债、收入、消费、保险、保障等进行了全方位分析，用详尽客观的调查数据为读者全面展示了中国家庭金融现状，对深入研究我国家庭金融问题具有重要参考价值。

中国家庭金融调查与研究中心成立近五载，我校从资金、人力和政策等各方面支持和推动该项调查研究。做好这项调查，摸清中国的"家底"，"让中国了解自己，让世界认识中国"，不仅是学术界的责任，也是整个社会的福祉。这不仅是大学精神的体现，也是当今社会每位知识分子和教育工作者的责任和义务。

西南财经大学一直秉承"经世济民，孜孜以求"的大学精神，以其深厚的金融行业背景、独特的金融学科优势、出色的行业影响力，为我国社会经济的改革和发展贡献着自己的力量。作为我校"大金融优势学科创新平台"的重要组成部分，中国家庭金融调查与研究中心通过全国范围内大规模的实地调查，利用第一手调查数据深入开展关于中国本土问题的研究，填补了我国家庭金融研究的空白，开创了中国家庭金融这一崭新的学术领域，产生了广泛而积极的社会影响。《中国家庭金融调查报告（2014）》既是探究我国家庭金融现状的最新成果，也是顺应社会需求和时代发展的产物。

中国家庭金融调查与研究中心在经历了近五年的飞速发展后，已成长为学术研究特色化、政策咨询专业化、团队建设高学历化与年轻化的知名调查研究机构。希望中心继续坚持与发扬"负责任的态度，做真实的调查"和"用数据说话"的精神，向社会提供更多的数据分析、研究报告及政策咨询参考。

中国家庭金融调查之路，任重而道远。

感慨之言，是以为序。

西南财经大学校长　张宗益

2015 年 2 月

目录

1 调查设计　　/ 001
  1.1 抽样设计　　/ 001
    1.1.1 中国家庭金融调查项目　　/ 001
    1.1.2 抽样过程　　/ 001
  1.2 数据采集与质量控制　　/ 004
    1.2.1 CAPI 系统介绍　　/ 004
    1.2.2 访员选拔和培训　　/ 004
    1.2.3 社区联系　　/ 005
    1.2.4 质量控制　　/ 005
    1.2.5 数据核查　　/ 006
  1.3 调查拒访率　　/ 007
    1.3.1 拒访率分布　　/ 007
    1.3.2 拒访率比较　　/ 007
  1.4 数据的代表性　　/ 008

2 家庭人口和工作特征　　/ 011
  2.1 家庭人口特征　　/ 011
    2.1.1 家庭构成　　/ 011
    2.1.2 性别结构　　/ 012
    2.1.3 年龄结构　　/ 013
    2.1.4 学历结构　　/ 013
    2.1.5 政治面貌　　/ 016
    2.1.6 婚姻状况　　/ 017
  2.2 工作及收入状况　　/ 022
    2.2.1 工作状况　　/ 022
    专题 2-1 教育与职业进入机会　　/ 025

    2.2.2　工作收入　　／027
    专题2-2　教育与回报　　／030
    专题2-3　公共部门与非公共部门收入差距　　／031
    专题2-4　城镇公务员收入　　／033

3　**家庭生产经营项目**　　／035
  3.1　农业生产经营项目　　／035
    3.1.1　参与情况　　／035
    专题3-1　农业生产经营家庭特征　　／035
    3.1.2　生产经营范围　　／037
    3.1.3　劳动力投入　　／038
    3.1.4　生产工具使用　　／039
    3.1.5　土地使用　　／040
    3.1.6　生产补贴　　／044
    3.1.7　生产成本及收入　　／045
  3.2　工商业生产经营项目　　／046
    3.2.1　参与情况　　／046
    专题3-2　工商业生产经营参与影响因素　　／048
    3.2.2　工商业经营特征　　／050
    3.2.3　劳动力投入　　／052
    3.2.4　经营规模　　／054
    3.2.5　经营效益　　／054
    3.2.6　经济特征　　／055
    专题3-3　工商业生产经营盈利能力　　／055
  3.3　生产经营借贷　　／058
    3.3.1　生产经营贷款　　／058
    3.3.2　生产经营借款　　／063

4　**家庭住房资产**　　／066
  4.1　住房拥有情况　　／066
    4.1.1　拥有住房的基本情况　　／066
    4.1.2　拥有住房的国际比较　　／066

专题4-1　户主年龄与家庭住房拥有情况　／067
　　4.1.3　拥有多套住房的基本情况　／068
　　4.1.4　拥有多套住房的国际比较　／069
　　专题4-2　我国住房市场供需分析　／069
4.2　住房消费特征　／071
　　4.2.1　购房动机　／071
　　4.2.2　住房获得方式　／072
　　4.2.3　购房资金来源　／072
　　4.2.4　房屋出租情况　／073
4.3　小产权房　／074
　　4.3.1　拥有小产权房的基本情况　／074
　　4.3.2　小产权房地区分布　／075
　　4.3.3　小产权房购买动机　／077
4.4　住房资产配置　／078
　　4.4.1　住房资产占比　／078
　　4.4.2　其他因素与住房资产占比　／081
　　专题4-3　我国家庭自有住房空置率　／082

5　家庭其他非金融资产　／084
5.1　汽车　／084
　　5.1.1　汽车消费　／084
　　5.1.2　汽车信贷　／089
　　5.1.3　汽车保险　／093
　　专题5-1　汽车保险的逆向选择　／094
5.2　耐用品和其他非金融资产　／095
　　5.2.1　耐用品　／095
　　5.2.2　其他非金融资产　／097

6　家庭金融资产　／099
6.1　银行存款　／099
　　6.1.1　活期存款　／099
　　6.1.2　定期存款　／103

6.2 股票 /107
　　6.2.1 账户拥有比例 /107
　　6.2.2 持股情况 /109
　　6.2.3 持股效益 /112
　　专题6-1 股票市场参与之谜 /113
　　专题6-2 家庭炒股盈亏的影响因素 /114
6.3 基金 /116
　　6.3.1 持有比例 /116
　　6.3.2 基金只数 /117
　　6.3.3 基金类型 /118
　　6.3.4 投资时间 /118
　　6.3.5 购买渠道 /118
　　6.3.6 基金效益 /119
6.4 债券 /120
　　6.4.1 持有比例 /120
　　6.4.2 债券类型 /121
　　6.4.3 债券效益 /121
6.5 金融理财产品 /122
　　6.5.1 银行理财产品 /122
　　6.5.2 其他金融理财产品 /125
　　6.5.3 金融理财产品效益 /125
6.6 其他金融资产 /126
　　6.6.1 其他正规风险资产 /126
　　6.6.2 现金 /126
　　6.6.3 家庭借出款 /127
6.7 金融市场参与比例及金融资产配置 /131
　　6.7.1 金融市场参与比例 /131
　　专题6-3 风险市场总体参与比例的影响因素 /133
　　6.7.2 金融资产规模及结构 /135

7 家庭负债 /139

7.1 家庭负债概况 /139

　　　　7.1.1　负债总体概况　　/ 139

　　　　7.1.2　负债结构比较　　/ 140

　　7.2　家庭分类负债　　/ 142

　　　　7.2.1　家庭经营负债　　/ 142

　　　　7.2.2　家庭房产负债　　/ 143

　　　　7.2.3　汽车负债　　/ 144

　　　　7.2.4　教育负债　　/ 145

　　　　7.2.5　信用卡负债　　/ 146

　　　　7.2.6　其他负债　　/ 148

　　7.3　家庭信贷可得性　　/ 149

　　　　7.3.1　正规信贷可得性　　/ 149

　　　　7.3.2　分类信贷可得性　　/ 150

　　　　7.3.3　正规信贷可得性影响因素　　/ 152

　　7.4　家庭民间借贷　　/ 158

　　　　7.4.1　民间借贷参与比例　　/ 158

　　　　7.4.2　民间借贷规模　　/ 159

　　　　7.4.3　民间借贷来源　　/ 160

　　　　专题7-1　家庭债务风险——基于可支配收入视角　　/ 161

8　家庭收入与支出　　/ 164

　　8.1　家庭收入　　/ 164

　　　　8.1.1　家庭收入概况　　/ 164

　　　　8.1.2　工资性收入　　/ 170

　　　　8.1.3　农业收入　　/ 173

　　　　8.1.4　工商业收入　　/ 173

　　　　8.1.5　财产性收入　　/ 177

　　　　8.1.6　转移性收入　　/ 179

　　　　专题8-1　收入差距与基尼系数　　/ 184

　　　　专题8-2　不同收入组家庭的特征比较　　/ 186

　　　　专题8-3　低收入家庭特征分析　　/ 187

　　8.2　家庭支出　　/ 189

　　　　8.2.1　家庭支出概况　　/ 189

    8.2.2 消费性支出 /191
    8.2.3 转移性支出 /195
    8.2.4 保险支出 /198
   专题 8-4 高储蓄与低消费 /200

9 保险与保障 /201
  9.1 社会保障 /201
    9.1.1 养老保险 /201
    9.1.2 医疗保险 /207
    9.1.3 失业保险、生育保险和工伤保险 /211
    9.1.4 住房公积金 /211
  9.2 商业保险 /212
    9.2.1 商业保险投保 /212
    9.2.2 商业人寿保险 /214
    9.2.3 商业健康保险 /215
    9.2.4 商业养老保险 /216
   专题 9-1 社会保障与居民幸福感 /217
   专题 9-2 保险产品信任度与保险需求 /217

10 家庭财富 /218
  10.1 家庭财富的分布 /218
  10.2 家庭财富的人口学特征 /220
  10.3 家庭资产负债表 /220
    10.3.1 家庭资产负债率 /222
    10.3.2 家庭金融资产组合 /223
    10.3.3 家庭非金融资产组合 /224
  10.4 家庭收支储蓄表 /224
    10.4.1 家庭收入构成 /226
    10.4.2 家庭支出构成 /227

1 调查设计

1.1 抽样设计

1.1.1 中国家庭金融调查项目

西南财经大学在2009年启动中国家庭金融调查项目,2010年成立了中国家庭金融调查与研究中心,在全国范围内开展抽样调查项目——中国家庭金融调查(China Household Finance Survey,简称CHFS),每两年进行一次全国性入户追踪调查。该项目是对中国家庭金融状况进行的全面系统的调查,调查结果成为中国家庭金融领域的基础数据库,并为社会共享。调查的主要内容包括:住房资产和金融财富、负债和信贷约束、收入、消费、社会保障与保险、代际转移支付、人口特征和就业以及支付习惯等相关信息。

CHFS已于2011年、2013年分别完成第一、二轮调查,2012年发布了首轮调查数据,产生了巨大的社会影响力。在中国,有关家庭金融的研究才刚刚起步,CHFS的成果不仅填补了中国家庭金融学术研究的空白,而且产生了广泛而积极的社会效益。在学术方面,CHFS发布的数据引起了学术界的极大兴趣,并出现了一系列研究成果,随着数据库建设的不断深入,更多研究人员将参与到家庭金融的研究中来。在社会效益方面,CHFS积极参与中国重大政策问题的研究与讨论,在房地产市场调控、收入分配与经济转型、城镇化问题等诸多中国目前重大的宏观经济政策方面都进行了深入的研究和探索。

1.1.2 抽样过程

(1)总体概述

CHFS的抽样设计包括两个方面:整体抽样方案和末端抽样方案。为了保证样本的随机性和代表性,同时达到CHFS着眼于研究家庭资产配置、消费储蓄等行为的目的,抽样设计力求满足如下四个方面的要求:一是经济富裕家庭的样本比重相对较大;二是城镇家庭的样本比重相对较大;三是样本的地理分布比较均匀;四是尽可能节约成本。

总体而言,本项目的整体抽样方案采用了分层、三阶段、与人口规模成比例(PPS)的抽样设计方法。第一阶段抽样在全国范围内抽取市/县;第二阶段抽样从市/县中抽取居委会/村委会；第三阶段抽样在居委会/村委会中抽取住户。每个阶段的抽样都采用了 PPS 抽样方法，其权重为该抽样单位的人口数（或户数）。本项目第一轮调查的户数设定为 8 438 户；第二轮调查的户数约为 28 141 户。

CHFS 于 2011 年 7 月至 8 月实施了第一轮访问。初级抽样单元为全国除西藏、新疆、内蒙古和港澳台地区外的 2 585 个县（含县、县级市、区，以下统称县）。在第一阶段抽样中，我们将初级抽样单元按照人均 GDP 分为 10 层，在每层中按照 PPS 抽样方法抽取 8 个县，共得到 80 个县，分布在全国 25 个省份。在每个被抽中的县中，按照非农业人口比重分配村（居）委会的样本数，并随机抽取相应数量的村（居）委会，且保证每个县抽取的村（居）委会之和为 4 个。在每个被抽中的村（居）委会中，本调查根据社区住房价格对高房价地区进行重点抽样，即房价越高，被分配的调查户数就相应越多，由此得到每个社区访问的样本量为 20~50 个家庭。在每个被抽中的家庭中，对符合条件的受访者进行访问，所获得的样本具有全国代表性。进行第一层和第二层抽样时，在总体抽样框中利用人口统计资料进行纸上作业；进行末端抽样时，采用地图地址进行实地抽样。

2013 年，CHFS 对家庭金融调查的样本进行了大规模扩充。表 1-1 给出了 2011 年和 2013 年 CHFS 调查的样本量情况。样本家庭户数由 2011 年的 8 438 户提高到了 2013 年的 28 141 户。个体样本数量由 2011 年的 29 324 个提高到了 2013 年的 97 916 个。2013 年调查的初级抽样单元（PSU）为全国除西藏、新疆和港澳台地区之外的全部县级单位（含县、县级市、区，以下统称县）。在数据具有全国代表性的基础上，通过抽样设计使得数据在省级层面也具有代表性。具体做法是：在第一阶段抽样时，在每个省内将所有县按照人均 GDP 排序，然后在 2011 年被抽中县的基础上，根据人均 GDP 排序进行抽样。例如，某省共有 100 个县，将其按照人均 GDP 排序后，若 2011 年被抽中的县位于第 15 位，则对称抽取人均 GDP 位于第 85 位的县。在此基础上，若 2011 年该省被抽中的县样本过少，对称抽样不足以构成省级代表性时，将采用 PPS 抽样的方式追加县样本（具体实施方法见对新增省份抽样方法的描述）。对于新被抽中的宁夏、内蒙古和福建三个省份，同样采用 PPS 抽取县样本。具体的做法为：对该省内所有的县按照人均 GDP 排序，然后以人口为权重，采用等距抽样方法抽取县样本。在第二阶段抽样中，我们对新增县样本使用了与 2011 年不同的抽样方法。在所有的新被抽中的县内部，按照非农业人口比例将各个街道（乡）、居委会（村委会）排序，然后使用以人口为权重的 PPS 等距抽样方法抽取 4 个村（居）委会。最终得到的样本包含 262 个县，1 048 个居委会（村委会），涵盖全国 29 个省份。

表 1-1　　　　　　　　　　　　　　　样本规模

样本类型	2013 年样本	2011 年样本
家庭总数（户）	28 141	8 438
个体数量（人）	97 916	29 324

（2）具体实施

①绘制住宅分布图

本项目的末端抽样建立在绘制住宅分布图以制作住户清单列表的基础上，以"住宅分布地理信息"作为抽样框来进行末端抽样。末端抽样框的精度很大程度上取决于实地绘图的精度，因此，提高绘图精度成为关键。

CHFS 的绘图采用项目组自行研发的地理信息抽样系统，借助 3G（遥感、GPD、GIS）技术解决了目标区域空间地理信息的采集问题。借助地理信息研究所提供的高精度数字化摄影图和矢量地图，绘图员在野外通过电子平板仪加上 GPS 定位获得高精度的测量电子数据，并直接输入计算机系统中，从而获得高质量矢量地图。考虑到地图数据的时效性，通过后期实地核查、人工修复的方式对空间地理数字模型进行调整，建立起与现实地理空间对应的虚拟地理信息空间。

该系统除了使绘图员能直接在电子地图上绘制住宅分布图外，还能储存住户分布信息，辅助完成末端抽样工作，最大限度地提高工作效率，减少绘图和末端抽样误差。此外，使用电子地理信息抽样系统也有利于保存住户信息资料，为进一步深化和改进项目工作奠定基础。该部分工作流程如图 1-1 所示。

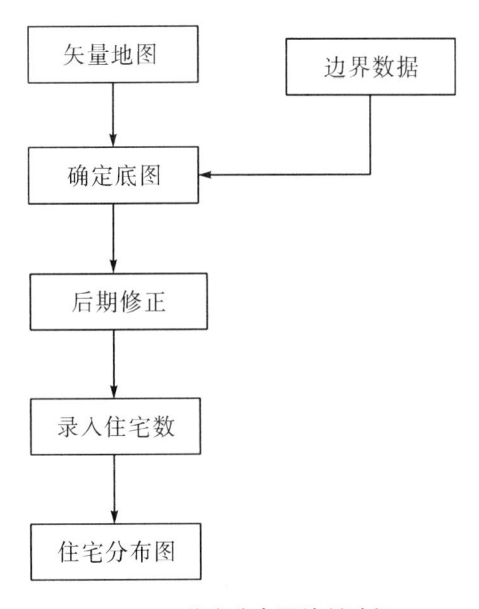

图 1-1　住宅分布图绘制过程

②末端抽样

末端抽样基于绘图工作生成的住户清单列表并采用等距抽样的方法进行。具体步骤如下：

第一，计算抽样间距，即每隔多少户抽选一个家庭。其计算公式为：

抽样间距=住户清单总户数÷设计抽取户数（向上取值）

若某社区住有100户，计划抽取30户，100/30=3.33，则抽样间距为4。

第二，确定随机起点。随机起点为抽样开始时钟表上分针所指未知的个位数值。如此时的时间为15时34分，则随机起点为4。

第三，确定被抽中住户。随机起点所指示的住户为第一个被抽中的住户。在上述例子中，随机起点为4，则第一个被抽中的住户是编号为4的住户，其他被抽中的住户依次为8，12，16，20等，依此类推，直至抽满30户。

在抽样中，对家庭的定义如下：家庭可分为多人家庭和单人家庭。多人家庭由夫妻、父母、子女、兄弟、姐妹等构成，可以直接访问。单人家庭又分为以下两种情况：没有其他家人，可以直接访问；在其他地区有家人，但经济上相互独立，则其他家人不算本地区的家庭成员。同时，家庭中必须至少有一个人拥有中国国籍，并且在本地区至少居住6个月以上。总的来说，识别家庭的原则是满足共享收入或共担支出条件。

③加权汇总

在CHFS的抽样设计下，由于每户家庭被抽中的概率不同，因此每户家庭代表的中国家庭数量也就不同。在推断总体的时候，需要通过权重的调整来真实准确地反映每户样本家庭代表的家庭数量，以获得对总体的正确推断。中国家庭金融调查项目的所有计算都经过抽样权重的调整。抽样权重的计算方法如下：根据每阶段的抽样分别计算出所调查市县被抽中的概率P_1、所调查社区（村）在所属区县被抽中的概率P_2以及所调查样本在所属社区（村）被抽中的概率P_3，分别计算出三个阶段的抽样权重$W_1=1/P_1$，$W_2=1/P_2$，$W_3=1/P_3$，最后得到样本的抽样权重为$W=W_1 \times W_2 \times W_3$。

1.2 数据采集与质量控制

1.2.1 CAPI系统介绍

CHFS项目基于计算机辅助面访系统（Computer-assisted Personal Interviewing，简称CAPI）进行，通过该系统，能够全面实现以计算机为载体的电子化入户访问。通过这种方式，能够有效减少人为因素所造成的非抽样误差，例如对问题的值域进行预设，减少人为数据录入错误、减少逻辑跳转错误等，并能较好地满足数据的保密性和实时性的要求，从而显著提高调查数据的质量。

1.2.2 访员选拔和培训

CHFS的访员为西南财经大学优秀的本科生和研究生，督导由博士生担任。由于所有访员均受过良好的经济、金融知识教育，因此能够深入地理解问题含义并更好地向受访者传达和解释。在正式入户访问前，项目组对选拔出的访员进行了系统培训。培训内容包括：

第一，访问技巧。如：在访问前如何确定合格的受访对象，如何获得受访者的信任和配合；在访问时如何向受访者准确、无偏地传达问题的含义，并记录访问中遇到的特殊问题；在访问后如何将数据传回并遵守保密性准则。

第二，问卷内容。以小班授课的方式对问卷内容进行熟悉和理解；通过幻灯片、视频等多媒体手段生动地进行讲解；以课堂模式模拟访问以加深印象并发现不足。

第三，CAPI电子问卷系统和访问管理系统。电脑已经安装CAPI电子问卷系统和CHFS自主研发的访问管理系统。通过实际操作，引导访员熟悉操作系统，尤其是访问过程中备注信息的使用和各种快捷操作。

第四，实地演练。课堂培训结束后，组织访员进行实地演练，即小范围地入户访问，以考核访员对访问技巧和问卷内容的掌握情况，并注意查漏补缺。

CHFS的绘图员培训经历5轮，培训绘图员232人次，人均培训学时为42小时；访员培训分为两轮，培训访员1 400余人次，人均培训80小时。在培训完成后，CHFS还对访员进行了严格的考核评分，对考核表现不理想的访员进行再培训或者取消其访问资格。而对于作为访问管理环节具体实践者的博士生督导，CHFS工作人员对其进行了更为严格的培训。每个合格的督导不仅需要参加完整的访员培训，而且必须接受额外8天的督导培训，要求其熟练掌握督导管理系统、样本分配系统和CAPI问卷系统。

上述严格的培训和考核保证了CHFS的访问督导质量和访员质量，为收集高质量调查访问数据奠定了坚实的基础。

1.2.3　社区联系

入户访问的一大困难是取得受访者的信任和理解，因此通过熟悉当地情况的居委会或村委会工作人员带领，向受访者说明项目背景和目的，在受访者合作程度不高时进行解释和说服，能够在很大程度上降低项目的拒访率。在CHFS项目中，中国人民银行各分支机构的工作人员协助我们完成了这一工作，从而使CHFS项目的调查访问工作得以顺利进行。

1.2.4　质量控制

除了采用电子化的采访系统（CAPI）外，本项目还设计了较为完善的质量监控系统，以期尽可能地降低人为因素导致的误差。具体包括：

（1）严格的样本管理

访员所访问的样本由电脑进行样本信息的管理、发放和调配，访员不能为降低访问难度而随意更换样本，从而最大限度地保证样本的随机性和代表性。访员必须在六次被拒访或者无人应答的情况下，才能向督导申请更换样本，而督导必须在亲自确认无法访问后才能更换样本。

与 CAPI 系统相伴随的样本管理系统是该工作顺利进行的关键因素。该系统主要功能包括样本建立、样本发放、样本调配、样本维护、样本追踪、访员及督导的管理、核查样本的发放情况和执行情况。其具体处理流程如下：

第一，根据第三阶段抽样得到的抽样结果（房屋编号、底图编号、住宅地址信息等）建立样本数据。

第二，输入访员、实地督导等人员数据信息，并建立访员与督导的对应关系。

第三，根据样本投放目标，建立样本发放规则，样本发放给督导或访员。

第四，实时接收各终端传回的数据，按既定规则做数据呈现。

该部分采集的数据主要包括：样本接收时段的数据、样本投放时段的数据、样本变更的历史数据等。

（2）详细的访问管理系统

访问管理系统的主要功能包括四个方面：一是接收样本管理与追踪系统发放的样本数据；二是与受访户联系，对接触信息进行采集；三是通过 Blaise 问卷进行调查数据采集；四是及时回传采集到的数据。

该部分采集的数据主要包括：调查数据、接触信息数据（接触时间、接触结果、接触方式、接触环境、预约时段、预约方式等）、访员的行为数据（答题时间、答题间隔、答题次序、键盘鼠标操作记录等）、样本的回传时段数据等。

（3）及时的数据回传

上述数据通过数据同步，在终端以 VPN 方式接入服务器，在通信连接稳定的前提下，利用服务器与工作主机的分发与订阅模式进行数据同步，以满足后台工作人员对访问数据进行实时分析与质量核查的要求。

1.2.5 数据核查

在访问的接触阶段，我们要求访员详细记录每次接触的相关信息，例如敲门时间、陪同人员、受访者的反应等，这些信息有助于我们分析受访户拒访的原因，并为制定进一步的应对方案提供依据，还可以防止访员随意更换样本。

借助 CAPI 系统的数据记录功能，访谈录音、访员鼠标键盘操作的记录等访员在访问过程中的所有"行为数据"（Paradata）均被如实详细记录。在网络条件允许的区域，该记录能及时传回中心项目服务器，从而实现准实时监控。具体工作包括：

（1）电话回访：对所有拥有电话的家庭进行回访，确认受访户是否接受过访问。

（2）录音核实：对访问过程中的全部录音通过回放的方式进行核查。

（3）行为数据分析：对于调查收集到的行为数据进行检查和统计分析。

1.3 调查拒访率

1.3.1 拒访率分布

CHFS 调查在 2013 年的全国拒访率较 2011 年有所下降。如表 1-2 所示,在 2013 年,无论是全国还是城乡分布的拒访率都下降了。尤其是在农村,拒访率低于 1%,这也意味着该调查在农村拥有极高的入户成功率。

表 1-2　　　　　　　　　　CHFS 拒访率的城乡分布　　　　　　　　　　单位:%

时间	地区	拒访率
2011 年	全国	11.6
	城镇	16.5
	农村	3.2
2013 年	全国	10.9
	城镇	15.4
	农村	0.9

同时,2013 年 CHFS 的样本中包括了 2011 年接受过调查的家庭样本。由表 1-3 可知,2013 年对参与过 2011 年调查的家庭进行的访问非常成功,拒访率不到新样本的 1/2。这从一个侧面说明,随着项目的推进,中国家庭金融调查的社会认可度和接受度在提高,这为提高数据的质量提供了有力支持。

表 1-3　　　　　　　　　　CHFS 新老样本拒访率分布　　　　　　　　　　单位:%

样本	地区	拒访率
老样本	全国	5.4
	城镇	8.2
	农村	0.7
新样本	全国	12.6
	城镇	17.4
	农村	0.9

1.3.2 拒访率比较

比较 CHFS 与国外调查数据的拒访率,有利于深入认识 CHFS 调查的数据质量。由于国外的调查项目较多，表1-4只列出了具有代表性的美国收入动态追踪调查（PSID）、美国消费金融调查（SCF）、美国消费调查（CEX）和意大利家庭收入与财富调查（SHIW）这四个调查数据库的拒访率。其中，作为追踪调查"标杆性"数据库的PSID拒访率很低，每次调查的拒访率在2%~6%的区间。其他三个数据库都与CHFS具有一定的可比性，其调查内容都在不同程度上涉及家庭的资产、收入和支出等。由表1-4可知，SCF、CEX和SHIW三个调查的拒访率都在25%以上。与CHFS直接可比的SCF调查拒访率更是在30%以上。这表明CHFS的拒访率与国外同类调查相比，处在很低的水平上，它进一步表明了CHFS调查组织工作的高效率与高质量。

表1-4　　　　　　　　　　CHFS与国外调查的拒访率比较　　　　　　　　　单位：%

项目	时间	拒访率		备注
PSID	2010年	每轮调查拒访率在2%~6%之间		Panel Study of Income Dynamic（美国）
SCF	2007年	AP Sample 32.2	List Sample 67.3	Survey of Consumer Finance（美国）
CEX	2005年	Interview 25.5	Diary 29.0	Consumer Expenditure Survey（美国）
SHIW	2008年	43.90		Survey Household Income and Wealth（意大利）

1.4　数据的代表性

我们从人口统计学特征方面将CHFS调查数据与国家统计局数据进行比较，发现CHFS调查数据的人口结构特征与国家统计局的数据有很高的一致性，从而说明CHFS数据具有全国代表性。表1-5和表1-6分别给出了2011年和2013年国家统计局和CHFS调查样本的年龄结构、城乡结构和性别比例的对比情况。

在人口年龄结构方面，我们将全部人口按照年龄段划分为以下三个组：0~14周岁、15~64周岁以及65周岁及以上的老年人。由表1-5可知，2011年国家统计局给出的0~14周岁人口占比为16.5%，15~64周岁人口占比为74.4%，65周岁及以上的人口占比为9.1%。2011年CHFS数据给出的0~14周岁人口占比为13.4%，15~64周岁人口占比为74.0%，65周岁及以上的人口占比为12.7%。由表1-6可知，2013年国家统计局给出的0~14周岁人口占比为16.4%，15~64周岁人口占比为73.9%，65周岁及以上的人口占比为9.7%。2013年CHFS给出的0~14周岁人口占比为15.0%，15~64周岁人口占比为72.9%，65周岁及以上的人口占比为12.1%。国家统计局给出的各年龄段人口比例与我们使用CHFS调查数据库得到的数据基本一致。

在城乡人口结构方面，我们按照人口的常住地来区分居民的城乡归属。由表1-5可知，2011年国家统计局给出的常住地为城镇的人口占比为51.3%，常住地为农村的人口占比为48.7%。而2011年CHFS的调查样本中，常住地为城镇的居民样本占比为49.7%，常住地为农村的居民样本占比为50.3%。由表1-6可知，2013年国家统计局给出的常住地为城镇的人口占比为53.7%，常住地为农村的人口占比为46.3%。而2013年CHFS的调查样本中，常住地为城镇的居民样本占比为52.5%，常住地为农村的居民样本占比为47.5%。国家统计局给出的城乡人口比例与我们使用CHFS调查数据库得到的数据基本一致。

表1-5　　CHFS与国家统计局人口结构比较（2011年）　　单位:%

指标		国家统计局	CHFS
各年龄段人口比例	0~14周岁	16.5	13.4
	15~64周岁	74.4	74.0
	65周岁及以上	9.1	12.7
城乡人口比例	城镇	51.3	49.7
	农村	48.7	50.3
性别比例	男性	51.3	50.5
	女性	48.7	49.5

表1-6　　CHFS与国家统计局人口结构比较（2013年）　　单位:%

指标		国家统计局	CHFS
各年龄段人口比例	0~14周岁	16.4	15.0
	15~64周岁	73.9	72.9
	65周岁及以上	9.7	12.1
城乡人口比例	城镇	53.7	52.5
	农村	46.3	47.5
性别比例	男性	51.2	51.0
	女性	48.8	49.0

注：CHFS各指标的计算都进行了抽样权重的调整。

在性别比例方面，由表1-5可知，2011年国家统计局给出的男性在总人口中的占比为51.3%，女性在总人口中的占比为48.7%。而2011年CHFS的调查样本中，男性在全部个体样本中的占比为50.5%，女性在全部个体样本中的占比为49.5%。由表1-6可知，2013年国家统计局给出的男性在总人口中的占比为51.2%，女性在总人口中的占比为48.8%。而2013年CHFS的调查样本中，男性在全部个体样本中的占比为51.0%，女性在全部个体样本中的占比为49.0%。国家统计局公布的性别比例与CHFS调查数据库的数据基本一致。

通过上面的对比可以发现，2011年和2013年两次CHFS调查数据与国家统计局数据在人口年龄结构、城乡人口结构、性别结构等多个方面都具有一致性。这说明CHFS调查数据是具有全国代表性的。

同时，我们对2011年和2013年调查样本的人口特征进行了纵向比较。总的来说，两次调查在人口年龄结构、城乡居住地分布以及性别比例等方面是基本一致的，两年的调查结果具有可比性。

2 家庭人口和工作特征

2.1 家庭人口特征

2.1.1 家庭构成

2013 年，CHFS 共收集到有效样本 28 141 户，其中，个人信息的样本量为 97 916 人[①]，家庭规模为 3.51 人，城镇和农村的家庭规模分别为 3.19 人和 3.92 人。如图 2-1 所示，全样本情况下，由 1 人组成的家庭占比为 6.7%，由 2 人组成的家庭占比为 21.4%，由 3 人组成的家庭占比为 27.2%，由 4 人组成的家庭占比为 19.3%，由 5 人组成的家庭占比为 13.7%，由 6 人组成的家庭占比为 7.3%，由 7 人组成的家庭占比为 2.5%，由 8 人组成的家庭占比为 1.0%，其他类型家庭比例为 0.9%。

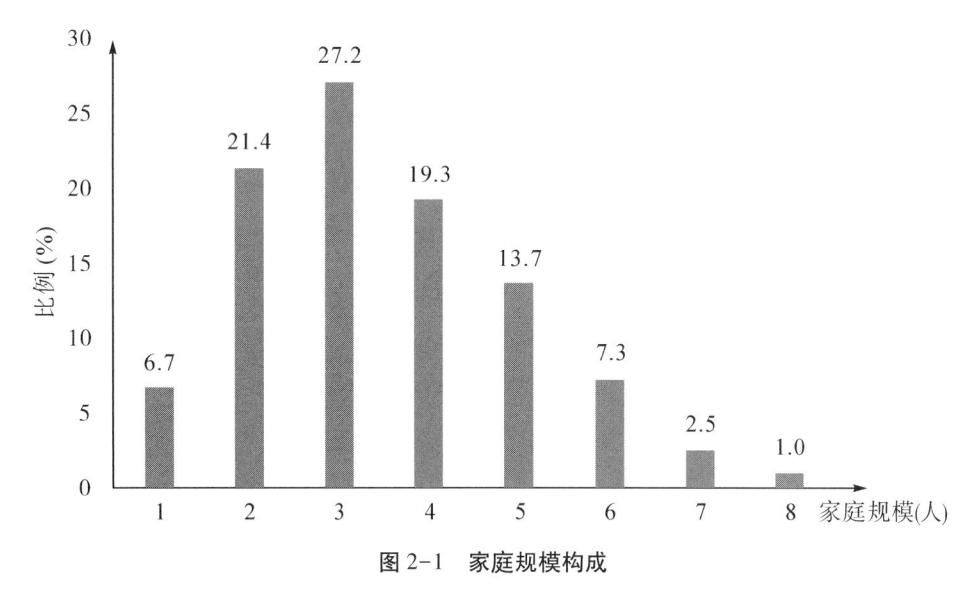

图 2-1 家庭规模构成

---

① 如无特别说明，全书所涉及数据均为 CHFS 2013 年调查数据，其中收入支出部门询问的是家庭 2012 年度收支情况，其余部分一般询问 2013 年相应情况。

如图 2-2 所示，农村家庭与城镇家庭在规模结构上存在较大的差异。首先，农村家庭中，家庭人口超过 3 口的比例高达 56.8%，而城镇家庭中，该比例仅为 35.6%；其次，城镇家庭中 3 口之家的比例较高，为 33.7%，而农村家庭中 2 口之家、3 口之家与 4 口之家的分布则较为均衡，分别为 19.8%、18.5% 与 21.6%；最后，城镇单身家庭的比例远高于农村，前者比例为 8.1%，后者为 4.9%。

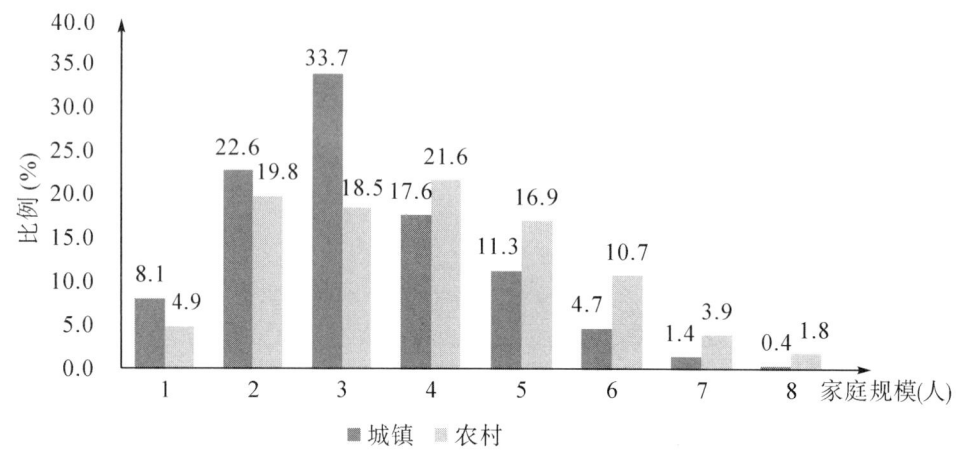

图 2-2 城乡与家庭规模构成

2.1.2 性别结构

如表 2-1 所示，男女性别比为 104.1∶100.0，性别比例严重失衡，并呈现出以下几个特征：一是整体失衡不明显，全国男女性别比为 104.1∶100.0，美国男女性别比为 96.9∶100，欧洲 28 国男女性别比为 95.4∶100.0；二是农村和城镇性别比例失衡呈二元

表 2-1　　　　　　　　　　年龄与性别结构

	平均年龄（周岁）	年龄中位数（周岁）	不同年龄组人口占比（%）			
			总人口	少儿人口	劳动年龄人口	老年人口
总人口	40.0	41.0	100.0	14.1	65.5	20.4
男性	39.3	40.0	51.0	15.9	65.3	19.6
女性	40.8	41.0	49.0	12.9	66.8	21.4
			性别比			
总人口			104.1	123.0	103.3	95.4
城镇			99.6	120.2	99.1	89.5
农村			101.9	125.8	108.3	98.3

注：根据我国对不同年龄的划分，少儿人口指 15 周岁以下的人群，劳动年龄人口指 15 周岁及以上和 60 周岁及以下的人群，60 周岁以上为老年人口。性别比=男性人口/女性人口，其中女性人口以 100 为基数。

特征,城镇中男女性别比为99.6∶100.0,而农村中该比例却为101.9∶100.0;三是性别比例失衡主要存在于少儿人口中,无论是在城镇还是在农村,少儿人口的男女性别比都非常高,分别为120.2∶100.0和125.8∶100.0,整体为123.0∶100.0,远高于其他年龄组。

2.1.3 年龄结构

对97 916个样本进行年龄结构分析,如上小节表2-1所示,少儿人口、劳动年龄人口和老年人口比重分别为14.1%、65.5%和20.4%。如表2-2所示,我国的总抚(扶)养比、少儿抚养比和老年扶养比分别为52.6%、21.4%和31.2%。我国城镇当前的总抚(扶)养比、少儿抚养比和老年扶养比分别是49.3%、19.6%和29.7%,均低于农村的56.5%、23.6%和32.9%。因此,从城乡看,农村劳动力人口的抚养压力要高于城镇,农村劳动力所面临的家庭供养压力要远高于城镇。从地区看,我国中部地区总抚(扶)养比为53.3%,依次略高于西部(52.4%)和东部(52.1%),这说明中部劳动力的抚养压力最高,西部和东部依次降低。从结构看,中部地区少儿抚养比最高,而东部地区老年扶养比最高,这说明中部地区劳动力所负担的少儿压力更大,而东部地区可能由于人口老龄化特征更为明显,因而所负担的老年人口扶养压力更大。

表2-2　　　　　　　　　　　家庭人口负担　　　　　　　　　　　单位:%

区位	总抚(扶)养比	少儿抚养比	老年扶养比
全国	52.6	21.4	31.2
城镇	49.3	19.6	29.7
农村	56.5	23.6	32.9
东部	52.1	19.7	32.5
中部	53.3	23.4	29.8
西部	52.4	23.3	29.1

注:总抚(扶)养比指少儿和老年人口占劳动年龄人口的比例;少儿抚养比指少儿人口占劳动年龄人口的比例;老年扶养比指老年人口占劳动年龄人口的比例。

2.1.4 学历结构

如图2-3所示,在调查样本中,没有上过学的人口占比为11.1%;获得小学学历的人口占比为22.5%;获得初中学历的人口占比为31.9%;获得高中学历的人口占比为13.7%;获得中专/职高学历的人口占比为5.3%;获得大专/高职学历的人口占比为6.8%;获得大学本科学历的人口占比为8.0%;获得硕士及硕士以上学历的人口占比为0.7%。

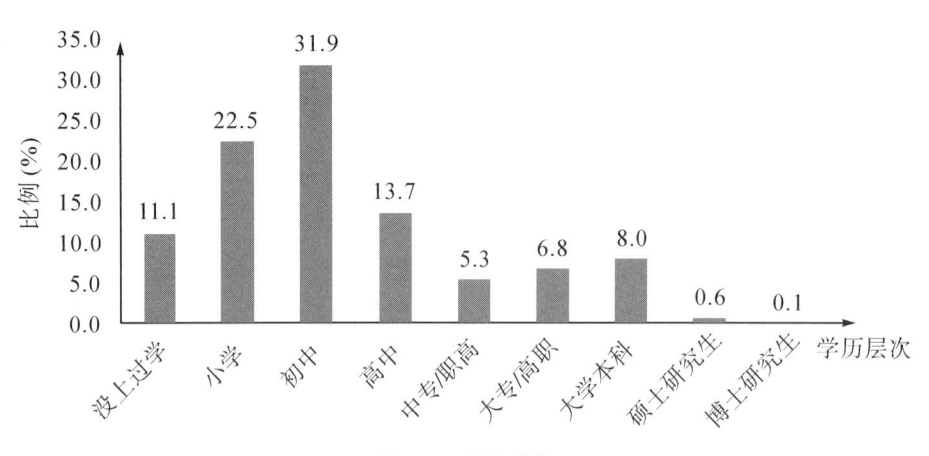

图 2-3 学历结构

如图 2-3 与表 2-3、表 2-4 所示,我国没有上过学即没有获得任何学历的人口比例非常高,整体为 11.1%,其中城镇为 6.6%,农村则高达 16.2%。获得初中及以上学历的人口比例,整体为 66.4%,城镇中该比例为 77.8%,农村中则仅为 53.4%。综上,我国居民人均受教育年限较短,且农村受教育水平整体低于城镇。

表 2-3　　　　　　　　　　　城乡与学历结构　　　　　　　　　单位:%

学历	城镇	农村
没上过学	6.6	16.2
小学	15.6	30.4
初中	29.4	34.8
高中	17.4	9.6
中专/职高	7.2	3.0
大专/高职	10.3	2.7
大学本科	12.2	3.2
硕士/博士研究生	1.3	0.1

同时,如表 2-3 所示,我国居民受教育程度的城乡差距非常明显。这表现在:第一,在农村中没有获得任何学历的人口比例为 16.2%,远高于城镇中没有获得任何学历的人口比例的 6.6%;第二,低学历人口农村占比远高于城镇,即只获得初中及以下学历的人口比例,城镇仅为 51.6%,农村却高达 81.4%;第三,城镇高学历人口占比远高于农村,即获得大学本科及以上学历的人口比例,城镇为 13.5%,农村仅为 3.3%。此外,值得注意的是,即使是获得中专/职高以及大专/高职学历的人口,城镇也远高于农村,前者高达 17.5%,后者仅为 5.7%。综上,我们可以认为,农村人口在接受九年义务教育后,进一步受教育的机会急剧减少,而城镇人口则有更多的机会接受更高层次的教育。

如表2-4所示,我国居民受教育程度的地域性差距也非常明显。这表现在:第一,从东部到西部,学历层次逐渐降低,从高中学历开始一直到博士研究生学历,东部人口所占比例均高于中部和西部,以获得大学本科学历的人口所占比例为例,东部为9.6%,中部为7.4%,西部为6.5%;第二,从西部到东部,学历层次逐渐升高,西部没有上过学和仅获得小学学历的人口所占比例依次高于中部和东部;第三,东、中、西部学历分布差距的分水岭为初中学历,其中仅获得初中学历人口所占比例最高的为中部34.1%,东部为31.7%,西部仅为30.0%。

表2-4　　　　　　　　　　　地区与学历结构　　　　　　　　　　单位:%

学历	东部	中部	西部
没上过学	9.4	10.5	13.9
小学	19.9	22.2	26.1
初中	31.7	34.1	30.0
高中	14.6	14.1	12.2
中专/职高	5.9	5.1	4.6
大专/高职	7.7	6.0	6.3
大学本科	9.6	7.4	6.5
硕士/博士研究生	1.2	0.7	0.4

如图2-4所示,我国的学历结构还存在一定的年龄层次差异。根据各年龄组学历结构可知,35周岁以下人口中初中及以下学历人口占比为43.3%,而35~49周岁[①]人口中该比例为69.7%,50周岁及以上人口中该比例则高达79.1%。即使不剔除在校学生和尚未入学的儿童的影响,我们依然可以看出,九年制义务教育可能在很大程度上改变了这部分人群的学历结构。图2-4还显示,不同年龄组中,最突出的学历部分(即在该组中获得不同学历人口所占比例)50周岁及以上人口出现在没有上过学和小学学历,35~49周岁人口出现在初中学历,而35周岁以下人口则涵盖了从高中到硕士/博士研究生学历的所有部分。

---

① 全书对样本按年龄、收入等不同变量分组时,各分组区间均为闭合区间。

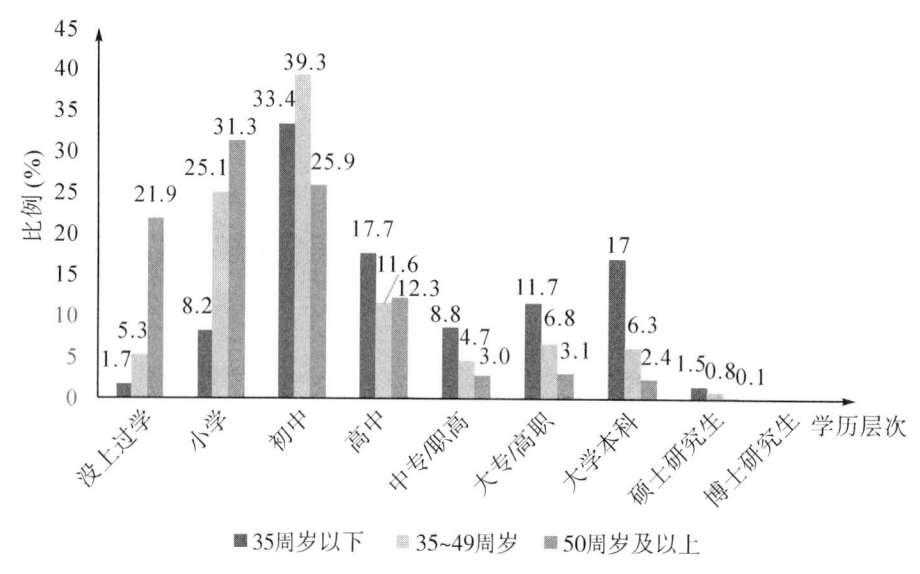

图 2-4 年龄与学历结构

2.1.5 政治面貌

在 CHFS 样本中，报告了政治面貌的样本有 54 327 人，占全样本的 55.5%。如表 2-5 所示，报告了政治面貌的样本中，为群众的有 45 798 人，所占比例为 84.2%；政治面貌为中共党员的有 6 411 人，所占比例为 11.8%，其中在城镇或农村政治面貌为党员的人口占

表 2-5　政治面貌分布　单位:%

区位及职业	共青团员	中共党员	其他党派	群众
全国	3.7	11.8	0.3	84.2
城镇	4.8	15.7	0.3	79.2
农村	2.2	6.8	0.2	90.8
国家机关、党群组织、企事业单位负责人	3.7	57.1	0.2	39.0
专业技术人员	6.1	22.0	0.5	71.4
办事人员和有关人员	5.4	28.7	0.4	65.5
商业和服务业人员	8.9	8.1	0.2	82.8
农、林、牧、渔、水利生产人员	1.8	9.9	0.0	88.3
生产、运输设备操作人员及有关人员	5.5	7.3	0.1	87.1
军人	0.0	62.5	0.0	37.5
其他职业人员	2.9	9.4	0.3	87.4

其总人口的比例分别为15.7%和6.8%；政治面貌为共青团员的为2 010人，所占比例为3.7%，其中在城镇或农村政治面貌为共青团员的人口占其总人口的比例分别为4.8%和2.2%；其他党派有163人，所占比例为0.3%，其中在城镇或农村政治面貌为其他党派的人口占其总人口的比例分别为0.3%和0.2%。

此外，CHFS样本中，报告了职业状况的样本12 964人，占全样本的13.2%。如表2-5所示，党政事业单位负责人和军人为中共党员的比例分别高达57.1%和62.5%。在商业和服务业人员和生产、运输设备操作人员及有关人员中，中共党员的比例较低，所占比例分别为8.1%和7.3%。

2.1.6 婚姻状况

在CHFS样本中，报告了婚姻状况的人口为82 649人，占全样本的84.4%。如表2-6所示，婚姻状况为未婚的有14 273人，所占比例为17.2%；婚姻状况为已婚的有62 745人，所占比例为76.0%；婚姻状况为同居的有277人，所占比例为0.3%；婚姻状况为分居的有142人，所占比例为0.2%；婚姻状况为离婚的有1 110人，所占比例为1.3%；婚姻状况为丧偶的有4 102人，所占比例为5.0%。

再如表2-6所示，我国城镇和农村婚姻状况存在明显的差异，这主要表现在城镇同居和离婚的比例均明显高于农村。其中，城镇人口中，同居比例为0.5%，而农村人口中，同居比例仅为0.2%；城镇人口中，离婚比例高达1.7%，而农村人口中，离婚比例仅为0.8%。

表2-6　　　　　　　　　　婚姻状况分布　　　　　　　　　　单位：%

婚姻状况	人数（人）	所占比例	城镇	农村
未婚	14 273	17.2	16.5	17.9
已婚	62 745	76.0	76.5	75.5
同居	277	0.3	0.5	0.2
分居	142	0.2	0.2	0.2
离婚	1 110	1.3	1.7	0.8
丧偶	4 102	5.0	4.6	5.4
合计	82 649	100.0	100.0	100.0

如表2-7所示，剩男剩女（此报告将其定义为30周岁及以上未婚男女）的城乡分布也存在较大的差异。农村剩男比例高于城镇剩男比例，前者高达5.4%，后者则为3.9%；而城镇剩女比例却高于农村剩女比例，前者高达1.7%，后者则为1.3%。这可能是性别比

例城乡分布不平衡所致。正如表 2-1 所示，城镇和农村男女性别比例分别为 99.6∶100.0 和 101.9∶100.0。

（1）未婚情况

表 2-7　　　　　　　　　　30 周岁及以上未婚人群分布　　　　　　　　单位：%

性别	30 周岁及以上人口比例	30 周岁及以上未婚人群比例	城镇 30 周岁及以上人口比例	城镇 30 周岁及以上未婚人群比例	农村 30 周岁及以上人口比例	农村 30 周岁及以上未婚人群比例
男性	50.1	4.6	49.1	3.9	51.0	5.4
女性	49.9	1.5	50.9	1.7	49.0	1.3
合计	100.0	3.1	100.0	2.8	100.0	3.4

注：30 周岁及以上未婚男性数量/30 周岁及以上男性数量＝30 周岁及以上未婚男性所占比例；

30 周岁及以上未婚女性数量/30 周岁及以上女性数量＝30 周岁及以上未婚女性所占比例。

如表 2-8 所示，在根据我国婚姻法控制了男女婚姻年龄以后，不同学历人群以及不同性别的人口的未婚状况也存在较大的差异。这主要表现在两个方面：一方面，低学历男性未婚比例远高于低学历女性未婚比例。如男性未上过学的未婚比例高达 10.1%，而女性未上过学的未婚比例仅为 1.5%；男性小学学历的未婚比例高达 6.5%，而女性小学学历的未婚比例仅为 1.8%。另一方面，高学历女性未婚比例远高于高学历男性未婚比例。如女性具有硕士研究生学历的未婚比例高达 47.7%，而男性具有硕士研究生学历的未婚比例仅为 35.1%。

表 2-8　　　　　　　　　　　学历与未婚比例　　　　　　　　　　单位：%

学历	全国	男	女
没上过学	4.3	10.1	1.5
小学	5.0	6.5	1.8
初中	13.3	10.6	7.2
高中	27.7	11.7	13.2
中专/职高	27.6	22.8	19.3
大专/高职	31.5	27.1	31.4
大学本科	45.6	37.5	47.4
硕士研究生	40.6	35.1	47.7
博士研究生	24.1	19.2	33.5

注：该表涵盖的样本中，根据我国婚姻法规定，男性均限定在 22 周岁及以上，女性均限定在 20 周岁及以上。

图 2-5 表现了随着学历水平升高的未婚比例的变动趋势。如图 2-5 所示，首先，无论是从全国样本来看，还是从男性和女性分别来看，随着学历的升高，未婚比例整体上呈现先上升后下降的趋势。其中，全国整体未婚率的拐点出现在大学本科学历人群中，即全国人口中获得本科学历的人群具有最高的未婚率，全国获得本科学历人群的未婚比例高达 45.6%。同时，男性样本拐点也出现在本科学历人群中，其未婚比例为 37.5%，而女性样本拐点却出现在硕士研究生学历人群中，其未婚比例为 47.7%。其次，高学历人群（学历至少是本科）的未婚比例要高于低学历人群（初中及以下文凭）。虽然如前所述，从本科学历开始出现了未婚率的拐点，但是，高学历人群的未婚率依然要高于低学历人群。最后，男性低学历人群（只获得高中学历或高中以下学历）的未婚率高于女性低学历人群的未婚率，女性高学历人群的未婚率要高于男性高学历人群的未婚率。这可能是由于社会婚姻观念造成的，即男性一般偏好于学历比自己低的女性，而女性一般偏好于学历比自己高的男性。

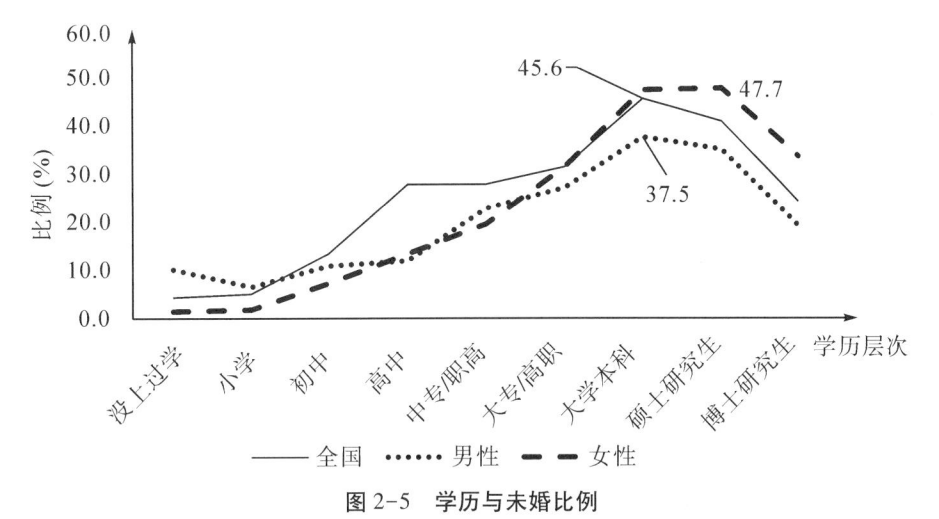

图 2-5 学历与未婚比例

注：男性控制在 22 周岁及以上；女性控制在 20 周岁及以上。

（2）离婚情况

如图 2-6 所示，不同年龄组的离婚率具有很大的差异。其中，30 周岁以下的人群离婚率整体上仅为 0.3%；30~39 周岁人群离婚率为 1.7%；40~49 周岁人群的离婚率为 2.1%；50 周岁及以上的人群离婚率则为 1.3%。

如表 2-9 所示，在根据我国婚姻法控制了男女婚姻年龄以后，不同学历人群以及不同性别人群的离婚状况也存在较大的差异。首先，从整体上看，离婚率最低的人群包括了没有上过学、大学本科以及研究生学历，没有上过学的人群离婚比例为 0.7%，大学本科学历人群离婚比例为 0.7%，研究生学历人群离婚比例为 0.6%；其次，低学历男性离婚比例高于低学历女性离婚比例，如小学学历男性离婚比例为 1.6%，而小学学历女性仅为 0.9%；最后，高学历女性离婚比例高于高学历男性离婚比例，如大学本科学历女性离婚比例为 1.2%，而大学本科学历男性离婚率仅为 0.5%。

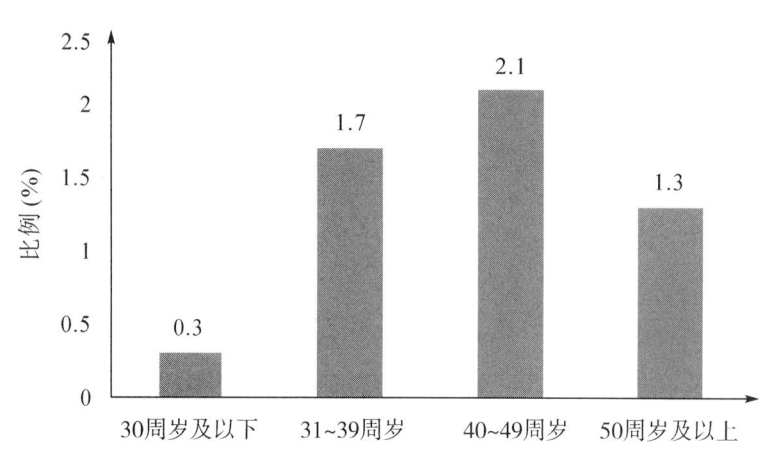

图 2-6　年龄与离婚比例

注：男性控制在 22 周岁及以上；女性控制在 20 周岁及以上。

表 2-9　　　　　　　　　　　学历与离婚比例　　　　　　　　　　　单位:%

学历	全国	男性	女性
没上过学	0.7	0.7	0.8
小学	1.2	1.6	0.9
初中	1.5	1.7	1.5
高中	1.4	1.4	2.3
中专/职高	1.4	1.2	2.1
大专/高职	1.6	1.2	2.3
大学本科	0.7	0.5	1.2
硕士/博士研究生	0.6	0.5	0.6

注：该表涵盖的样本中，根据我国婚姻法规定，男性均限定在 22 周岁及以上，女性均限定在 20 周岁及以上。

如表 2-10 所示，不同工作状况人群的离婚比例也存在一定的差异。

表 2-10　　　　　　　　　　工作性质与离婚比例　　　　　　　　　单位:%

工作状况	全国	男性	女性
受雇于他人或单位	1.6	1.5	1.8
个体或私营企业	1.5	1.1	2.0
在家务农	0.6	0.9	0.4
返聘	0.5	—	1.4
自由职业	1.9	2.2	1.5
其他（志愿者）	0.6	0.9	—
季节性工作	2.4	2.3	2.9

从整体来看，拥有稳定性工作人群的离婚比例要低于非稳定性工作人群（包括自由职业者和季节性工作从业者）。特别是季节性工作者，其离婚比例高达2.4%。其中，男性季节性工作者离婚比例为2.3%，女性季节性工作者离婚比例为2.9%。

（3）同居情况

如表2-11所示，我国不同学历人群的同居情况也存在着一定的差异。整体来讲，随着学历的升高，同居比例也随之升高，如没有上过学的人群的同居比例仅为0.1%，而拥有研究生学历的人群同居的比例高达1%。

表2-11　　　　　　　　　　　学历与同居比例　　　　　　　　　　单位:%

学历	全国	男性	女性
没上过学	0.1	0.1	0.1
小学	0.2	0.3	0.2
初中	0.3	0.3	0.3
高中	0.5	0.6	0.5
中专/职高	0.4	0.2	0.5
大专/高职	0.7	0.6	0.9
大学本科	0.5	0.6	0.4
硕士/博士研究生	1.0	1.2	1.0

注：该表涵盖的样本中，根据我国婚姻法规定，男性均限定在22周岁及以上，女性均限定在20周岁及以上。

（4）分居情况

如表2-12所示，我国不同学历人群的分居情况较为一致。不同学历人群分居比例基本稳定在0.1%~0.3%的水平之间。

表2-12　　　　　　　　　　　学历与分居比例　　　　　　　　　　单位:%

学历	全国	男性	女性
没上过学	0.3	0.5	0.2
小学	0.2	0.3	0.1
初中	0.2	0.2	0.1
高中	0.2	0.2	0.3
中专/职高	0.1	—	0.2
大专/高职	0.1	0.1	—
大学本科	0.2	0.3	0.1
硕士/博士研究生	0.2	0.1	0.2

注：该表涵盖的样本中，根据我国婚姻法规定，男性均限定在22周岁及以上，女性均限定在20周岁及以上。

2.2 工作及收入状况

2.2.1 工作状况

2013年CHFS样本中,在家务农的有15 456人,所占比例为35.0%;2011年CHFS样本中,在家务农人口所占比例为34.2%;2013年相比于2011年,在家务农人口占比基本上保持了同一水平。2013年CHFS样本中,受雇于他人或单位的有24 979人,所占比例为46.5%;2011年CHFS样本中,受雇于他人或单位人口所占比例为49.4%;2013年相比于2011年,受雇于他人或单位人口占比稍微降低。2013年CHFS样本中,经营个体或私营企业包括自主创业的有6 420人,所占比例为12.1%;2011年CHFS样本中,经营个体或私营企业包括自主创业人口所占比例为11.4%;2013年相比于2011年,经营个体或经营企业包括自主创业人口占比稍微增加。2013年CHFS样本中,受单位返聘的有66人,所占比例为0.1%;2011年CHFS样本中,受单位返聘人口占比为0.1%;2013年相比于2011年,返聘占比基本上保持一致。2013年CHFS样本中,自由职业者有2 647人,所占比例为5.0%;2011年CHFS样本中,加权后自由职业者所占比例为4.1%;2013年相比于2011年,自由职业者占比基本上保持了一致。2013年CHFS样本中,其他(志愿者)与季节性工作者有201人,所占比例为1.3%;2011年CHFS样本中,其他(志愿者)与季节性工作者所占比例为0.8%;2013年相比于2011年,其他(志愿者)与季节性工作者占比略有增加。

从就业分布状况来看,从事农业的人员比例为35.0%,我国农业仍吸收了大量的劳动力。然而从图2-7和图2-8可知,从事农业的人员的平均年龄和人均受教育年限分别为51.6周岁和6.3年,表明务农群体年龄较大且接受教育水平较低。如表2-13所示,农村地区在家务农人员占农村就业人员的56.4%,这不仅表明农业仍然是农村劳动力就业的主要途径——尤其是对那些年龄较大、文化程度较低的农村劳动力而言,同时与2011年相比,还表明农村就业人员的就业结构状况也发生了较大的变化。这表现在在家务农人员的比例由2011年的48.7%上升到了2013年的56.4%,上升的部分主要来源于受雇于他人或单位以及个体或私营企业劳动力的转移——这两部分的比例都发生了较大的下滑,前者由2011年的36.2%下降到了2013年的31.0%,后者由2011年的10.2%下降到了2013年的6.9%。

表 2-13　　　　　　　　　　　　就业结构　　　　　　　　　　　　单位：%

就业状况	全国 2011年	全国 2013年	城镇 2011年	城镇 2013年	农村 2011年	农村 2013年
受雇于他人或单位	49.4	46.5	76.5	64.3	36.2	31.0
个体或私营企业	11.4	12.1	13.8	18	10.2	6.9
在家务农	34.2	35.0	4.4	10.5	48.7	56.4
返聘	0.1	0.1	0.3	0.2	0	0
自由职业	4.1	5.0	3.8	6	4.3	4.1
其他(志愿者)与季节性工作者	0.8	1.3	1.2	1.0	0.6	1.6

从就业分布状况来看，相比于 2011 年，我国 2013 年城镇劳动力就业结构也发生了重大的结构性的变化。这表现在以下几点：首先，相比于 2011 年，2013 年城镇受雇于他人或单位的劳动力从 76.5% 下滑到 64.3%，这说明城镇劳动力中约有 10% 的人口从受雇于他人或单位流向了其他就业方式；其次，个体或私营企业包括自主创业的比例、在家务农的比例及自由职业者的比例均有较大的上升，分别由 2011 年的 13.8%、4.4% 和 3.8% 上升到了 2013 年的 18.0%、10.5% 和 6.0%；最后，就业方式为其他的城镇就业者比例由 2011 年的 1.2% 下降到了 2013 年的 1.0%。因此从城镇劳动力的就业结构来讲，受雇于他人或单位依然是城镇劳动力最主要的就业方式，然而随着经济的发展，更多的城镇劳动力开始选择自主创业，如经营个体企业或私营企业，甚至选择自由职业与其他志愿者工作。

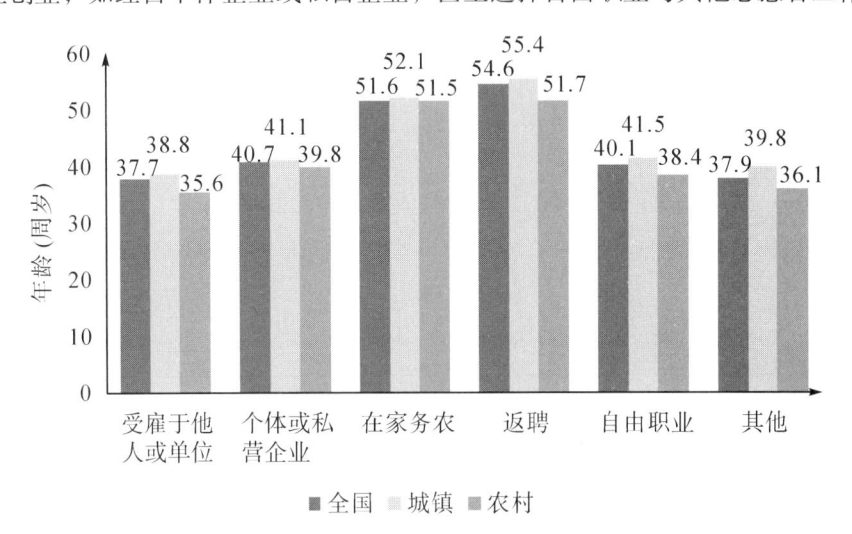

图 2-7　年龄与职业

如图 2-7 和图 2-8 所示，无论是城镇还是农村，选择在家务农的人口的年龄普遍高于除返聘以外其他任何就业方式的人口,同时,选择在家务农的人口受教育年限也普遍低于其他任何就业方式的人口。

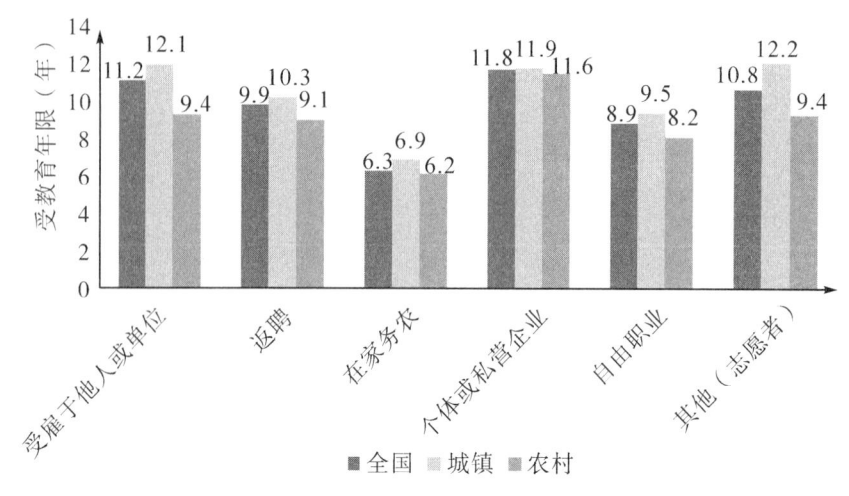

图 2-8 受教育年限与就业方式

表 2-14 展示了表 2-13 中受雇于他人或单位人群中的具体职业属性。如表 2-13 所示,受雇于他人或单位的工作者中,国家机关、党群组织、企事业单位负责人全国占比为 9.4%,城镇地区占比为 10.3%,农村地区占比为 5.7%;作为专业技术人员受聘的,全国占比为 33.8%,城镇地区占比为 34.2%,农村地区占比为 32.1%。

表 2-14　　　　　　　　　　雇佣人群职业性质　　　　　　　　单位:%

职业属性	全国	城镇	农村
国家机关、党群组织、企事业单位负责人	9.4	10.3	5.7
专业技术人员	33.8	34.2	32.1
办事人员和有关人员	15.0	16.4	9.0
商业、服务业人员	24.0	25.4	18.2
农、林、牧、渔、水利生产人员	2.2	1.2	6.3
生产、运输设备操作人员及有关人员	15.4	12.1	28.5
军人	0.2	0.4	0.2

如表 2-15 所示,政府部门雇佣的劳动力只占到从业人员比例的 10.1%,其中城镇和农村政府部门雇佣的从业人员所占比例分别为城镇和农村从业人员的 10.1% 和 9.6%。企业雇佣的从业人员占到从业人员的 62.1%,其中城镇和农村企业部门雇佣的从业人员所占比例分别为城镇和农村从业人员的 63.9% 和 41.3%。事业单位雇佣的从业人员占到从业人员的 21.9%,其中城镇和农村事业单位雇佣的从业人员占到从业人员的 21.3% 和 29.6%。

表 2-15　　　　　　　　　　各部门从业人员占比　　　　　　　　　单位:%

部门	全国	城镇	农村
政府部门	10.1	10.1	9.6
事业单位	21.9	21.3	29.6
企业	62.1	63.9	41.3
非营利非政府组织	0.5	0.5	0.8
军队	0.5	0.5	0.5
其他	4.9	3.7	18.2

受雇于他人或其他单位中在企业任职的人员，其企业性质如表 2-16 所示。国有/国有控股企业吸收了企业任职人员的 24.1%，其中城镇和农村国有/国有控股企业雇佣的企业从业人员占到企业从业人员的 30.3% 和 11.1%。而吸收劳动力最多的依然是私营/私人/个体企业，吸收了企业任职人员的 63.0%，其中城镇和农村私营/私人/个体企业雇佣的企业从业人员占到企业从业人员的 54.4% 和 80.7%。

表 2-16　　　　　　　　　　企业从业人员占比　　　　　　　　　单位:%

企业性质	全国	城镇	农村
国有/国有控股	24.1	30.3	11.1
集体/集体控股	5.6	6.8	3.3
私营/私人/个体	63.0	54.4	80.7
外商独资	3.3	4.1	1.5
港澳台独资	0.9	0.9	1.2
中外合资	2.6	3.1	1.7
其他联营企业	0.5	0.4	0.5

专题 2-1　教育与职业进入机会

如图 2-8 所示，受雇于他人或单位以及从事个体或私营企业的从业人员的受教育水平普遍较高，而返聘的和在家务农的人员的受教育水平相对更低。那么不同的受教育水平是否对不同的职业、不同的工作单位甚至不同性质的企业进入同样存在影响呢？

如图 2-9 所示，成为国家机关、党群组织、企事业单位负责人所需要的受教育年限最高，平均需要 13.9 年，其中城镇地区平均需要 14.4 年，农村地区平均需要 10.1 年。其次为军人，所需要的受教育年限平均为 13.3 年，其中城镇地区平均需要 14.0 年，农村地区平均需要 9.5 年。要求最低的是农、林、牧、渔、水利生产人员，所需要的受教育年限平均为 8.3 年。

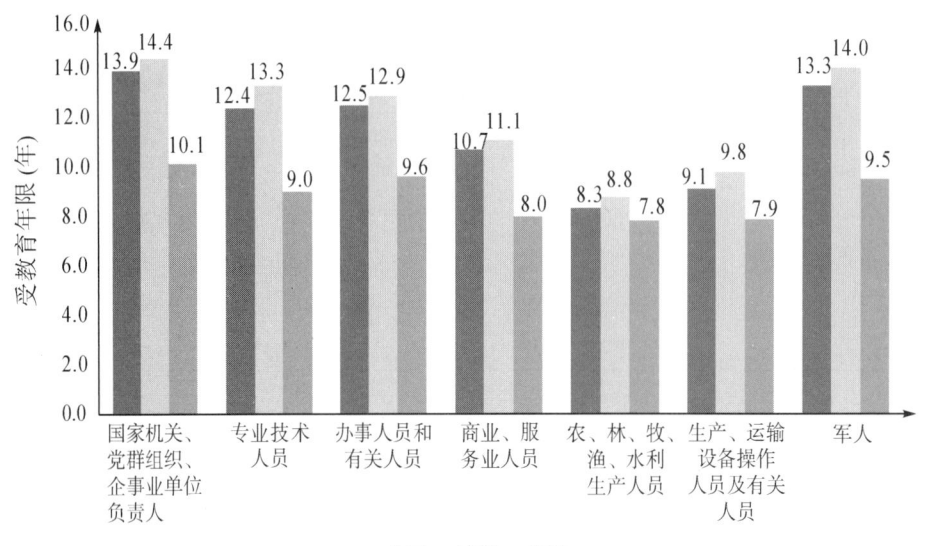

图 2-9 受教育年限与职业

如图 2-10 所示，不同性质的工作单位从业人员的平均工作年限也存在较大的差异。与图 2-9 的结果相似，不仅成为国家机关、党群组织、企事业单位负责人所需要的受教育年限最高，进入政府部门工作的从业人员平均受教育年限也是不同性质的工作单位中要求相对较高的，平均受教育年限为 13.0 年。进入事业单位的从业人员平均受教育年限高达 13.7 年，是所有不同性质工作单位中最高的。这可能是由于当前我国事业单位主要包括了研究院所、大学以及中小学等教育机构所致。进入军队工作的从业人员平均受教育年限为 13.3 年，相对较低，这可能是由于当前的入伍条件所致。

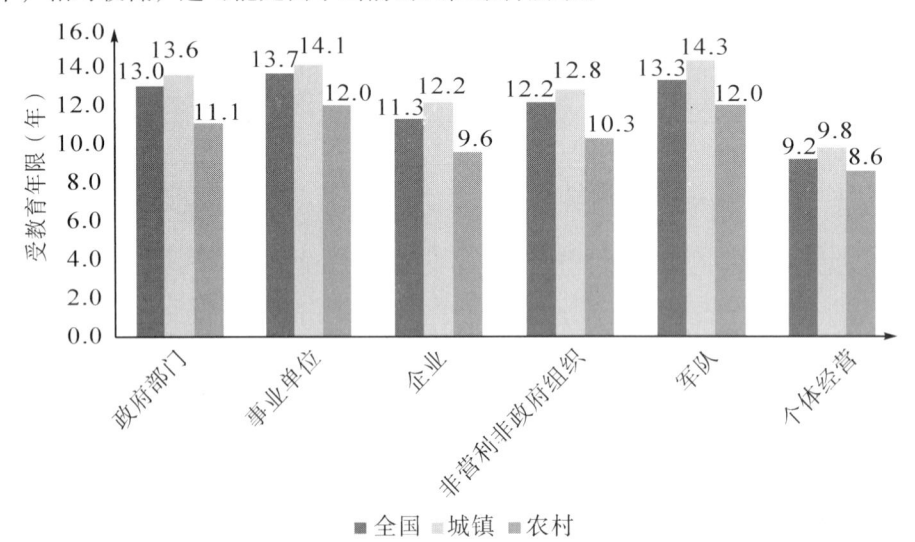

图 2-10 受教育年限与工作性质

如图 2-11 所示，企业从业人员进入不同性质的企业时其平均受教育年限也存在一定的差异。其中，进入外商独资企业和中外合资企业的从业人员平均受教育年限最长，其次是国有/国有控股企业。

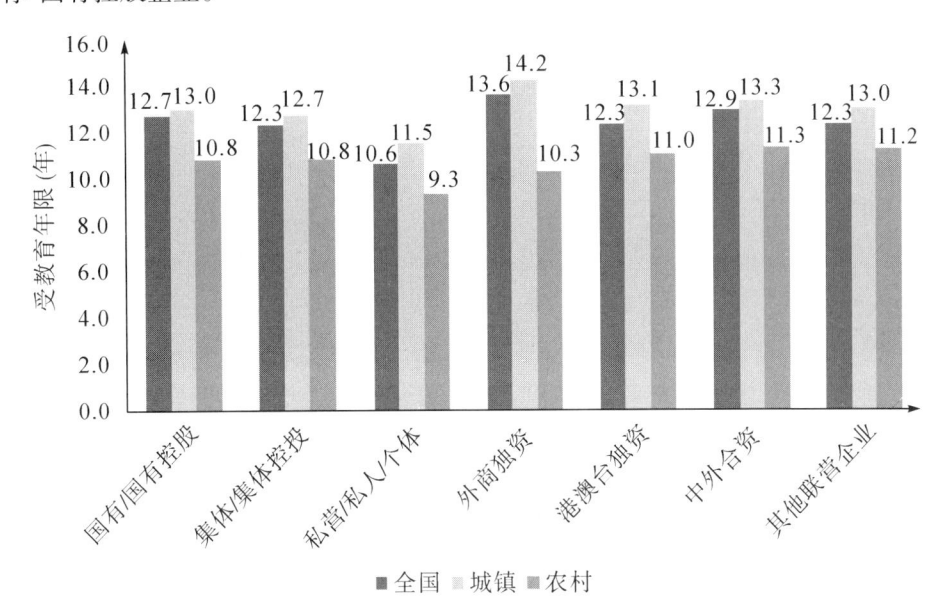

图 2-11 受教育年限与企业性质

2.2.2 工作收入

如表 2-17 所示，第一职业的货币工资①、奖金收入、补贴收入和个人所得税支出的

表 2-17　　　　　　　　　　　　　从业人员工作收入　　　　　　　　　　　单位：元/年

收入来源		均值	中位数	10%分位数	25%分位数	75%分位数	90%分位数
第一职业	货币工资	28 987	24 000	6 000	15 000	36 000	50 000
	奖金收入	3 273	0	0	0	500	8 400
	补贴收入	762	0	0	0	0	1 000
	个人所得税	886	0	0	0	0	1 000
第二职业	税后收入	24 265	16 800	1 200	7 000	30 000	50 000
	个人所得税	996	0	0	0	0	0

注：工作收入信息仅包括受雇于他人或单位、返聘和自由职业的样本，不包括在家务农的样本。税前和税后总收入指被雇佣从业人员从事第一职业和第二职业的相关收入。

---

① 如未特别说明，本书中所涉及的收入均为年收入。

均值和中位数分别为 28 987 元和 24 000 元、3 273 元和 0 元、762 元和 0 元、886 元和 0 元。其中，奖金收入、补贴收入和个人所得税为 0 的最大分位数分别为 70%、82% 和 83%。第二职业的税后收入和个税支出的均值和中位数分别为 24 265 元和 16 800 元、996 元和 0 元，且第二职业缴纳个人所得税占样本比例的 0.5%。根据第一职业和第二职业收入信息计算出的从业人员税前和税后总收入的均值和中位数分别为 43 940 元和 27 300 元、33 979 元和 24 600 元。

如图 2-12 所示，不同职业人群的收入存在一定的差异。首先，平均收入最高的是国家机关、党群组织、企事业单位负责人，其平均年收入高达 50 365 元，中位数为 37 000 元；其次，年收入较高的是专业技术人员，其平均年收入为 46 719 元，中位数为 35 000 元；再次，紧随其后的分别为军人、办事人员和有关人员以及商业、服务业人员；最后，年收入相对最低的是农、林、牧、渔、水利生产人员，其平均年收入仅为 20 994 元，中位数为 12 100 元。

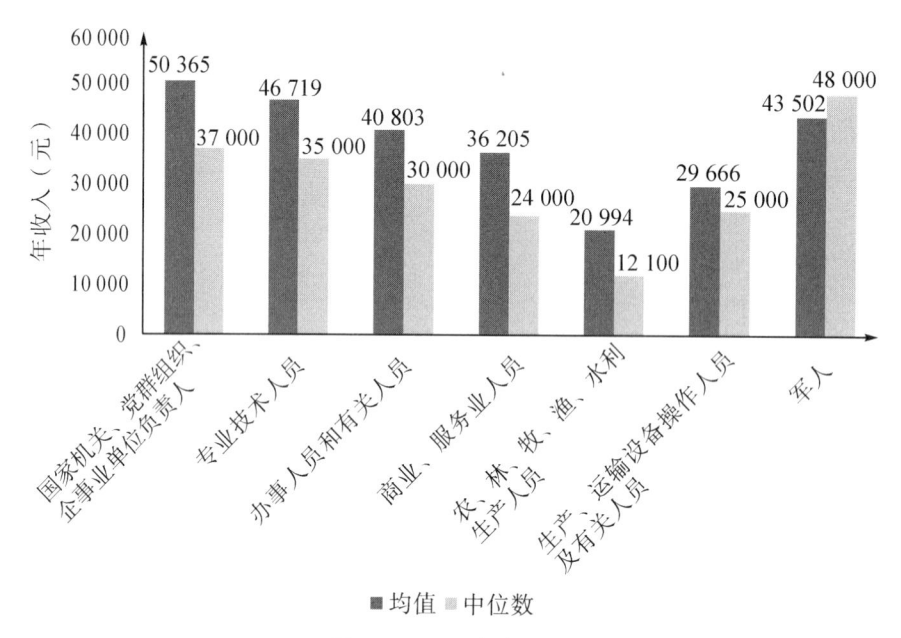

图 2-12 职业与年收入

如图 2-13 所示，劳动者处于不同类型的工作单位，其年收入也存在一定的差异，这具体表现在事业单位工作人员的平均年收入和中位数高于其他性质的工作单位的劳动者，其次是在企业工作的劳动者。

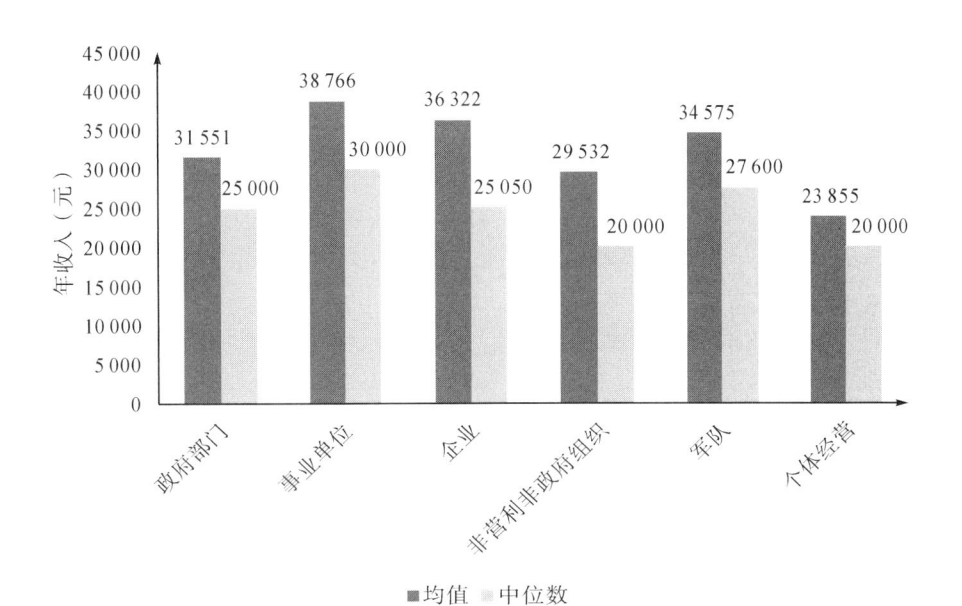

图 2-13 工作单位与年收入

如图 2-14 所示，不同性质的企业工作者的收入也存在相当大的差距。其中，最高的是外商独资企业的劳动者，其平均年收入高达 68 429 元，中位数为 45 000 元；紧随其后的是中外合资企业的劳动者，其平均年收入为 53 706 元，中位数为 36 000 元；再次为港澳台独资企业的劳动者，其平均年收入为 44 865 元，中位数为 33 600 元。而国有/国有控股企业和集体/集体控股企业的劳动者，其平均年收入分别为 45 154 元和 43 669 元，中位数分别为 33 000 元和 28 800 元。收入最低的是私营/私人/个体企业的劳动者，其平均年收入为 30 305 元，中位数为 24 000 元。

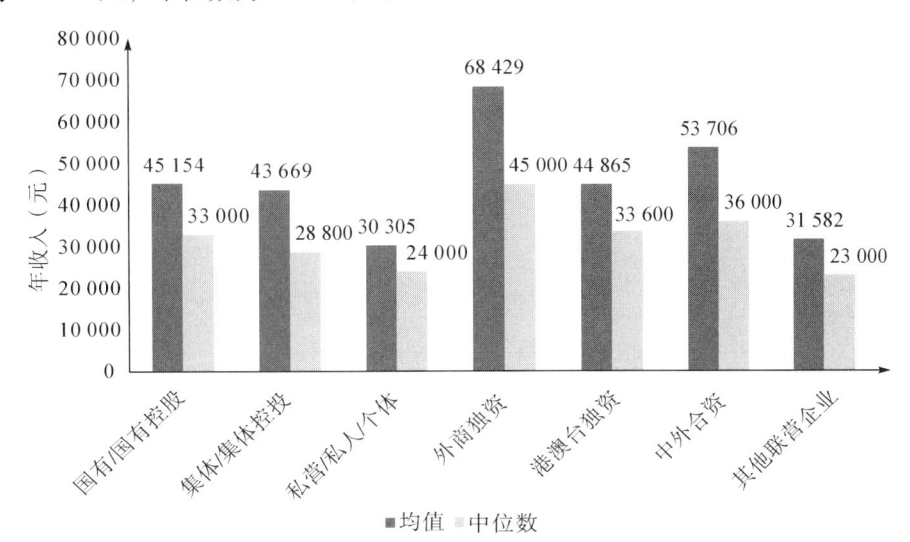

图 2-14 企业性质与年收入

专题 2-2　教育与回报

上一个专题揭示了不同职业和性质的单位与从业者受教育年限之间的关系，那么不同的受教育水平是否使得相关人员的收入状况也存在一定的差异呢？如表 2-18 所示，不同学历的人，其年收入状况确实存在较大的差异。这表现在以下两点：一方面，无论是男性还是女性，高学历的人，其年收入要高于低学历者；另一方面，相同学历的人，男性收入水平要高于女性。

表 2-18　　　　　　　　　　　学历与年收入　　　　　　　　　　单位：元/年

学历水平	全国	男性	女性
没上过学	17 144	19 546	14 771
小学	22 083	23 790	19 343
初中	24 718	27 297	19 812
高中	28 668	31 164	23 958
中专/职高	30 768	32 858	27 880
大专/高职	39 973	44 392	34 857
大学本科	56 468	62 158	49 563
硕士研究生	112 156	135 235	79 650
博士研究生	81 422	83 070	78 210

图 2-15 显示了随着学历水平的上升，相关人员年收入的变动趋势：整体来看，无论是男性还是女性，随着学历水平的上升，其年收入都是先上升后下降，拐点均出现在硕士研究生学历水平。虽然博士研究生的平均年收入水平略低于硕士研究生，但是并不能因此就否认教育对于收入水平的正向回报。

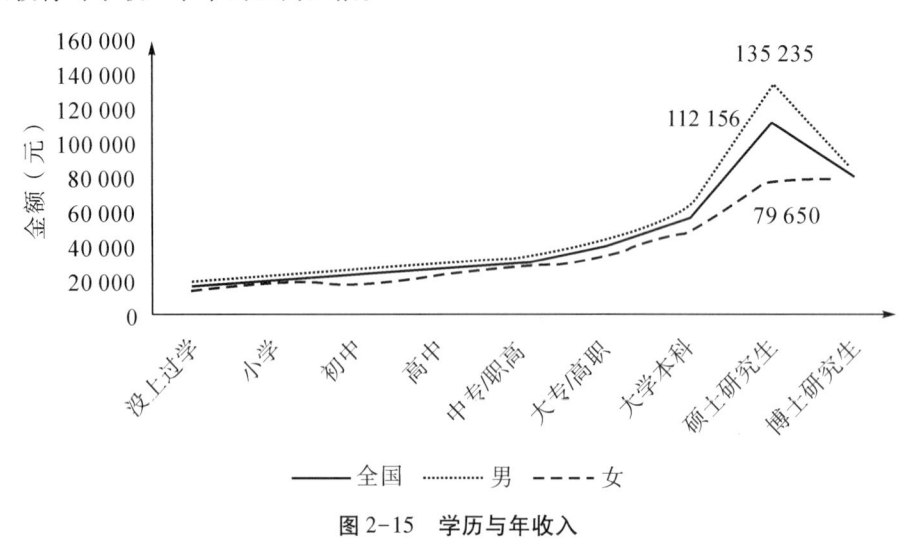

图 2-15　学历与年收入

专题 2-3　公共部门与非公共部门收入差距

城镇居民总收入包括工资收入和其他收入。工资收入指劳动收入,包括货币工资、货币奖金和补贴。货币工资指实收的税后货币工资,扣除了"五险一金"、奖金、补贴和实物收入;货币奖金指税后奖金收入,包括月奖、季度奖、半年度奖、年终奖、节日奖、股票分红以及其他奖;补贴收入包括食品、医疗补贴、交通通信补贴、住房补贴等。其他收入包括退休收入、保险收入和医保收入等。

表 2-19 统计了我国城镇居民总收入的构成情况。我国城镇居民每年平均总收入为 27 977 元,其中工资性收入均值是 25 623 元,占到总收入的 91.6%,其他收入占 8.4%。

表 2-19　　　　　　　　　　城镇居民收入

收入构成	均值（元/年）	比例（%）
工资收入	25 623	91.6
其他收入	2 354	8.4
总收入	27 977	100.0

（1）公共部门与非公共部门收入比较

根据 CHFS 调查问卷,本统计报告中,界定公共部门是政府部门、事业单位和军队,非公共部门包括企业、非营利非政府组织、个体经营和其他。

表 2-20 统计了公共部门和非公共部门城镇居民的收入情况。我国公共部门城镇居民总收入均值是 46 100 元,高出非公共部门 21 683 元,高出近 89 个百分点;公共部门城镇居民工资收入均值是 41 692 元,高出非公共部门 19 225 元,高出 86 个百分点;公共部门城镇居民其他收入均值 4 408 元,高出非公共部门 2 458 元,高出 126 个百分点。

表 2-20　　　　　　公共部门与非公共部门城镇居民收入

收入构成	平均（元/年）	公共部门（元/年）	非公共部门（元/年）	公共部门-非公共部门（元/年）	公共部门高出非公共部门（%）
工资收入	25 623	41 692	22 467	19 225	85.6
其他收入	2 354	4 408	1 950	2 458	126.1
总收入	27 976	46 100	24 417	21 683	88.8

（2）政府部门和企业收入比较

表 2-21 统计了我国政府部门和企业部门收入比较情况。政府部门城镇居民平均收入 41 563 元,企业部门城镇居民平均收入 46 859 元,企业部门城镇居民比政府部门城镇居民

收入高出 5 296 元，高出 12.7 个百分点，主要来源于工资收入的贡献。但从其他收入来看，政府部门高于企业，说明政府部门的福利收入是高于企业的。

表 2-21　　　　　　　　　政府部门和企业城镇居民收入

收入构成	政府(元/年)	企业（元/年）	企业高于政府（元/年）	企业高于政府(%)
工资收入	37 148	43 958	6 810	18.3
其他收入	4 415	2 901	−1 514	−34.3
总收入	41 563	46 859	5 296	12.7

（3）国有事业单位和企业收入比较

表 2-22 统计了我国国有事业单位和企业部门城镇居民收入比较情况。国有事业单位平均收入 48 079 元，企业部门平均收入 46 859 元，国有事业单位比企业部门高出 2.6 个百分点，主要来源于其他收入的贡献。国有事业单位低出企业 0.7 个百分点。

表 2-22　　　　　　　　城镇居民国有事业单位和企业部门收入

收入构成	企业（元/年）	国有事业单位（元/年）	事业高于企业（元/年）	事业高于企业（%）
工资收入	43 958	43 659	−298	−0.7
其他收入	2 901	4 420	1 519	52.4
总收入	46 859	48 079	1 221	2.6

（4）政府和国有事业单位收入比较

表 2-23 统计了我国政府和国有事业单位城镇居民收入比较情况。政府部门城镇居民平均收入 41 563 元，国有事业单位平均收入 48 079 元，国有事业单位高出政府部门 6 516 元，高出近 16 个百分点，主要来源于工资收入的贡献。

表 2-23　　　　　　　　　政府和国有事业单位城镇居民收入

收入构成	政府（元/年）	国有事业单位（元/年）	事业高于政府（元/年）	事业高于政府（%）
工资收入	37 148	43 659	6 512	17.5
其他收入	4 415	4 420	5	0.1
总收入	41 563	48 079	6 516	15.7

专题 2-4 城镇公务员收入

(1) 城镇公务员收入构成

根据 CHFS 调查问卷,将公务员界定为具有行政编制的工作人员。表 2-24 统计了我国城镇公务员和非公务员收入的构成情况。我国城镇公务员平均总收入为 55 266 元,其中工资性收入均值是 50 148 元,占到总收入的 90.7%,其他收入占到总收入的 9.3%。

表 2-24　　　　　　　　　城镇公务员收入构成

收入构成	均值(元/年)	比例(%)
工资收入	50 148	90.7
其他收入	5 118	9.3
总收入	55 266	100.0

(2) 城镇公务员与非公务员收入比较

表 2-25 统计了我国城镇公务员收入的比较情况。如表 2-25 所示,我国城镇公务员总收入均值是 55 266 元,高出非公务员 28 023 元,高出 102.9 个百分点。公务员工资收入均值是 50 148 元,高出非公务员 25 185 元,高出 100.9 个百分点;公务员其他收入均值 5 118 元,高出非公务员 2 839 元,高出 124.6 个百分点。

表 2-25　　　　　　　　城镇公务员与非公务员收入

收入构成	公务员(元/年)	非公务员(元/年)	公务员高于非公务员(元/年)	公务员高于非公务员(%)
工资收入	50 148	24 964	25 184	100.9
其他收入	5 118	2 279	2 839	124.6
总收入	55 266	27 243	28 023	102.9

(3) 城镇政府编制公务员与非公务员收入比较

表 2-26 统计了我国城镇政府部门编制公务员与非公务员收入情况。公务员编制人员比非公务员编制人员的工资和其他收入都要高,整体高出 22 849 元,高出近 70.5%,差距比较大。

表 2-26　　　　　　　　政府编制公务员与非公务员收入

收入构成	正式编制(元/年)	非正式编制(元/年)	正式高于非正式(元/年)	正式高于非正式(%)
工资收入	50 148	28 672	21 476	74.9
其他收入	5 118	3 745	1 373	36.7
总收入	55 266	32 417	22 849	70.5

(4) 城镇公务员收入的地区差异

表 2-27 显示，城镇公务员总收入中，东部高于西部，西部高于中部[①]。东、中、西平均总收入分别是 65 192 元、46 691 元和 50 280 元，收入差距较大。东部高于西部 14 913 元，西部高于中部 3 588 元，东部高于中部 18 502 元。

表 2-27　　　　　　　　　　地区与城镇公务员收入　　　　　　　　　单位：元/年

收入构成	全国	东部	中部	西部	东高于西	西高于中	东高于中
工资收入	50 148	59 641	41 562	45 765	13 876	4 203	18 079
其他收入	5 118	5 552	5 130	4 515	1 037	−615	423
总收入	55 266	65 192	46 691	50 280	14 913	3 588	18 502

---

① 依据 CHFS 调查问卷，按照行政区域将全样本划分为东、中、西三个区域，其中东部包括北京、天津、河北、辽宁、上海、江苏、浙江、福建、山东、广东和海南 11 个省市；中部包括山西、吉林、黑龙江、安徽、江西、河南、湖北、湖南 8 个省；西部包括内蒙古、广西、重庆、四川、贵州、云南、陕西、甘肃、青海和宁夏 10 个省市区。

3 家庭生产经营项目

3.1 农业生产经营项目

3.1.1 参与情况

农业生产经营项目包括家庭自主经营的农、林、牧、渔业经营项目，但不包括受雇于他人的农业生产经营项目。由表3-1可知，本调查全国所有样本中，36.6%的家庭从事农业生产经营。分城乡看，农村70.2%的家庭从事农业生产①，城镇也有11.7%的家庭从事农业生产。分地区看，东部从事农业生产的家庭最少，占比仅为27.1%；中部和西部家庭从事农业生产的比例较接近，分别为42.8%和43.1%。

表3-1　　　　　　　　　家庭农业生产经营参与情况　　　　　　　　单位:%

区位	参与比例
全国	36.6
城镇	11.7
农村	70.2
东部	27.1
中部	42.8
西部	43.1

专题3-1　农业生产经营家庭特征

图3-1、图3-2显示了按户主年龄和学历分别分组的家庭农业生产经营参与情况。户主年龄方面，由图3-1可知，户主年龄为46~60周岁的家庭农业生产经营参与比例最高，为43.5%；而户主年龄为16~30周岁的家庭农业生产经营参与比例最低，仅为16.5%。此外，户主年龄为31~45周岁和61周岁及以上的家庭农业生产经营参与比例分别为33.3%和36.2%。总体上看，户主年龄为46周岁及以上的家庭会更多地参与农业生产经营。

---

① 下文将从事农业生产经营项目的家庭简称为农业家庭，将其余家庭简称为非农业家庭。

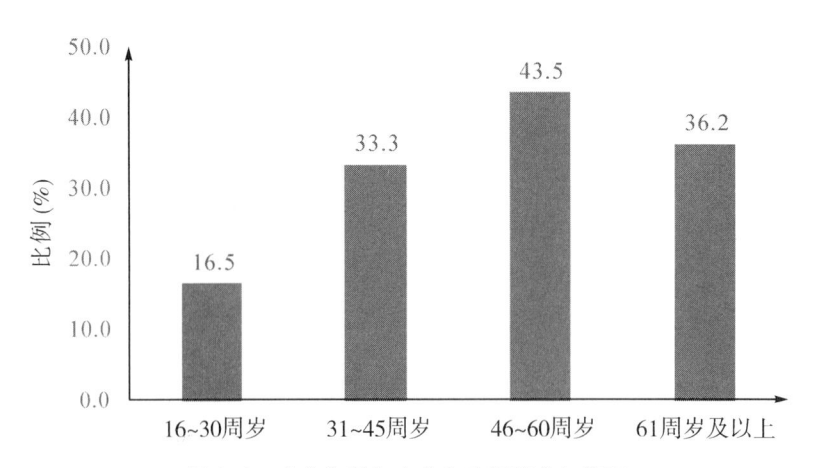

图 3-1 户主年龄与农业生产经营参与情况

由图 3-2 可知，户主学历为小学的家庭农业经营参与比例最高，达到了 53.1%；其次为户主没上过学的家庭，其农业生产经营参与比例为 49.5%；户主学历为初中的家庭，农业生产经营参与比例相比前两组有所下降，为 41.2%。此后，随着户主学历的提高，其家庭农业生产经营参与比例不断下降。

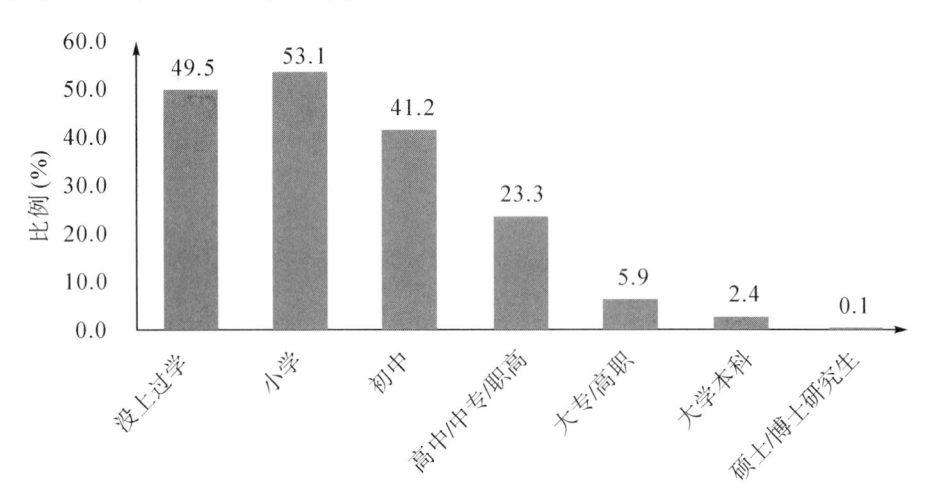

图 3-2 户主学历与农业生产经营参与情况

表 3-2 对农业家庭和非农业家庭的就业者特征进行了比较。从就业者性别结构来看，农业家庭中女性就业者占总就业人口比重为 44.4%，高于非农业家庭（42.0%）。从就业者年龄来看，农业家庭就业者平均年龄为 45.8 周岁，同样高于非农业家庭（40.0 周岁），说明农业家庭中老年劳动者相对较多。而在就业者受教育年限上，农业家庭就业者受教育年限只有 7.3 年，明显低于非农业家庭的 11.1 年，说明农业家庭就业人口的文化程度普遍更低。总之，相较于非农业家庭，农业家庭就业劳动力中女性更多、年龄更大且文化程

度更低，反映了我国从事农业生产经营活动的劳动力素质相对低下的现实。

表 3-2　　　　　　　　　　　家庭就业人口特征

家庭类型	女性占比（%）	年龄（周岁）	受教育年限（年）
农业家庭	44.4	45.8	7.3
非农业家庭	42.0	40.0	11.1

我们进一步比较了农业和非农业家庭的经济特征差异。由表 3-3 可知，农业家庭的总资产和总财富（资产净值）均值分别为 303 872 元和 277 336 元，大约只达到非农业家庭的 1/3。农业家庭的总收入平均为每年 42 804 元，大致只为非农业家庭的 1/2。可见，农业家庭经济状况相对较差，非农业家庭相对富裕，可以部分地解释我国务农劳动力越来越少、农村劳动力大量外流的现象。

表 3-3　　　　　　　　　　　家庭经济特征　　　　　　　　　　　单位：元

家庭类型	总资产 均值	总资产 中位数	总财富 均值	总财富 中位数	总收入（年）均值	总收入（年）中位数
农业家庭	303 872	145 830	277 336	131 900	42 804	24 975
非农业家庭	1 032 424	391 775	979 709	358 840	78 673	47 271

3.1.2　生产经营范围

从农业生产经营范围来看，绝大多数农业家庭种植粮食作物。如表 3-4 所示，全国有 85.7% 的农业家庭从事粮食作物生产，34.7% 的农业家庭从事经济作物生产。此外，12.4% 的农业家庭从事畜牧业生产，3.6% 的农业家庭从事林业生产，1.9% 的农业家庭从事渔业生产，0.1% 的农业家庭从事其他农业生产经营。

分地区看，中部地区从事粮食作物生产的农业家庭占比高达 91.5%，比东部地区高出 14.5 个百分点，而西部地区从事畜牧业的农业家庭占比较高，达到了 20.4%。

表 3-4　　　　　　　　　　　农业生产经营范围　　　　　　　　　　　单位：%

生产范围	全国	城镇	农村	东部	中部	西部
粮食作物	85.7	81.4	86.7	77.0	91.5	87.2
经济作物	34.7	30.4	35.7	37.0	30.1	37.5
畜牧业	12.4	7.2	13.6	7.1	9.0	20.4
林业	3.6	3.4	3.6	5.1	1.4	4.4
渔业	1.9	3.0	1.7	2.7	2.2	0.9
其他	0.1	0.4	0.1	0.2	0.1	0.0

3.1.3 劳动力投入

(1) 自我雇佣

对于农业家庭而言,农业生产劳动力来自两部分——自我雇佣(家庭成员参与农业生产)和雇佣他人。就全国总体而言,农业家庭自我雇佣人数平均为2.0人,占家庭总就业人口的比例达到了73.9%,且城乡及区域差异均不大,说明农业生产经营仍然是解决劳动力就业的重要渠道。

如表3-5所示,调查还报告了家庭成员平均参与农业生产的时间。从全国总体来看,从事农业生产经营的家庭成员平均有6.8个月在从事农业生产,其中城镇家庭为6.2个月,农村为7.0个月。分地区看,西部地区家庭成员平均参与农业生产活动的时间最长,为7.6个月;中部最短,为6.0个月;而东部为6.8个月。从总体上看,农业家庭成员一年中半数以上时间在从事农业生产,剩余时间则可能从事其他经济活动。

表3-5　　　　　　　　　　农业生产经营自我雇佣

区位	自我雇佣人数(人)	占总就业人口比例(%)	平均参与时间(月/年)
全国	2.0	73.9	6.8
城镇	1.9	76.2	6.2
农村	2.0	73.5	7.0
东部	1.9	74.5	6.8
中部	2.0	73.3	6.0
西部	2.0	74.1	7.6

(2) 劳动力雇佣

表3-6展示了农业家庭劳动力雇佣情况。从雇佣劳动力的农业家庭占比看,全国农业家庭中,有10.6%存在劳动力雇佣。分城乡看,农村地区雇佣比例为11.0%,比城镇高了近两个百分点。分地区看,东部和中部地区雇佣比例较高,分别为11.8%和11.1%;西部地区雇佣比例最低,为9.2%。

从雇佣人数来看,全国农业生产经营平均雇佣人数为11.7人,中位数仅4.0人,农村雇佣人数的均值和中位数都高于城镇。具体来看,农村平均雇佣12.7人,而城镇仅为6.4人。分地区看,东部和中部的平均雇佣人数低于西部,而中部雇佣人数的中位数与西部持平且高于东部。

表 3-6　　　　　　　　　　　农业生产经营劳动力雇佣

区位	雇佣比例（%）	雇佣人数（人）均值	中位数
全国	10.6	11.7	4.0
城镇	9.1	6.4	3.0
农村	11.0	12.7	5.0
东部	11.8	10.8	3.0
中部	11.1	10.7	5.0
西部	9.2	14.0	5.0

（3）劳动力总投入

由表 3-7 可知，从全国来看，农业家庭平均投入劳动力 2.8 人，其中 70.7%为家庭成员，29.3%为雇佣劳动力。分城乡看，城镇农业家庭平均投入劳动力 2.4 人，家庭成员占比 78.9%；农村农业家庭平均投入劳动力 2.9 人，家庭成员占比 69.1%。分地区看，中部农业家庭平均投入劳动力最多，为 2.9 人，而家庭成员占比最低，为 67.3%；东部和西部农业家庭平均投入劳动力分别为 2.6 人和 2.8 人，家庭成员占比分别为 74.3%和 71.5%。总体而言，我国家庭农业生产劳动力投入规模较小，平均不到 3 人，且以家庭成员为主，体现了农业生产的小规模分散经营特征。

表 3-7　　　　　　　　　　　农业生产经营劳动力总投入

区位	劳动力总数（人）	家庭成员占比（%）	雇佣人员占比（%）
全国	2.8	70.7	29.3
城镇	2.4	78.9	21.1
农村	2.9	69.1	30.9
东部	2.6	74.3	25.7
中部	2.9	67.3	32.7
西部	2.8	71.5	28.5

3.1.4　生产工具使用

我们将农业生产工具界定为农业机械，包括抽水机、脱粒机、动力播种机、收割机、畜牧业机械、渔业机械、林业机械、其他。表 3-8 显示，全国农业家庭中有 37.5%使用了农业机械。分城乡看，城镇机械使用比例为 29.4%，而农村机械使用比例为 39.3%，高出城镇家庭近十个百分点。分地区看，中部机械使用比例最高，为 42.7%；东部机械使用比例最低，为31.2%；西部与全国平均水平持平，为37.5%。

同时，我们考察了家庭拥有的农业机械的价值。从中位数来看，全国为2 000元；城镇为1 800元，略低于农村；东部为2 000元，低于中部，但仍然高于西部。

表 3-8　　　　　　　　　　　　农业生产工具使用

区位	使用比例（%）	生产工具价值（元，中位数）
全国	37.5	2 000
城镇	29.4	1 800
农村	39.3	2 000
东部	31.2	2 000
中部	42.7	2 400
西部	37.5	1 500

3.1.5　土地使用

（1）农地拥有情况

由表3-9可知，全样本家庭的农地（这里指以承包地为主的农用土地）拥有比例为45.8%；其中农业家庭的农地拥有比例为82.5%，非农业家庭仅为24.6%。仅就农村家庭而言，农业家庭的农地拥有比例达到了83.4%，非农业家庭中也有58.4%拥有农地。

表 3-9　　　　　　　　　　　　农地拥有情况　　　　　　　　　　　　单位:%

样本类型	全国拥有比例	农村拥有比例
总体	45.8	75.9
非农业家庭	24.6	58.4
农业家庭	82.5	83.4

由表3-10可知我国农业家庭平均拥有农地面积为7.91亩（1亩≈666.67平方米，全书同），其中自用农地[①]面积平均为7.55亩，占总面积的比例高达95.4%。分城乡看，农村农业家庭拥有的农地总面积大于城镇，自用面积占比也较高；分地区看，中部农业家庭拥有的农地总面积最大，但自用面积占比低于东部和西部。

---

① 按照农地经营主体不同，家庭农地主要可分为自用农地和出租农地。

表 3-10　　　　　　　　　　农业家庭拥有农地面积

区位	农地总面积（亩）	自用农地面积（亩）	自用面积占比（%）
全国	7.91	7.55	95.4
城镇	6.28	5.57	88.7
农村	8.26	7.97	96.4
东部	5.17	5.02	97.0
中部	9.74	9.24	94.8
西部	8.37	7.97	95.1

（2）农地租入

若农业家庭租用了农地，且用途为从事农业生产或是养殖业，则界定该家庭为租入农地家庭，定义租入比例为租入农地家庭占总体农业家庭的比重。由表 3-11 可知全国农业家庭租入比例为 14.1%。分城乡看，农村租入比例为 15.5%，约为城镇的 2 倍；分地区看，中部租入比例最高，为 18.2%，东部和西部则分别为 10.8% 和 12.7%。进一步分析租入农地家庭的农地租入面积，由表 3-11 可知，租入农地家庭平均租入面积为 16.1 亩，中位数为 5.0 亩。分城乡看，城镇平均 22.6 亩，农村平均 15.3 亩；但城乡中位数持平，均为 5.0 亩。分地区看，中部租入面积为 20.7 亩，中位数为 9 亩；东部租入面积为 12.1 亩，中位数为 4.0 亩；西部租入面积为 12.3 亩，中位数为 3.0 亩。不难发现，中部农地租入家庭的租入面积明显大于东、西部。

表 3-11　　　　　　　　　　农业家庭土地租入

区位	租入比例（%）	租入面积[①]（亩） 均值	租入面积[①]（亩） 中位数
全国	14.1	16.1	5.0
城镇	8.0	22.6	5.0
农村	15.5	15.3	5.0
东部	10.8	12.1	4.0
中部	18.2	20.7	9.0
西部	12.7	12.3	3.0

表 3-12 是农地租入的期限情况。从全国总体来看，农业家庭土地租入期限均值为 4.6 年，中位数为 1.0 年。其中，城镇家庭土地租入期限均值为 6.8 年，中位数为 2.0 年；

---

① 剔除了土地租入面积最大的千分之一样本。

农村家庭土地租入期限均值较低，为4.3年，中位数为1.0年。东部家庭土地租入期限均值为7.3年，中位数为3.0年，均高于中部的3.4年、1.0年；西部家庭土地租入期限均值与全国持平，为4.6年，但中位数高于全国，为2.0年。

表 3-12　　　　　　　　　　　　农地租入期限　　　　　　　　　　　　单位：年

区位	均值	中位数
全国	4.6	1.0
城镇	6.8	2.0
农村	4.3	1.0
东部	7.3	3.0
中部	3.4	1.0
西部	4.6	2.0

我们进一步考察了农地租入的来源分布。由表3-13可知，97.5%的农地租入家庭从本村村民家庭租入农地，仅有3.0%的农地租入家庭从本乡他村村民家庭租入农地，表明当前农业家庭租入农地主要局限在本村范围内。

表 3-13　　　　　　　　　　　　农地租入来源

租入来源	比例[1]（%）
本村村民	97.5
本乡他村村民	3.0
本县他乡村民	0.1
公司或者其他个人	0.1

表3-14显示了家庭租用农地的租金情况。全国总体而言，农地租入家庭的农地租金均值为6 353元，中位数为1 500元。分城乡看，城镇农地租入家庭的农地租金均值为11 946元，农村仅为5 783元，但两者中位数持平，均为1 500元。分地区看，东部农地租金均值为5 877元，中位数为1 200元；中部农地租金均值较高，为8 552元，中位数为2 600元；西部农地租金均值仅为3 000元，中位数为800元，均低于全国总体水平。

---

[1]　此处问卷设计为多选，因此各项之和相加不等于100。

表 3-14　　　　　　　　　　　　　农地租金　　　　　　　　　　　　　单位：元

区位	均值	中位数
全国	6 353	1 500
城镇	11 946	1 500
农村	5 783	1 500
东部	5 877	1 200
中部	8 552	2 600
西部	3 000	800

（3）土地总面积

根据调查数据统计结果，农业家庭经营土地总面积的80%分位数为11亩，我们以10亩为基准，界定经营土地面积大于10亩的为较大规模经营，小于10亩的为较小规模经营。表3-15显示了农业生产经营土地总面积及较大规模经营占比。就全国总体而言，农业家庭经营土地总面积均值为9.8亩，中位数为5.0亩，并且仅有26.2%的农业家庭属于较大规模经营。分城乡看，农村农业家庭所经营土地总面积均值为10.4亩，高于城镇的7.2亩；农村较大规模经营家庭占比为29.0%，同样明显高于城镇的13.1%。分地区看，中部农业家庭经营土地总面积均值最大，为13.4亩，东部最小，为6.7亩；并且中部较大规模经营家庭占比最高，达到了35.2%，东部最低，只有16.8%。

表 3-15　　　　　　　　　农业生产经营土地使用总面积

区位	总面积① （亩) 均值	总面积① （亩) 中位数	较大规模面积占比（%）
全国	9.8	5.0	26.2
城镇	7.2	3.0	13.1
农村	10.4	5.0	29.0
东部	6.7	4.0	16.8
中部	13.4	6.0	35.2
西部	8.8	4.5	24.9

表3-16显示了农业家庭经营土地结构。如表3-16所示，就全国总体而言，农业家庭经营土地中自有面积占比高达72.7%，租入面积占比27.3%，城乡差异不大。分地区看，中部农业家庭的自有土地面积占比最低，为66.5%，租入土地面积占比最高，为33.5%；

---

① 剔除了总面积最大的千分之一样本。

而西部农业家庭的自有土地面积占比最高，为80.8%，租入土地面积占比则最低，为19.2%。

表3-16　　　　　　　　　　　农业生产用地结构　　　　　　　　　　单位:%

区位	自有面积占比	租入面积占比
全国	72.7	27.3
城镇	72.9	27.1
农村	72.7	27.3
东部	75.8	24.2
中部	66.5	33.5
西部	80.8	19.2

3.1.6　生产补贴

由表3-17可知，全国农业家庭中有77.9%获得了农业生产补贴，补贴金额的中位数为408元。农村和城镇获得补贴家庭的比例分别为79.0%和72.8%，农村获得的补贴金额的中位数要高于城镇，分别为450元和320元。分地区看，东部获得补贴比例为70.6%，补贴金额中位数为320元；中部获得补贴比例最高，为89.5%，补贴金额中位数也最高，为600元；而经济较为落后的西部地区，家庭获得补贴的比例为72.2%，补贴金额中位数为350元。

表3-17　　　　　　　　　　　农业生产补贴

区位	补贴比例（%）	补贴金额（元，中位数）
全国	77.9	408
城镇	72.8	320
农村	79.0	450
东部	70.6	320
中部	89.5	600
西部	72.2	350

分农作物类型看，仅种植粮食作物的农业家庭获得补贴的比例最高，达到了83.4%，补贴金额也最高，中位数为400元；仅种植经济作物的农业家庭获得补贴的比例为48.5%，补贴金额的中位数最小，为300元；仅种植其他作物的农业家庭获得补贴的比例最低，为29.5%，补贴金额的中位数为360元。

表 3-18　　　　　　　　　　不同作物类型的农业生产补贴

作物类型	补贴比例（%）	补贴金额（元，中位数）
仅粮食作物	83.4	400
仅经济作物	48.5	300
仅其他作物	29.5	360

农业家庭获得的农业生产补贴主要有三种形式，即钱、实物或两者都有。如图 3-3 所示，97.6% 的农业家庭获得资金补贴，只有 1.1% 的农业家庭获得了实物补贴，1.3% 的农业家庭同时获得了资金补贴和实物补贴。

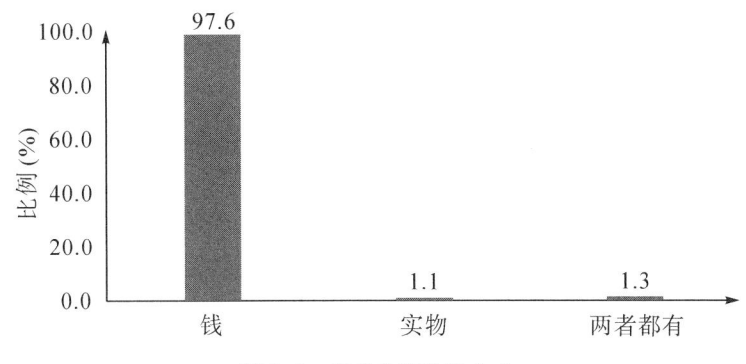

图 3-3　农业生产补贴方式

3.1.7　生产成本及收入

如表 3-19 所示，就全国总体而言，在农业生产经营活动中，农业家庭获得的毛收入中位数为 7 000 元，支出的总成本中位数为 2 500 元。分城乡看，城镇农业生产毛收入和总成本的中位数分别为 5 000 元、2 000 元，均低于全国总体水平；农村农业生产毛收入的

表 3-19　　　　　　　　农业生产经营毛收入及总成本　　　　　　　　单位：元

区位	毛收入	总成本
全国	7 000	2 500
城镇	5 000	2 000
农村	7 500	2 500
东部	6 250	2 500
中部	8 700	3 000
西部	6 000	2 000

注：毛收入和总成本均为中位数。

中位数为 7 500 元，高于全国总体水平，而总成本的中位数为 2 500 元，和全国总体水平持平。分地区看，中部农业生产毛收入和总成本的中位数依次为 8 700 元、3 000 元，均高于东部和西部；东部农业生产毛收入和总成本的中位数分别为 6 250 元、2 500 元；西部则分别为 6 000 元、2 000 元。

农业生产经营总成本主要可分为生产资料成本和雇佣劳动力成本两部分。由表 3-20 可知，就全国总体而言，农业生产资料成本占总成本比重高达 94.0%，是农业生产总成本的主要构成部分，而雇佣劳动力成本占比仅为 6.0%。分城乡看，农村的农业生产资料成本占比为 95.2%，高于城镇；雇佣劳动力成本占比仅为 4.8%，低于城镇。分地区看，中部的农业生产资料成本占比最高，为 95.5%，雇佣劳动力成本占比最低，为 4.5%。

表 3-20　　　　　　　　　　　农业生产经营成本结构　　　　　　　　　　单位：%

区位	生产资料成本占比	雇佣劳动力成本占比
全国	94.0	6.0
城镇	91.1	8.9
农村	95.2	4.8
东部	92.9	7.1
中部	95.5	4.5
西部	93.4	6.6

3.2　工商业生产经营项目

3.2.1　参与情况

（1）参与比例

工商业生产经营项目包括个体户、租赁、运输、企业经营等。如表 3-21 所示，就全国总体而言，有 14.1% 的家庭参与工商业生产经营。分城乡看，城镇家庭工商业生产经营参与比例为 17.7%，明显高于农村的 9.2%。分地区看，东部地区家庭工商业生产经营参与比例为 14.9%，高于中、西部地区。

表 3-21　　　　　　　　　　　家庭工商业生产经营参与比例　　　　　　　　　　单位:%

区位	参与比例
全国	14.1
城镇	17.7
农村	9.2
东部	14.9
中部	13.4
西部	13.8

（2）参与原因

如表 3-22 所示，就全国总体而言，因"更灵活，自由自在"而从事工商业的家庭占比最高，超过了总样本的 1/3，为 34.5%；因"从事工商业能挣得更多"而参与工商业的家庭占比次之，为 23.5%；另外，因"找不到其他工作机会""想自己当老板"而从事工商业的家庭占比依次为 21.1%、12.7%。分城乡看，城镇家庭从事工商业的主要原因是"更灵活，自由自在"，占比为 37.3%，明显高于农村的 27.2%；农村家庭从事工商业的主要原因则是"从事工商业能挣得更多"，占比为 29.3%，高于城镇的 21.1%。

表 3-22　　　　　　　　　　　家庭工商业生产经营参与原因　　　　　　　　　　单位:%

参与原因	全国	城镇	农村
找不到其他工作机会	21.1	20.0	24.1
从事工商业能挣得更多	23.5	21.1	29.3
想自己当老板	12.7	13.6	10.6
更灵活，自由自在	34.5	37.3	27.2
其他	8.2	8.0	8.8

我们界定从事工商业生产经营的家庭属于创业家庭，借鉴全球创业观察（GEM）的分类方式[1]，按照家庭从事工商业的原因不同，对创业家庭进行分类，若家庭因"从事工商业能挣得更多""想自己当老板""更灵活，自由自在"而主动从事工商业，则认为是机会型创业；若家庭因"找不到其他工作机会"才从事工商业，归于生存型创业。一般而言，机会型创业者更富有创业激情和创新精神，其对经济增长的促进作用也更明显。由表

---

[1] 全球创业观察 GEM 从创业动机的角度将创业分为生存型创业和机会型创业。前者是一种被动型创业，创业者往往是迫于没有其他选择而被动地进行创业，后者多数是一种主动型创业，创业者往往受到创业机会的诱导而主动、自愿地创业。（参见 2002 年和 2003 年 GEM 报告）

3-23可知，我国机会型创业家庭占比达到了77.0%，说明创业家庭的创业态度比较积极。分城乡看，城镇机会型创业家庭占比为78.3%，高于农村的73.6%。分地区看，东部地区机会型创业家庭占比高达82.1%，依次高于中、西部，说明越是发达地区，家庭创业激情越高。

表3-23　　　　　　　　参与动机与工商业生产经营参与情况　　　　　　　单位:%

区位	机会型创业	生存型创业
全国	77.0	23.0
城镇	78.3	21.7
农村	73.6	26.4
东部	82.1	17.9
中部	74.7	25.3
西部	71.9	28.1

专题3-2　工商业生产经营参与影响因素

我们首先考察了户主特征与参与家庭工商业生产经营之间的关系。从户主年龄看，由图3-4可知，户主年龄为31~45周岁的家庭从事工商业的比例最高，为21.8%，其次是户主年龄为16~30周岁的家庭从事工商业的比例为20.4%，户主年龄为46周岁及以上的两组家庭从事工商业的比例明显低于前两组，特别地，户主年龄在61周岁及以上的家庭只有5.1%从事工商业。

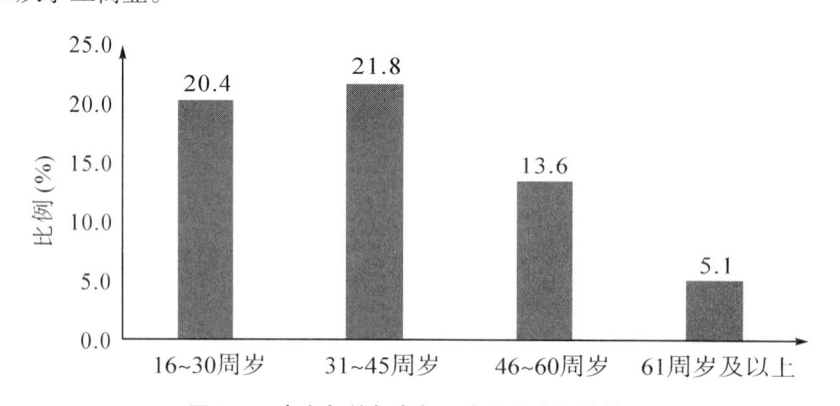

图3-4　户主年龄与参与工商业生产经营情况

从户主学历看，如图3-5所示，户主学历为高中（中专/职高）的家庭从事工商业的比例最高，为18.7%；其次是户主学历为初中的家庭，从事工商业的比例也有17.4%；户主没有上过学和仅为小学学历的家庭，相应比例均小于10%（6.3%、9.4%）；户主学历为研究生的家庭，从事工商业的比例也只有 8.3%。总体来看，户主学历与家庭工商业生产经营参与情况呈现倒 U 字形关系，户主学历水平中等的家庭从事工商业的比例最高，而户主学历最低和最高的家庭从事工商业的比例明显较低。

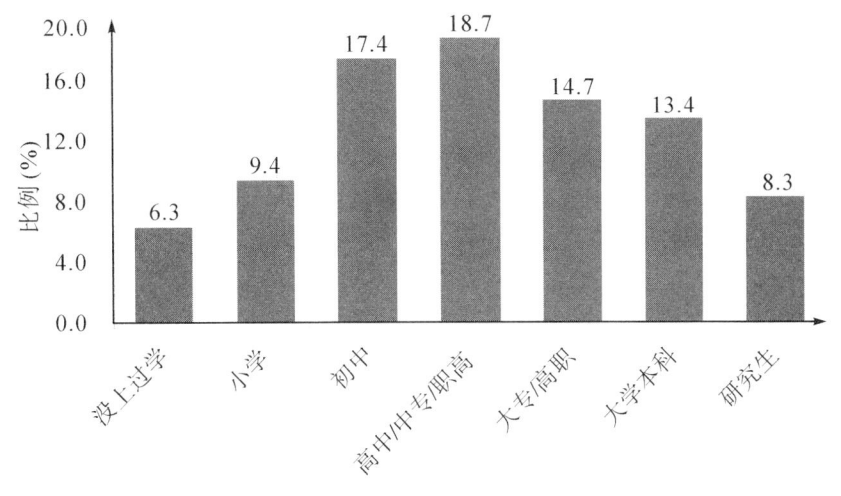

图 3-5　户主学历与参与工商业生产经营情况

从户主政治面貌看，如图 3-6 所示，户主非党员的家庭从事工商业的比例为 14.7%，明显高于户主是党员的家庭（10.5%）。

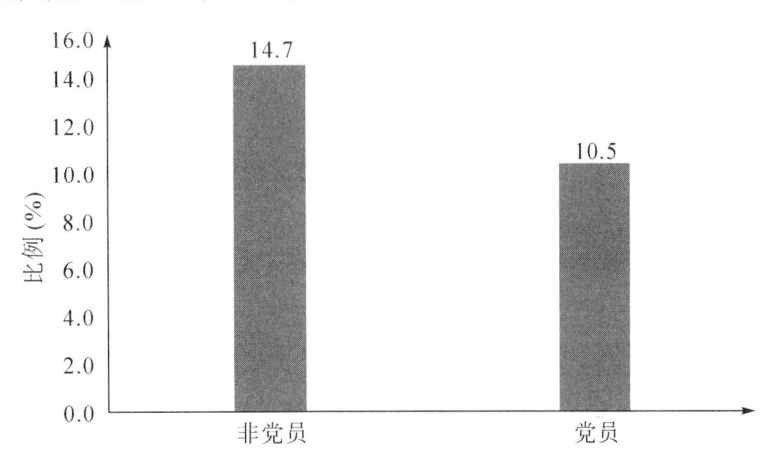

图 3-6　户主政治面貌与参与工商业生产经营情况

家庭工商业生产经营参与情况还与家庭成员经济金融类课程学习经历、风险态度、经济信息关注度等其他因素有关。如表 3-24 所示，在家庭成员上过经济金融类相关课程的样本组中，工商业生产经营参与比例为 17.3%，明显高于其他家庭的 13.9%。风险偏好家庭的工商业生产经营参与比例最高，为 21.3%，风险厌恶家庭最低，仅为 11.3%。对日常经济信息关注度相对较高的前三组家庭，其工商业生产经营参与比例明显高于后两组，

"非常关注"的家庭工商业生产经营参与比例为17.8%,"从不关注"的家庭仅为9.6%。

表 3-24　　　　　其他因素与工商业生产经营参与情况　　　　　单位:%

其他参与因素		参与比例
经济金融类课程学习经历	有	17.3
	无	13.9
风险态度	风险偏好	21.3
	风险中性	20.2
	风险厌恶	11.3
经济信息关注程度	非常关注	17.8
	很关注	17.2
	一般	17.9
	很少关注	15.7
	从不关注	9.6

3.2.2　工商业经营特征

（1）经营年限

根据CHFS调查数据统计结果,我国家庭工商业生产经营项目经营年限平均为8.8年,中位数为7年。进一步,由表3-25可知,对所有工商业家庭而言,工商业生产经营项目的经营年限为5年及以下的占比最高,为44.2%;经营年限为6~10年的家庭占比次之,为25.1%;经营年限为11~20年的家庭占比为22.6%,经营年限为21年及以上的家庭占比最低,仅有8.0%。

表 3-25　　　　　　　工商业生产经营年限　　　　　　　单位:%

经营年限	比例
5年及以下	44.2
6~10年	25.1
11~20年	22.6
21年及以上	8.0

（2）成立方式

由表3-26可知,就全国总体而言,绝大多数的工商业生产经营项目由家庭独自创立,占比为74.8%;12.2%的家庭通过加入成为合伙人的方式参与工商业生产经营;此外还有少部分家庭通过购买、继承或接受赠与和其他方式参与工商业生产经营。分城乡看，城镇家庭自主创立工商业的比例为73.5%，低于农村相应比例（78.1%），但以合伙人方式参与工商业生产经营的比例为13.6%，高于农村相应比例（8.5%）。

表3-26　　　　　　　　　　工商业生产经营成立方式　　　　　　　　　单位:%

成立方式	全国	城镇	农村
创立	74.8	73.5	78.1
加入成为合伙人	12.2	13.6	8.5
购买	8.0	7.7	8.7
继承或接受赠与	2.2	2.4	1.6
其他	2.8	2.8	3.1

（3）组织形式

如表3-27所示，从全国总体来看，高达79.1%的工商业生产经营组织形式为个体户，10.1%没有正规组织形式。工商业生产经营组织形式较为规范的（有限责任公司、合伙企业、股份有限公司、独资企业）占比均不足5%，分城乡看也同样如此。另外，仅就农村来看，没有正规组织形式的工商业生产经营占比达到了15.5%，明显高于城镇家庭相应比例（7.9%）。

表3-27　　　　　　　　　　工商业生产经营组织形式　　　　　　　　　单位:%

组织形式	全国	城镇	农村
个体户	79.1	78.9	79.7
没有正规组织形式	10.1	7.9	15.5
有限责任公司	3.7	4.9	0.7
合伙企业	3.6	3.9	2.7
股份有限公司	1.9	2.6	0.3
独资企业	1.6	1.8	1.1

（4）行业分布

如表3-28所示，从全国总体来看，家庭工商业生产经营主要集中在批发和零售业，占工商业家庭比重的42.0%。其次，11.6%属于交通运输、仓储及邮政业，10.7%属于住宿和餐饮业，7.9%属于制造业，等等。分城乡看，家庭工商业生产经营仍然主要集中在批发和零售业，农村相应比例为44.4%，略高于城镇的41.1%。

表 3-28　　　　　　　　　　工商业经营行业分布　　　　　　　　　单位:%

行业	全国	城镇	农村
批发和零售业	42.0	41.1	44.4
交通运输、仓储及邮政业	11.6	10.0	15.6
住宿和餐饮业	10.7	11.5	8.8
制造业	7.9	7.0	10.0
居民服务和其他服务业	7.4	8.0	6.0
建筑业	5.7	6.3	4.0
租赁和商务服务业	4.2	4.9	2.6
文化、体育和娱乐业	2.2	2.6	1.1
信息传输、计算机服务和软件业	2.2	2.9	0.4
卫生、社会保障和社会福利业	1.5	1.1	2.4

3.2.3 劳动力投入

（1）家庭成员参与情况

表 3-29 显示了家庭成员在工商业生产经营活动中的参与情况。不管从全国总体看，还是从不同地域组别看，都有 90% 以上的工商业家庭的家庭成员积极参与了项目的日常经营管理，且家庭成员每周参与时间均达到 6 天以上。

表 3-29　　　　　　　　家庭成员工商业生产经营参与情况

区位	参与比例（%）	参与时间（天/周）
全国	92.5	6.3
城镇	92.3	6.4
农村	93.0	6.1
东部	91.6	6.4
中部	92.5	6.4
西部	93.8	6.3

（2）劳动力雇佣

如表 3-30 所示，全国有 32.3% 的工商业家庭雇佣了家庭成员以外的劳动力，雇佣人数的中位数为 4 人。分城乡看，城镇工商业家庭的雇佣比例为 36.6%，明显高于农村的 21.3%，雇佣人数的中位数也大于农村。分地区看，东部工商业家庭的雇佣比例高于中、西部，为 36.0%，雇佣人数也相对较多，说明较发达地区工商业规模相对较大。

表 3-30　　　　　　　　　　　工商业生产经营劳动力雇佣

区位	雇佣比例（%）	雇佣人数（人，中位数）
全国	32.3	4
城镇	36.6	4
农村	21.3	3
东部	36.0	4
中部	30.2	4
西部	29.1	3

如表 3-31 所示，绝大多数工商业家庭雇佣人数在 5 人以下，占比超过一半，达到了 64.3%。雇佣人数在 6~10 人的工商业家庭占比约为 14.9%，11~20 人的只有 10.5%，21~50 人以及 51 人及以上的分别只占 6.4%、3.9%。

表 3-31　　　　　　　　　　工商业生产经营雇佣人数　　　　　　　　　　单位:%

人数	比例
5 人及以下	64.3
6~10 人	14.9
11~20 人	10.5
21~50 人	6.4
51 人及以上	3.9

如表 3-32 所示，从全国来看，占有 81% 及以上份额的工商业家庭占比达到了 85.9%，其次是占有份额为 41%~60% 的家庭占比为 7.2%，而其他份额区间家庭占比都比较低。分城乡看，农村工商业占有 81% 及以上份额的比例高达 91.2%，高于城镇家庭的 83.8%。

表 3-32　　　　　　　　　　工商业生产经营占有份额　　　　　　　　　　单位:%

份额	全国	城镇	农村
81% 及以上	85.9	83.8	91.2
61%~80%	0.7	0.9	0.3
41%~60%	7.2	8.4	4.2
21%~40%	3.5	3.8	2.8
20% 及以下	2.7	3.1	1.5

3.2.4 经营规模

我们从家庭工商业生产经营项目的资产价值和初始投资额度考察其经营规模大小。如表 3-33 所示，工商业家庭初始投资额的中位数为 3.6 万元，当前项目资产价值的中位数为 7.5 万元。分城乡看，城镇工商业家庭初始投资额的中位数为 4.5 万元，当前项目资产价值的中位数为 8.0 万元，分别高于农村的 2.5 万元和 5.0 万元。分地区看，东部工商业家庭初始投资额的中位数为 4.5 万元，当前项目资产价值初始投资额的中位数高于中、西部，但工商业资产中位数只高于西部，与中部持平。

表 3-33　　　　　　　　　　工商业生产经营规模　　　　　　　　单位：万元

区位	初始投资额度	工商业资产价值
全国	3.6	7.5
城镇	4.5	8.0
农村	2.5	5.0
东部	4.5	8.0
中部	3.5	8.0
西部	3.0	5.0

注：初始投资额度和工商业资产均为中位数。

3.2.5 经营效益

如表 3-34 所示，从全国来看，工商业生产经营毛收入的中位数为 6.0 万元。分城乡看，城镇工商业生产经营毛收入的中位数为 7.0 万元，明显高于农村的 3.7 万元。分地区看，东部工商业生产经营毛收入的中位数最高，为 7.5 万元，中、西部分别为 5.5 万元、5.0 万元。

表 3-34　　　　　　　　　　工商业生产经营毛收入　　　　　　　　单位：万元

区位	毛收入
全国	6.0
城镇	7.0
农村	3.7
东部	7.5
中部	5.5
西部	5.0

注：工商业生产经营毛收入为中位数。

如表 3-35 所示，全国 78.2% 的工商业生产经营项目处于盈利状态，15.5% 盈亏持平，只有 6.3% 亏损。分城乡看，城镇工商业经营盈利比例为 77.5%，略低于农村的 80.1%。分地区看，东部工商业经营的盈利比例为 79.6%，略高于中、西部地区。

表 3-35　　　　　　　　　　工商业生产经营盈亏分布　　　　　　　　　　单位：%

区位	盈利	亏损	持平
全国	78.2	6.3	15.5
城镇	77.5	6.8	15.7
农村	80.1	5.0	14.9
东部	79.6	5.0	15.4
中部	77.1	8.5	14.4
西部	77.1	6.1	16.8

3.2.6　经济特征

如表 3-36 所示，工商业家庭的总资产、总净资产的中位数分别为 624 400 元、563 050 元，均远远高于非工商业家庭。工商业家庭总收入的中位数为 55 800 元，也明显超出非工商业家庭。不难发现，工商业家庭经济状况比非工商业家庭明显更为富裕，因而，从事工商业生产经营是家庭增收致富的重要途径。进一步地，比较工商业家庭经济状况的城乡差异，可以发现城镇工商业家庭的总资产、总净资产及总收入的中位数都高于农村，这与城镇工商业生产经营项目规模相对较大有关。

表 3-36　　　　　　　　　　工商业家庭经济特征　　　　　　　　　　单位：元

家庭类型	总资产	总净资产	总收入
非工商业家庭	215 650	204 300	35 753
工商业家庭	624 400	563 050	55 800
城镇工商业家庭	726 360	654 550	59 675
农村工商业家庭	416 190	372 167	49 222

注：总资产、总净资产和总收入均为中位数。

专题 3-3　工商业生产经营盈利能力

下面以盈利工商业家庭占所有工商业家庭比重作为工商业生产经营总体盈利能力的衡量指标，结合户主特征、经营项目特征等因素分析工商业生产经营盈利能力。

从户主年龄看，如表 3-37 所示，户主年龄为 16~30 周岁的工商业家庭盈利比例最低，为73.1%；户主年龄为61周岁及以上的工商业家庭盈利比例最高，为81.4%。它表明，随着户主年龄的增加，工商业家庭盈利比例也逐渐提高。

表 3-37　　　　　　　　户主年龄与工商业生产经营盈利　　　　　　　单位:%

户主年龄	盈利比例
16~30 周岁	73.1
31~45 周岁	78.3
46~60 周岁	78.5
61 周岁及以上	81.4

从户主学历看，如表3-38所示，户主学历为小学的工商业家庭盈利比例最高，为79.6%；户主学历为高中（中专/职高）的工商业家庭盈利比例次之，为79.3%；户主学历为研究生的工商业家庭盈利比例最低，仅为63.3%；户主学历为大专（高职）的工商业家庭盈利比例也较低，为75.1%。总体而言，户主拥有高学历并没有明显提高工商业生产经营的盈利比例。

表 3-38　　　　　　　　户主学历与工商业生产经营盈利　　　　　　　单位:%

户主学历	盈利比例（%）
没上过学	73.5
小学	79.6
初中	77.9
高中/中专/职高	79.3
大专/高职	75.1
大学本科	78.8
研究生	63.3

从工商业生产经营年限看，如表3-39所示，成立5年及以下的工商业生产经营项目盈利比例最低，为72.7%；成立6~10年的盈利比例为81.0%；成立11~20年的盈利比例为83.0%；成立21年及以上的盈利比例最高，高达87.0%。可见成立时间越长的工商业项目，其盈利比例越高。

表 3-39　　　　　　　　　经营年限与工商业生产经营盈利　　　　　　　　单位:%

经营年限	盈利比例（%）
5 年及以下	72.7
6~10 年	81.0
11~20 年	83.0
21 年及以上	87.0

从工商业生产经营组织形式看，如表 3-40 所示，没有正规组织形式的工商业生产经营项目盈利比例最高，达到了 81.5%；其次是个体户，盈利比例为 79.1%；而股份有限公司之类的规范组织形式的工商业生产经营项目盈利比例均相对较低。

表 3-40　　　　　　　　　组织形式与工商业生产经营盈利　　　　　　　　单位:%

组织形式	盈利比例
股份有限公司	65.9
有限责任公司	68.8
合伙企业	65.2
独资企业	78.7
个体户	79.1
没有正规组织形式	81.5

我们还考察了创业类型、家庭成员参与情况及风险态度与家庭工商业项目盈利的关系。如表 3-41 所示，机会型创业的工商业家庭的盈利比例为 79.6%，高于生存型创业的 73.2%；家庭成员积极参与项目管理经营的工商业家庭盈利比例为 79.0%，高于其他家庭的 68.6%。风险厌恶的工商业家庭盈利比例最高，为 79.4%；风险中性的工商业家庭盈利比例次之，风险偏好的工商业家庭盈利比例最低。

表 3-41　　　　　　　　　　其他因素与工商业经营盈利　　　　　　　　　单位:%

其他因素		盈利比例
创业类型	机会型	79.6
	生产型	73.2
家庭成员参与情况	未积极参与	68.6
	积极参与	79.0
风险态度	风险偏好	75.1
	风险中性	77.8
	风险厌恶	79.4

3.3 生产经营借贷

3.3.1 生产经营贷款

(1) 贷款拥有情况

就全国总体而言，有工商业贷款家庭占所有工商业家庭的比重为12.0%，明显高于有农业贷款家庭占所有农业家庭的比重（7.0%）。分城乡看，城镇工商业贷款比例为11.4%，而农业为4.4%，分别低于农村的13.5%、7.5%。分地区看，东部的工商业贷款比例和农业贷款比例均最低，依次为10.0%和2.8%；而西部均最高，依次为15.9%和10.0%。

表3-42　　　　　　　　　　　生产经营贷款拥有情况　　　　　　　　　　　单位:%

区位	农业贷款比例	工商业贷款比例
全国	7.0	12.0
城镇	4.4	11.4
农村	7.5	13.5
东部	2.8	10.0
中部	7.4	10.9
西部	10.0	15.9

CHFS调查进一步询问了家庭没有贷款的原因，如表3-43所示，从全国总体来看，农业家庭的78.6%不需要农业贷款，工商业家庭则有79.9%不需要工商业贷款，因此，缺乏贷款需求是家庭没有农业、工商业贷款的主要原因；其次，农业家庭中有13.7%需要农业贷款但未申请，工商业家庭中此类占比为12.4%；另外还有少部分农业、工商业家庭申请农业、工商业贷款被拒或是曾经有贷款但是已经还清，占比均不到5%。仅从

表3-43　　　　　　　　　　　无生产经营贷款的原因　　　　　　　　　　　单位:%

原因	全国 农业	全国 工商业	城镇 农业	城镇 工商业	农村 农业	农村 工商业
不需要	78.6	79.9	85.2	81.4	77.0	76.1
需要但未申请	13.7	12.4	10.1	11.5	14.5	14.8
申请但被拒	3.5	3.4	2.3	2.9	3.8	4.6
曾经有现已还清	4.2	4.3	2.4	4.2	4.7	4.5

城镇样本来看，不需要农业、工商业贷款的家庭占比依次为85.2%、81.4%，均高于农村相应比例；需要农业、工商业贷款但未申请的家庭占比依次为10.1%和11.5%，分别比农村低了4.4个百分点、3.3个百分点，说明农村的生产经营性贷款需求相对更强，并且需要生产经营性贷款但未申请的比例相对较高。

如表3-44所示，家庭需要生产经营贷款但未申请的原因，就全国总体而言，农业、工商业家庭中因估计贷款不会被批准而没有申请的比例最高，分别为59.2%、46.7%；觉得申请过程麻烦而未申请的家庭占比次之，分别为24.3%、34.9%；不知道如何申请的家庭占比则分别为20.5%和10.2%，反映出农业家庭贷款知识相对缺乏。不难发现，对获得贷款信心不足是导致有贷款需求家庭未申请的首要原因，贷款申请过程繁琐是影响家庭申请意愿的另一重要原因。

表3-44　　　　　　　需要生产经营贷款但未申请的原因　　　　　　　　单位:%

原因	农业	工商业
估计贷款申请不会被批准	59.2	46.7
嫌申请过程麻烦	24.3	34.9
不知道如何申请贷款	20.5	10.2
其他	3.9	15.0

表3-45显示了家庭申请生产经营贷款被拒的具体原因。就全国总体而言，从农业贷款来看，41.6%的农业家庭回答"自身收入低，信贷员担心还不起"是申请被拒的原因，表明农业家庭认为收入水平是能否顺利获得贷款的重要因素；其次有26.0%的农业家庭回答"缺乏担保"是申请被拒的原因；22.9%的农业家庭回答"与信贷员不熟"是申请被拒的原因。从工商业贷款看，回答"与信贷员不熟"是被拒原因的比例最高，为29.8%，说明工商业家庭认为关系在贷款申请中很重要；回答"没有抵押品或担保品"是被拒原因

表3-45　　　　　　　　申请生产经营贷款被拒的原因　　　　　　　　单位:%

原因	农业	工商业
收入低，信贷员担心还不起	41.6	15.7
没有人为我担保	26.0	27.1
与信贷员不熟	22.9	29.8
没有抵押品	20.6	28.0
政策原因	6.4	8.7
有欠款未还清	4.8	3.2
不良的信用记录	1.7	0.0
项目风险大	0.6	2.1
其他	3.8	7.6

的比例次之,分别为28.0%、27.1%;而回答"收入低"是被拒原因的比例明显低于农业贷款相应比例,只有15.7%。

(2) 贷款规模

如表3-46所示,从全国来看,农业贷款总额、贷款余额的中位数分别为2.0万元、1.6万元;工商业贷款总额、贷款余额的中位数依次为10.0万元、7.5万元,明显大于农业贷款规模。分城乡看,城镇农业贷款总额、贷款余额的中位数分别为4.0万元和3.2万元;农村则分别为2.0万元和1.5万元,城镇农业贷款规模大于农村;城镇工商业贷款总额、贷款余额分别为15.0万元和10.0万元,同样明显高于农村的7.0万元和4.0万元。分地区看,东部地区农业、工商业贷款总额、贷款余额均高于(或等于)中部、西部地区相应水平,说明经济相对发达地区的生产经营贷款规模相对较大,详见表3-46。

表3-46　　　　　　　　　　生产经营贷款规模　　　　　　　　　　单位:万元

区位	农业		工商业	
	贷款总额	贷款余额	贷款总额	贷款余额
全国	2.0	1.6	10.0	7.5
城镇	4.0	3.2	15.0	10.0
农村	2.0	1.5	7.0	4.0
东部	2.5	1.5	15.0	10.0
中部	2.0	2.0	15.0	10.0
西部	2.0	1.5	10.0	5.0

注:贷款总额和贷款余额均为中位数。

(3) 贷款优惠

如表3-47所示,从全国来看,农业、工商业贷款获得政策优惠的比例差距不大,分别为17.0%和16.4%。分城乡看,城镇工商业贷款获得政策优惠的比例为17.8%,高于农业贷款的15.1%;而农村农业贷款获得政策优惠的比例为17.2%,高于工商业贷款的13.3%。

表3-47　　　　　　　生产经营贷款获得政策优惠比例　　　　　　　单位:%

区位	农业	工商业
全国	17.0	16.4
城镇	15.1	17.8
农村	17.2	13.3

(4) 贷款类型

如表 3-48 所示,从全国来看,信用贷款占生产经营贷款的比重最高,特别是农业信用贷款占农业贷款的比重达到了 59.0%,高于工商业的 46.7%;其次是抵押贷款占比,农业抵押贷款占比为 20.0%,明显低于工商业的 37.9%;从保证贷款占比看,农业较高,为 19.9%,工商业为 13.8%;还有少部分的质押贷款。分城乡看,城镇农业、工商业信用贷款占比分别为 55.3%、38.4%,均低于农村的 59.5%、64.5%,城镇农业、工商业抵押贷款占比分别为 27.0%、45.7%,均高于农村的 19.1%、21.1%,其余类型贷款的城乡差异详见表 3-48。

表 3-48　　　　　　　　　　生产经营贷款类型　　　　　　　　　　单位:%

贷款类型	农业			工商业		
	全国	城镇	农村	全国	城镇	农村
信用贷款	59.0	55.3	59.5	46.7	38.4	64.5
抵押贷款	20.0	27.0	19.1	37.9	45.7	21.1
保证贷款	19.9	17.7	20.2	13.8	13.9	13.7
质押贷款	1.1	0.0	1.2	1.6	2.0	0.7

(5) 贷款银行

由表 3-49 可知,从全国总体来看,来自农村信用合作社的农业贷款占比高达 81.5%,工商业贷款占比也有 46.3%,说明农村信用合作社是生产经营贷款的主要贷款银行;来自中国农业银行的农业、工商业贷款占比为 14.3%(10.6%);来自中国邮政储蓄银行的农业、工商业贷款占比为 2.4%(8.9%)。从总体来看,生产经营性贷款主要集中在农村信用合作社、中国农业银行等少数几家银行。

表 3-49　　　　　　　　　　生产经营贷款银行分布　　　　　　　　　　单位:%

贷款银行	农业贷款	工商业贷款
农村信用合作社	81.5	46.3
中国农业银行	14.3	10.6
中国邮政储蓄银行	2.4	8.9
中国工商银行	1.4	8.3
中国建设银行	0.4	4.8
中国银行	0.0	2.8

我们进一步分析了获得生产经营贷款家庭选择贷款银行的原因。从农业贷款看，回答"没有选择权"的农业贷款家庭占比最高，为34.0%；回答为"时间、地点便利"的其次，为32.6%；回答"利率低"和"服务好"的比例分别为15.9%、11.1%。从工商业贷款看，回答"时间、地点便利"的工商业贷款家庭占比最高，为28.3%；其次是回答"利率低"的家庭占比为17.2%；表示"没有选择权"的家庭占比为15.4%，明显低于农业贷款相应比例；回答"有过业务往来"的家庭占比也有14.9%；另外，"审批门槛低""灵活的贷款条件""私人关系"等均是选择生产经营贷款银行的重要原因。

表 3-50　　　　　　　　选择生产经营贷款银行的原因　　　　　　　单位：%

原因	农业	工商业
没有选择权	34.0	15.4
时间、地点便利	32.6	28.3
利率低	15.9	17.2
服务好	11.1	9.1
有过业务往来	7.8	14.9
审批门槛低	6.9	11.6
灵活的贷款条件	6.6	13.3
私人关系	5.2	13.6
费用低	4.7	3.8
声誉好	4.5	8.6
实力强	1.5	3.4
其他	1.1	1.8

表 3-51 统计了生产经营贷款的审批时间。从全国来看，工商业贷款审批时间的中位数为15天，农业贷款的审批时间相对较短，中位数为10天。分城乡看，城镇工商业贷款审批时间的中位数为30天，农村相对较短，为7天；城镇农业贷款审批时间的中位数也有15天，农村同样较短，为10天。

表 3-51　　　　　　　　生产经营贷款的审批时间　　　　　　　　单位：天

区位	农业	工商业
全国	10	15
城镇	15	30
农村	10	7

注：审批时间为中位数。

3.3.2 生产经营借款

（1）借款拥有情况

从全国来看，工商业家庭中有24.7%拥有工商业借款，而农业家庭中拥有农业借款的比例相对较低，为17.3%。分城乡看，城镇农业家庭的农业借款比例为11.8%，低于农村的18.5%；城镇工商业家庭的工商业借款比例为23.9%，低于农村的27.0%。不难看出，农村家庭生产经营借款比例普遍较高。

表3-52　　　　　　　　　　生产经营性借款拥有情况　　　　　　　　　　单位：%

区位	农业借款比例	工商业借款比例
全国	17.3	24.7
城镇	11.8	23.9
农村	18.5	27.0

（2）借款规模

表3-53统计了生产经营借款规模，就全国总体而言，农业借款总额、借款余额的中位数分别为0.8万元、0.4万元；工商业借款总额、借款余额的中位数分别为5.0万元、2.0万元。分城乡看，城镇农业借款总额、借款余额的中位数分别为0.9万元、0.3万元，前者高于农村，后者比农村低；城镇工商业借款总额的中位数为5.0万元，高于农村，相应余额的中位数为2.0万元，与农村持平。分地区看，中部地区农业借款总额、余额的中位数分别为1.0万元、0.6万元，均高于东部和西部地区；同时东、中部地区工商业借款总额的中位数均为5.0万元、2.0万元，高于西部地区。

表3-53　　　　　　　　　　　生产经营借款规模　　　　　　　　　　　单位：万元

区位	农业 借款总额	农业 借款余额	工商业 借款总额	工商业 借款余额
全国	0.8	0.4	5.0	2.0
城镇	0.9	0.3	5.0	2.0
农村	0.8	0.4	4.0	2.0
东部	0.8	0.3	5.0	2.0
中部	1.0	0.6	5.0	2.0
西部	0.5	0.3	4.0	1.5

(3) 借款来源

如表3-54所示，农业借款来自兄弟姐妹的比例最高，为36.2%，工商业借款同样如此，相应比例为33.0%；农业借款来自其他亲属、朋友及同事的比例分别为31.1%、27.5%，工商业借款相应比例分别为28.6%、29.3%，另外工商业借款来自父母（岳父母/公婆）的比例也有10.6%。总体来看，生产经营借款主要来自亲友，而较少来自民间金融组织、小额贷款公司等组织机构。

表3-54　　　　　　　　　　　　生产经营借款来源　　　　　　　　　　　　单位:%

借款来源	农业	工商业
兄弟姐妹	36.2	33.0
其他亲属	31.1	28.6
朋友/同事	27.5	29.3
有合作关系的人或机构	5.9	1.6
子女	2.9	1.1
父母/岳父母/公婆	2.7	10.6
民间金融组织	1.2	2.3
小额贷款公司	0.4	0.2

(4) 借款缔约形式

由表3-55可知，从全国来看，农业借款有高达84.4%仅通过口头约定获得，工商业借款该类形式占比也有74.7%之多；通过书面形式获得农业借款的占比为15.2%，工商业相应比例较高，为24.7%。不难发现，主要基于熟人关系的生产经营借款缔约形式简便，以口头约定为主，可能蕴含着较大风险。

表3-55　　　　　　　　　　　　生产经营借款缔约形式　　　　　　　　　　单位:%

缔约形式	农业	工商业
口头	84.4	74.7
书面	15.2	24.7
其他	0.4	0.6

(5) 抵押担保情况

由表3-56可知，从全国来看，农业借款担保、抵押比例分别为4.7%、0.8%，均低于工商业贷款担保、抵押的比例6.3%、1.2%。分城乡看，城镇农业借款担保、抵押比例依次为8.2%、1.2%，均高于农村借款担保、抵押的比例4.2%、0.7%；城镇工商业借款担保、抵押比例依次为6.5%、1.5%，均高于农村借款担保、抵押比例的5.8%和0.7%。总之，生产经营借款的抵押、担保比例普遍较低，在农村尤其如此。

表 3-56　　　　　　　　　　　　生产经营借款抵押、担保　　　　　　　　　　　单位:%

区位	农业		工商业	
	担保比例	抵押比例	担保比例	抵押比例
全国	4.7	0.8	6.3	1.2
城镇	8.2	1.2	6.5	1.5
农村	4.2	0.7	5.8	0.7

(6) 利息及期限

由表 3-57 可知，从全国来看，农业借款中有利息的占比为 12.9%，明显低于工商业的 24.0%；约定了期限的占比 19.6%，略高于工商业的 18.3%。分城乡看，城镇农业借款有息及约定了期限的比例依次为 15.7%、17.0%，前者高于农村的 12.5%，后者低于农村的 20.0%；城镇工商业借款有息和约定了期限的占比分别为 23.6%、18.9%，前者低于农村的 24.8%，后者高于农村的 16.9%。总体来看，生产经营借款有息及约定期限比例均比较低，说明生产经营借款成本较低，且还款期限比较灵活，但同时也意味着生产经营借款规范程度较低。

表 3-57　　　　　　　　　　　　生产经营借款利息及期限　　　　　　　　　　　单位:%

区位	农业		工商业	
	有息比例	约定期限比例	有息比例	约定期限比例
全国	12.9	19.6	24.0	18.3
城镇	15.7	17.0	23.6	18.9
农村	12.5	20.0	24.8	16.9

4 家庭住房资产

4.1 住房拥有情况

4.1.1 拥有住房的基本情况

根据 2013 年中国家庭金融调查的数据，我国家庭的住房拥有比例较高。全国家庭住房拥有比例为 90.8%，其中城镇家庭住房拥有比例为 87.0%，农村家庭住房拥有比例为 95.8%。与 2011 年数据对比，由表 4-1 可知，我国城镇住房拥有比例略有上升，而农村住房拥有比例基本保持不变。

表 4-1　　　　　　　　　　　家庭住房拥有情况　　　　　　　　　　　单位:%

区位	拥有比例（2011 年）	拥有比例（2013 年）
全国	90.0	90.8
城镇	84.8	87.0
农村	96.0	95.8

如图 4-1 所示，不同收入家庭住房拥有比例均超过 80%；家庭收入水平越高，住房拥有比例越高。收入水平在 76%~100% 分组的家庭中，住房拥有比例为 92.8%；而收入水平在 0~25% 分组的家庭中，住房拥有比例也达到了 80.5%。

4.1.2 拥有住房的国际比较

如图 4-2 所示，中国家庭住房拥有比例显著高于美国、日本等发达国家[1]，高出德国家庭住房拥有比例 40 多个百分点。我们认为，住房拥有比例主要受国家住房保障体系、住房贷款政策、房屋税收制度、租房市场发展程度等因素影响。不同国家在历史沿革上的

---

[1] 德国住房拥有率为 2012 年数据，韩国为 2005 年数据，法国为 2012 年数据，日本为 2008 年数据，美国为 2013 年数据，英国为 2012 年数据。德国、法国以及英国的数据来源于 Eurostat，韩国数据来源于 Statistics Korea，日本的数据来源于 Statistics Bureau of Japan。

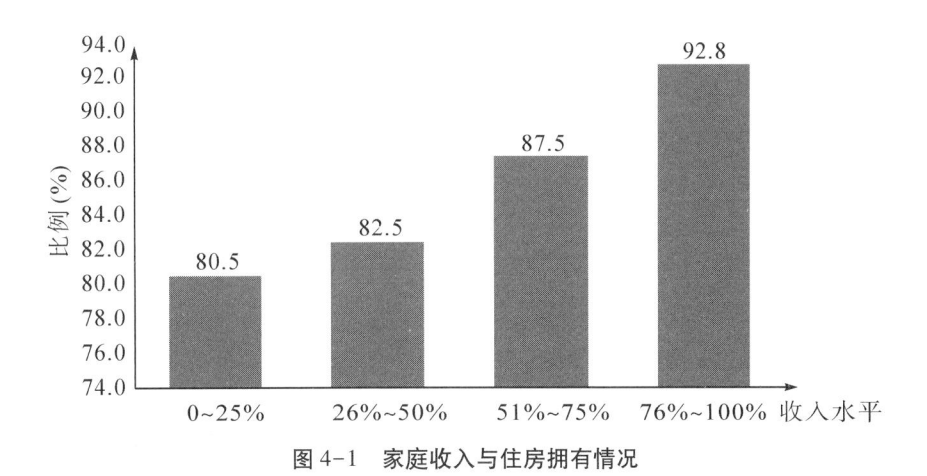

图 4-1　家庭收入与住房拥有情况

做法不同，导致了住房拥有比例的重大差异。

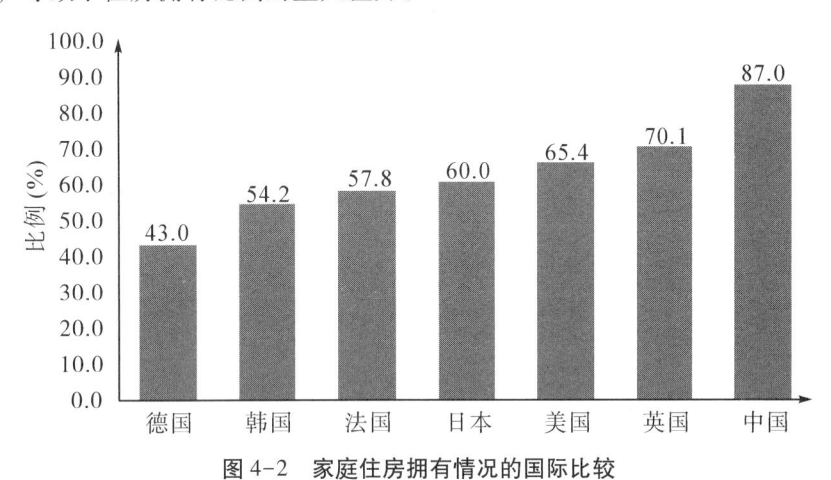

图 4-2　家庭住房拥有情况的国际比较

专题 4-1　户主年龄与家庭住房拥有情况

由图 4-3 可知，户主年龄 55 周岁及以上的各组，中国与其他国家的差异并不明显，而户主年龄在 55 周岁以下的年轻家庭和中年家庭，中国人住房拥有比例显著高于其他国家。中国年轻家庭住房拥有比例高的原因主要有以下两点：其一，中国年轻人单独立户比例低。样本中年龄在 25~44 周岁之间的年轻人中，仅有 54.0% 的年轻人单独立户。年轻人婚前一般选择与父母同住，年龄在 25~44 周岁的非户主男青年中有 36.0% 的人跟父母居住在一起。这就是一般人所说的"啃老一族"。这部分年轻人一般不是户主，所以在计算时没有将其计算进去。这种情况的出现客观上推高了自有住房拥有比例。其二，中国家庭内部资产代际转移。中国家庭内部资产的代际转移可能是增强年轻家庭购房支付能力的原因。

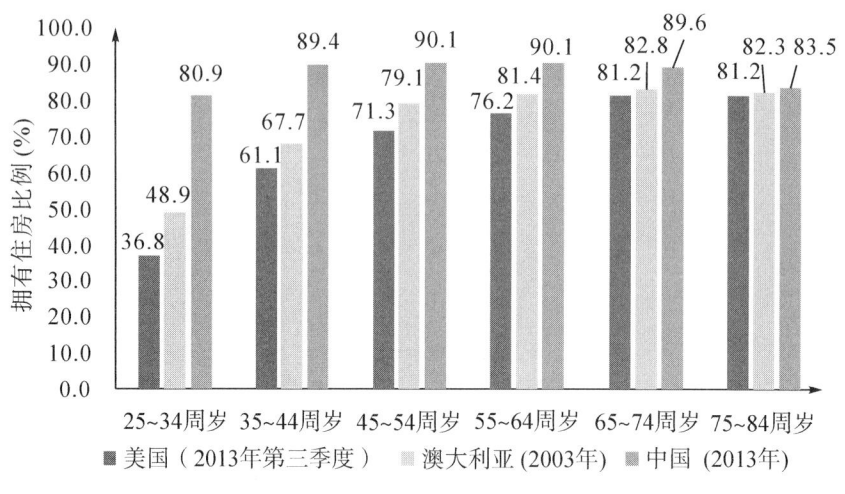

图 4-3 户主年龄与住房拥有情况

4.1.3 拥有多套住房的基本情况

我国城镇家庭的多套住房拥有比例在不同地区之间表现出明显的差异。仅从 2013 年调查数据来看，东部地区家庭的多套住房拥有比例为 21.2%，高于全国平均水平，而中部及西部地区该比例均为 16.5%（见图 4-4）。

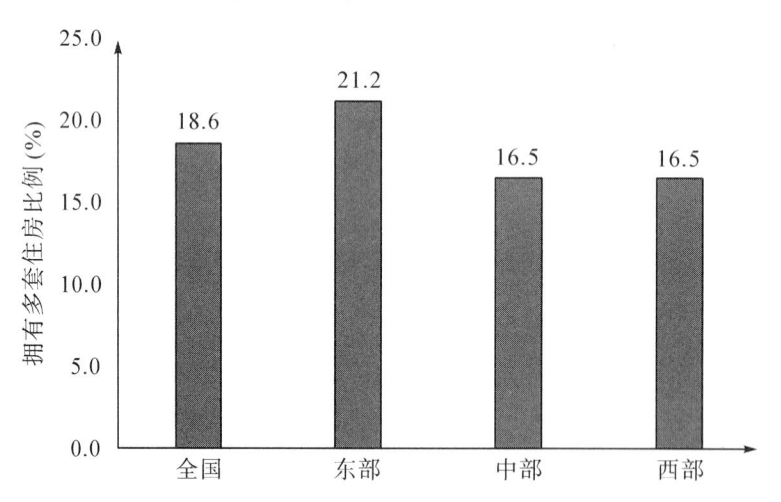

图 4-4 地区与城镇家庭多套住房拥有情况

按家庭收入水平由低到高分为四个组别，可以看出家庭收入水平越高，多套住房拥有比例越高；收入最高的 1/4 家庭中多套住房拥有比例达到 28.3%（见图 4-5）。

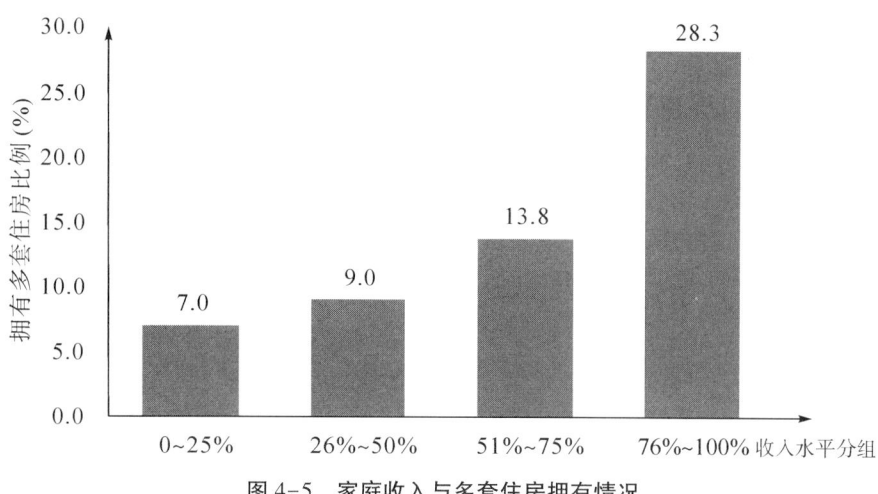

图 4-5　家庭收入与多套住房拥有情况

4.1.4　拥有多套住房的国际比较

与部分发达国家相比，中国家庭的多套住房拥有比例较高。美国[①]的多套住房拥有比例为 14.4%，加拿大和法国的多套住房拥有比例在 10% 左右[②]，而我国 18.6% 的多套住房拥有比例显著超过这些发达国家（见图 4-6）。

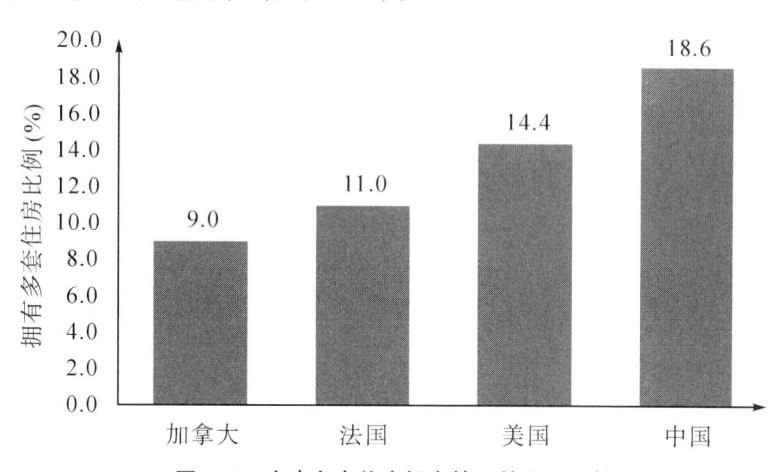

图 4-6　家庭多套住房拥有情况的国际比较

专题 4-2　我国住房市场供需分析

在高达 87.0% 的城镇住房拥有比例以及 18.6% 的多套住房拥有比例之下，作为支撑房

[①] 美国为 2010 年 SCF 数据，包括了家庭拥有的多套住房以及分时度假屋等。
[②] 加拿大为 2009 年数据，法国为 2009 年数据。

地产市场发展的剩余刚性住房需求以及改善型住房需求还有多少？结合家庭现有住房情况，我们可以推测出剩余的刚性住房需求，同时还可以结合 2011 年的数据观察从首轮调查到现在刚性住房需求的变化。

我们定义的刚性住房需求主要包括家庭没有住房、拥有住房但住房不在生活以及工作的地方以及家庭有成年子女的分家需求等情况。

数据显示，自 2011 年 8 月到 2013 年 8 月，刚性住房需求显著下降，从 28.2%降低至 24.6%，下降近 4 个百分点。截至 2013 年 8 月，无房家庭的比例为 13.0%，较 2011 年 8 月下降了 2 个百分点；人房分离家庭占比为 4.0%，下降近 2 个百分点；而分家需求的家庭占比为 7.6%，在过去两年的变化不明显。因此我们估算潜在的住房总刚性需求为 24.6%，按照 2013 年城镇 22 000 万户家庭来计算[①]，城镇家庭住房刚性需求约为 5 500 万套住房，比 2011 年有所下降（如图 4-7 所示）。

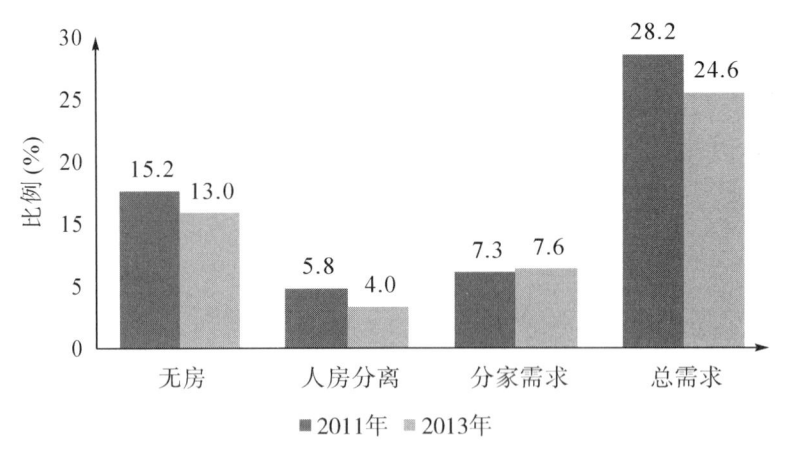

图 4-7 我国刚性住房需求构成

中国家庭金融调查 2013 年数据显示，城镇家庭拥有 2 套住房的家庭占 15.5%，拥有 3 套及以上住房的家庭占比为 3.1%。假设拥有多套住房的家庭仅保留 1 套住房自住，将其他住房视为住房供给，这部分的家庭住房供给可满足 23.3%的城镇家庭的住房需求。若按照城镇家庭数量为 22 000 万户[②]，则多套住房家庭提供的住房供给量约为 5 126 万套。同时，截至 2013 年 8 月，全国住宅商品房待售面积为 2.92 亿平方米，而按照 2012 年城镇人均住房面积 33 平方米进行计算，若取城镇家庭户均人口 2.88 人，则截至 2013 年 8 月，未出售的商品住宅约为 300 万套，因此由现有存量房所能提供的总供给为 5 426 万套住房。同时，根据家庭现有住房状况推算的家庭刚性住房需求量为 5 500 万套，则剩余供需缺口仅为 74 万套。考虑到另有 1 600 万套保障房将计划投入使用，综上，现有住房需求缺口将完全被填补。

[①] 按照第六次人口普查城镇家庭户数 207 189 173 户以及 2010—2013 年城镇人口变化调整推算。
[②] 按照第六次人口普查城镇家庭户数 207 189 173 户以及 2010—2013 年城镇人口变化调整推算。

4.2 住房消费特征

4.2.1 购房动机

结合家庭现有各套住房的购房时间,我们将家庭按照其购房时间进行分类。如图 4-8 所示,2013 年购房家庭中购买多套住房家庭的比例超过一半;其中购买第二套住房的家庭比例为 38.3%,购买第三套住房的家庭占比更是高达 9.9%。

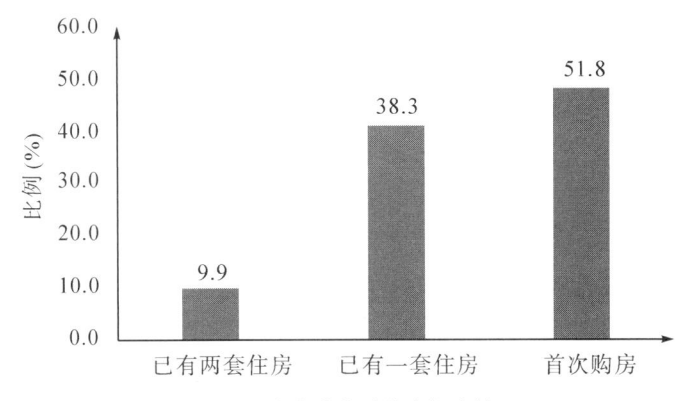

图 4-8 家庭购房时住房拥有情况

通过分析 2011 年 8 月至 2013 年 8 月期间产生的家庭购房动机,我们发现非刚性住房需求是购房的主要原因。如图 4-9 所示,改善型购房为家庭住房的主要购房目的,占比为 32.1%。其次是投资型购房,占比为 23.9%。因为结婚以及分家所导致的购房比例显著,为 11.5%。同时家庭因为子女教育购房的比例为 6.5%。而首次购房的家庭占比仅为 17.6%。

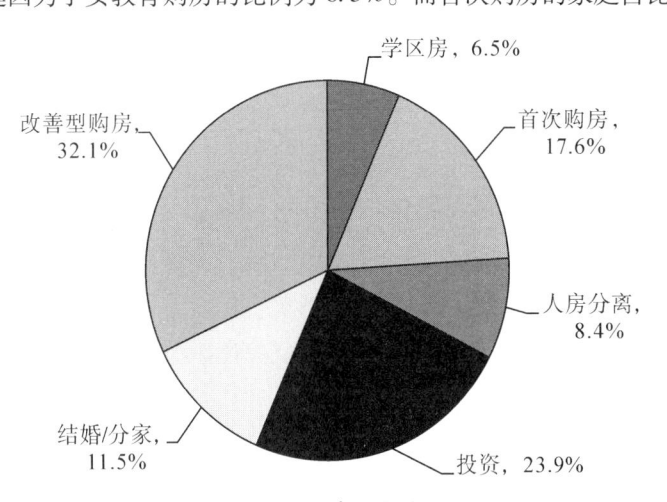

图 4-9 家庭购房动机

4.2.2 住房获得方式

2013年的调查数据显示,在城镇家庭中,购买商品房是获得住房的最主要方式,占比为36.4%;其次是以自建/扩建的方式,占所有城镇住房比为29.8%;以低于市场价格从单位购买也是一种主要的购房方式,其比例为11.8%;经济适用房占所有城镇住房的比例为2.9%(如图4-10所示)。

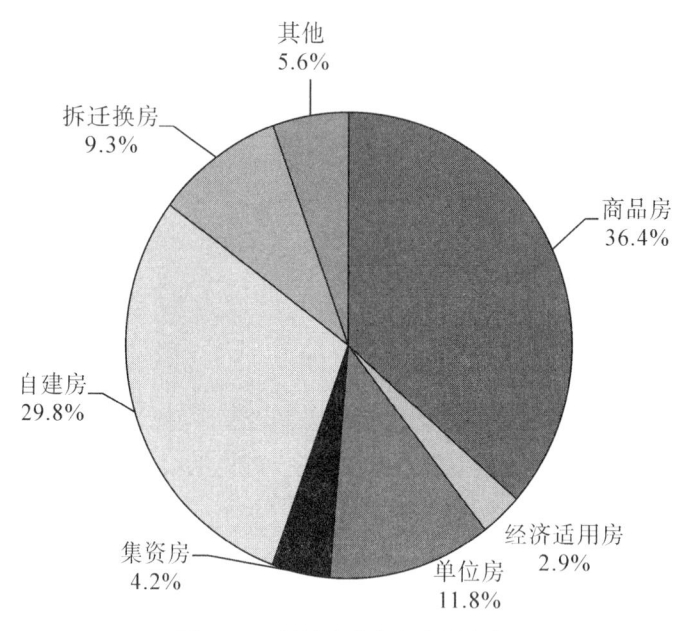

图4-10 城镇家庭住房获得方式

4.2.3 购房资金来源

图4-11为2013年我国家庭购买首套住房和多套住房的资金构成。对于首套住房而言,自有资金是购房资金的主要来源,占比57.5%;其次是银行贷款,占比35.9%;而民间借款的资金占比最低,仅为6.6%。

对于多套住房而言,自有资金仍为购房资金首要来源,占比高达63.4%,比首次购房家庭高了近6个百分点。银行贷款资金占比为32.0%,略低于首次购房家庭。这其中的部分原因是我国近年来实行差别化住房信贷政策抑制投机性需求,收紧对多套住房的信贷约束。同时就家庭自身差异而言,购买多套住房家庭相比于首次购房家庭,其自有资金更为充足、购房能力更强。

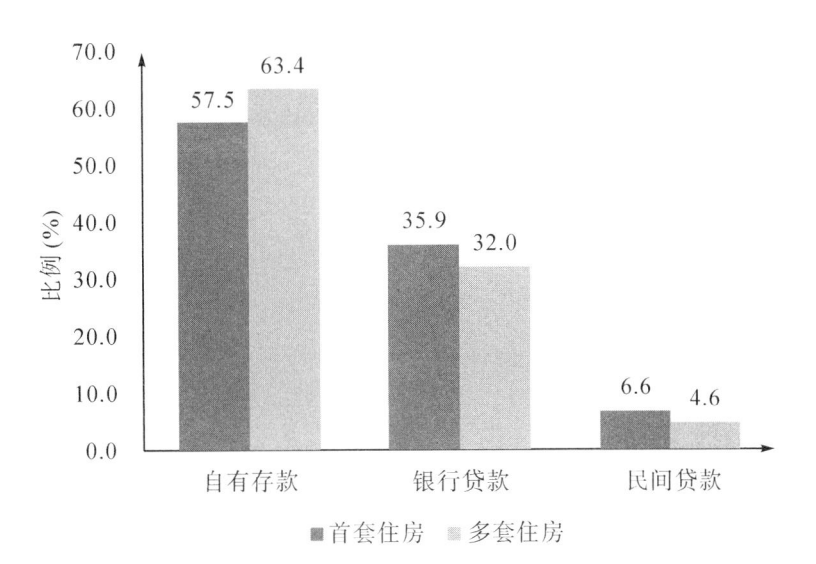

图 4-11 购买首套住房和多套住房的资金来源比较

图 4-12 数据显示，通过民间借款买房的家庭，其住房占家庭资产的比例显著高于无民间借款的家庭，城镇与农村均如此，说明负债购房家庭其资产风险更高。城镇通过民间借款购买多套住房的家庭，其住房占资产比例高达 81.1%，而无负债的家庭，这一比例仅为 58.5%。农村家庭通过民间借款购买多套住房的家庭，其住房占资产比例也达到了 72.6%，远远高于没有民间借款的农村家庭。

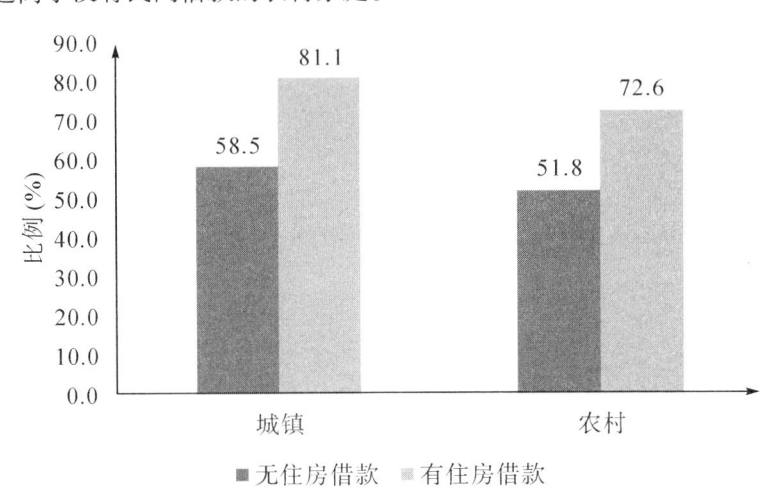

图 4-12 住房借款与住房资产占比

4.2.4 房屋出租情况

2011—2013 年，房屋出租比例有较大下降。分地区看，主要是东部地区房屋出租比例显著降低，中部及西部地区均有上升。尤其是西部地区，房屋出租比例上升了一倍以上，从5.2%上升至11.0%。就全国整体而言，租房比例下降，部分原因在于家庭多套住房比例自2011年的15.8%显著上升至2013年的18.6%，扩大了可出租房屋基数（见表4-2）。

表4-2　　　　　　　　　　　　　家庭房屋出租比例　　　　　　　　　　　　　单位:%

年份	全国	东部地区	中部地区	西部地区
2011年	13.2	16.7	7.2	5.2
2013年	10.9	11.9	8.8	11.0

4.3　小产权房

4.3.1　拥有小产权房的基本情况

根据中国家庭金融调查的数据，2011年城镇家庭小产权房拥有比例为2.9%，即每35户城镇家庭中就有1户家庭拥有小产权房。2013年城镇家庭小产权房拥有比例为3.1%，与2011年相比有小幅度的上升；而在农村，小产权房拥有比例显著上升，从2011年的2.7%上升至2013年的4.0%（见表4-3）。

表4-3　　　　　　　　　　　　　城乡小产权房拥有比例　　　　　　　　　　　　单位:%

年份	城镇	农村
2011年	2.9	2.7
2013年	3.1	4.0

根据城镇家庭平均小产权房拥有量以及城镇家庭总户数，我们可以推算出2011年全国城镇家庭小产权房拥有量约为593万套，2013年全国城镇家庭小产权房拥有量约为675万套；而在农村，2011年小产权房拥有数量为518万套，2013年上升为750万套，两年期间增加了232万套小产权房，而同一时段的城镇小产权房仅增加了45万套左右。因此，就全国范围而言，中国家庭共拥有1 425万套小产权房（见表4-4）。

表4-4　　　　　　　　　　　　　城乡小产权房拥有量　　　　　　　　　　　　单位：万套

年份	城镇	农村
2011年	593	518
2013年	675	750

根据中国家庭金融调查数据，如表 4-5 所示，2011 年全国城镇家庭共拥有小产权房存量面积 8.3 亿平方米，2013 年全国城镇家庭共拥有小产权房存量面积 9.2 亿平方米。在 2012 年和 2013 年城镇新增的小产权房面积约为 0.9 亿平方米。在农村，2011 年小产权房的拥有面积为 8.3 亿平方米，截至 2013 年 8 月，小产权房的拥有面积已经上升至 14.1 亿平方米，相比于城镇，农村小产权房拥有面积增幅巨大，总增幅约为 5.8 亿平方米。因此，就全国范围而言，中国家庭共拥有 23.3 亿平方米小产权房。

表 4-5　　　　　　　　　　城乡小产权房拥有总面积　　　　　　　　　单位：亿平方米

年份	城镇	农村
2011 年	8.3	8.3
2013 年	9.2	14.1

从以上关于拥有比例、拥有量和拥有面积的数据可以看出，与农村相比，2011—2013 年间，小产权房在城镇的发展由于受到了比较严厉的打压，使得全国城镇家庭小产权房拥有量和拥有面积仅有小幅度提高。

4.3.2　小产权房地区分布

中国家庭金融调查数据显示，无论是城镇还是农村，东部地区的小产权房拥有比例都高于中部和西部地区。在城镇，东部小产权房拥有比例最高，为 3.6%，中部地区最低，为 2.4%，西部地区为 2.9%；在农村，东部地区小产权房拥有比例高达 4.8%，中部农村小产权房比例明显高于其城镇小产权房拥有比例，达到了 4.1%，西部地区小产权房拥有比例为 3.3%（见图 4-13）。

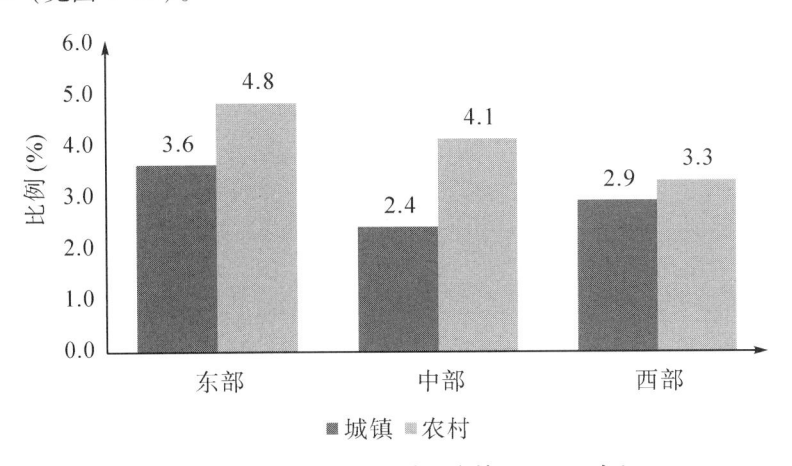

图 4-13　地区与小产权房拥有情况（2013 年）

2011—2013年，城镇家庭在小产权房拥有比例上呈现出不同区域的差异性，变化比较明显的是中、西部地区，尤其是西部的城镇家庭。如图4-14所示，西部城镇2011年小产权房的拥有比例仅为1.1%，而2013年该比例上升至2.9%，上升比例超过100%；中部地区小产权房拥有比例也从2011年的1.9%上升至2.4%；而东部地区该比例在两年间并没有发生变化。我们认为，以上现象主要和中西部地区小产权房治理力度差异相关。

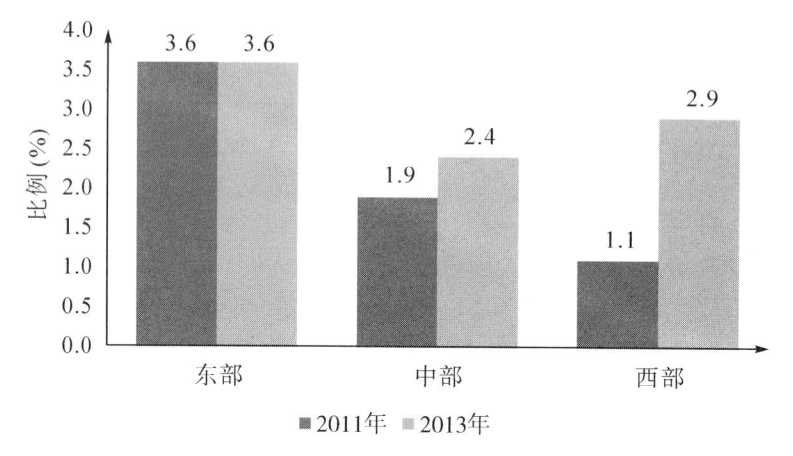

图4-14 地区与城镇家庭小产权房拥有情况

如图4-15所示，同样在农村，也存在较明显的地区差异，并且特征与城镇相反，东部农村在两年间的小产权房拥有比例经历了翻倍增长，从2.1%上升至4.8%，增幅为2.7个百分点；中部地区从3.6%上升至4.1%，增幅为0.5个百分点；西部地区小产权房拥有比例从2.4%上升至3.3%，也上升了近一个百分点。

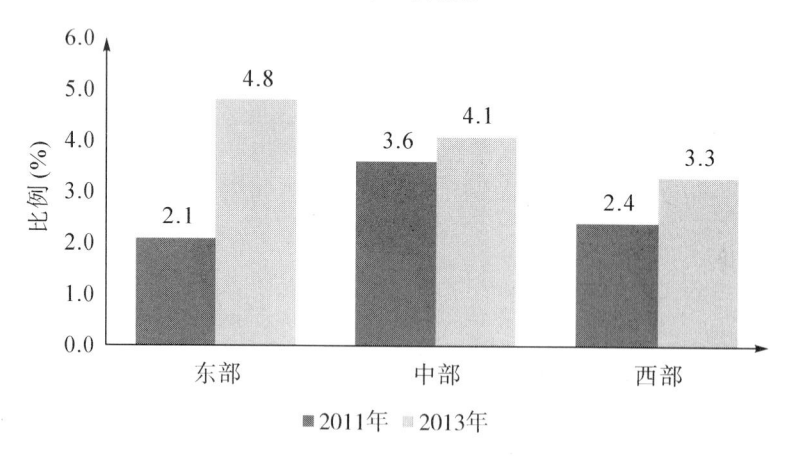

图4-15 地区与农村家庭小产权房拥有情况

以上两组数据再次表明，在城镇和农村小产权房拥有比例都有普遍的上升，但位于西部的城镇和位于东部的农村增幅最为明显。

4.3.3 小产权房购买动机

图 4-16 数据显示，2011—2013 年，城镇小产权房的购买动机有显著的变化，其中购买首套住房的家庭比例从 62.8% 上升至 66.4%，说明小产权房确实满足了大量的首套住房购买者的购房需求；两年间，改善型住房购房需求有显著的下降，下降比例近 10 个百分点；值得一提的是，投资性购房需求从 10.8% 上升至 16.6%，上升了近 6 个百分点，比首套住房需求增加的比例更大，这反映出在城镇将小产权房作为投资品的现象显著增多。这种现象值得我们重视。

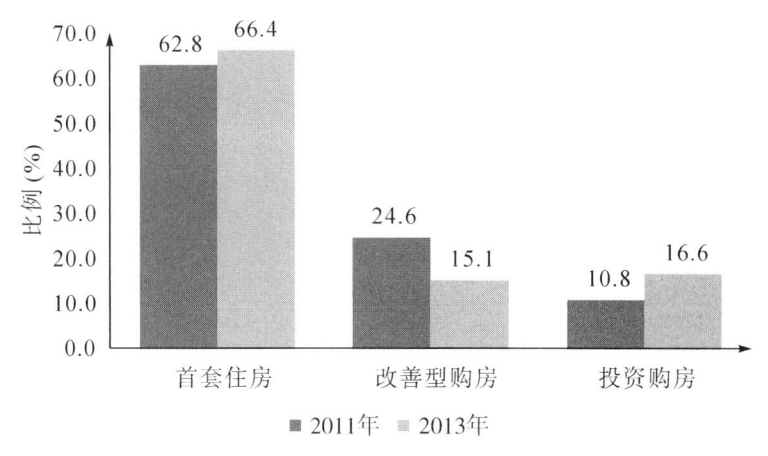

图 4-16 城镇家庭小产权房购买动机

图 4-17 数据显示，农村小产权房的持有动机和城镇有所不同，主要表现在首套住房需求的减少和改善型住房的增加，这与城镇恰好相反。同样，以投资性动机购买小产权房的比例也显著上升了，从 2011 年的 5.0% 上升至 11.0%，增幅超过 100%。

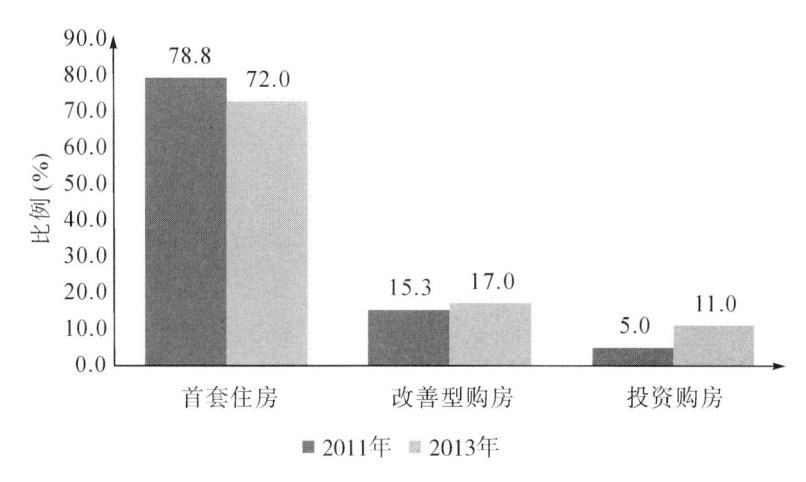

图 4-17 农村家庭小产权房购买动机

4.4 住房资产配置

4.4.1 住房资产占比

2011—2013 年，住房资产占家庭资产[1]的比例在城镇和农村家庭呈现出相同的变化趋势。城镇住房资产占家庭资产的比例由 2011 年的 63.8% 下降至 2013 年的 59.6%；而农村的这一比例由 57.8% 下降至 54.4%（见表 4-6）。

表 4-6	住房资产占家庭资产比例	单位:%
区位	2011 年	2013 年
城镇	63.8	59.6
农村	57.8	54.4

如表 4-7 所示，住房资产占家庭净资产的比例在城镇和农村，均呈现了下降的趋势，尤其是农村下降得尤为明显，这一比例从 62.5% 降至 58.3%。

表 4-7	住房资产占家庭净资产比例	单位:%
区位	2011 年	2013 年
城镇	69.6	62.9
农村	62.5	58.3

按照东部、中部和西部地区分类统计住房资产占家庭资产的比例，可以发现无论是城镇还是农村，东部地区的住房资产占家庭资产的比例都要明显高于中部和西部地区。说明住房资产在东部地区家庭财富中的地位更为重要（见图 4-17）。

---

[1] 本部分，如无特别说明，家庭资产均指家庭总资产。

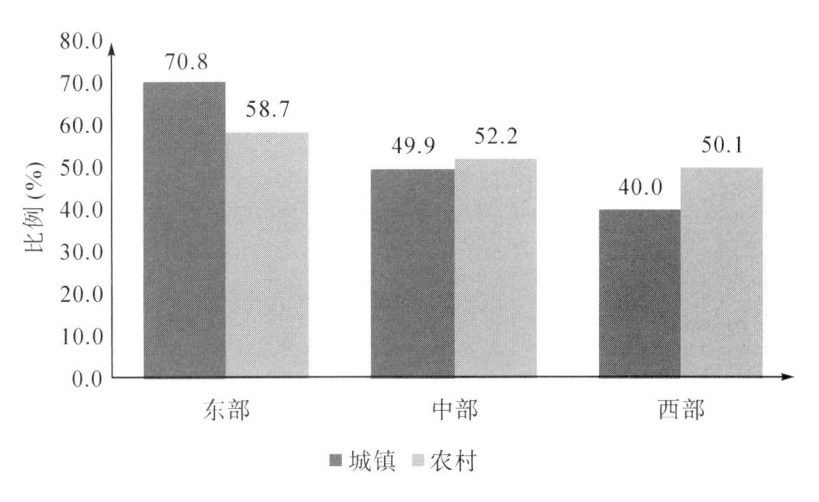

图 4-17 地区与住房资产占比

将家庭总收入从低至高排序，分为四个组别，分别统计各个组别住房资产占总资产的比例，可发现无论是城镇还是农村，在76%~100%收入组的家庭的住房资产占总资产的比例都低于其他组别的家庭（见图 4-18）。

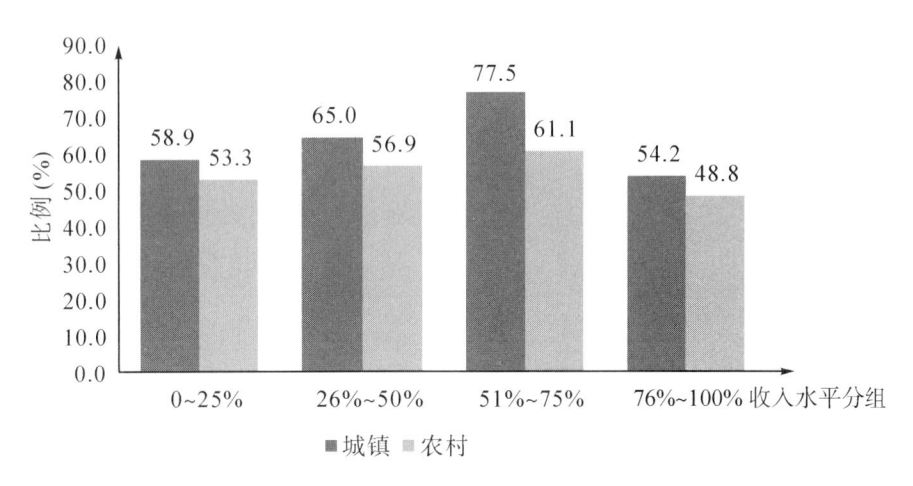

图 4-18 家庭收入与住房资产占比

在城镇，住房资产占总资产的比例随着户主年龄增大而增高。在农村，年龄较大的户主其住房资产占比也较高。城镇户主年龄大于60周岁的家庭的住房资产占比高达81.0%，而在农村这一比例也高达61.3%（如图 4-19 所示）。

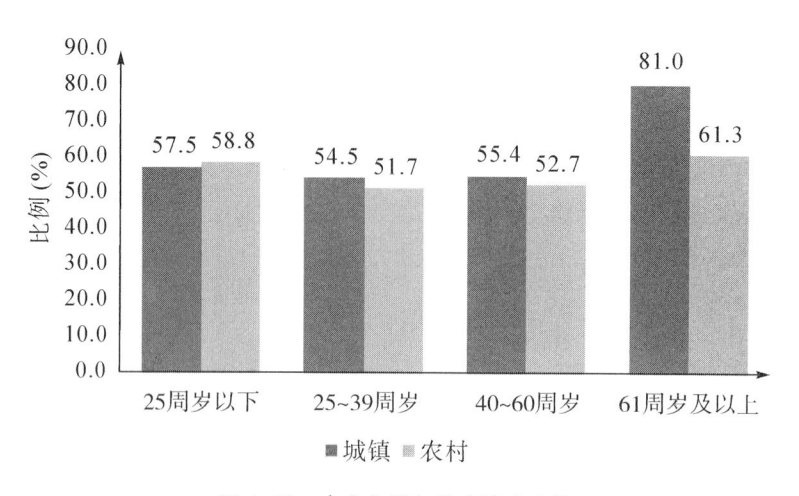

图 4-19　户主年龄与住房资产占比

户主的身体状况不同，住房占家庭资产的比例也不同。数据显示，无论是城镇还是农村，户主身体健康的家庭的住房资产占比都显著低于户主身体不健康的家庭（见图 4-20）。

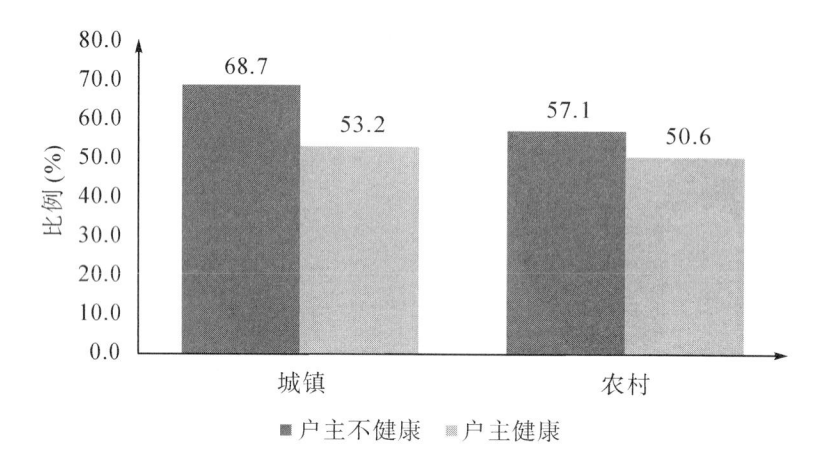

图 4-20　户主身体状况与住房资产占比

数据显示，户主受教育程度较高的家庭，其住房资产占家庭资产比例较低，城镇与农村均呈现这样的规律。这可能是由于受教育程度较高的家庭，其投资知识更丰富，更能够通过其他途径配置自己的资产（如图 4-21 所示）。

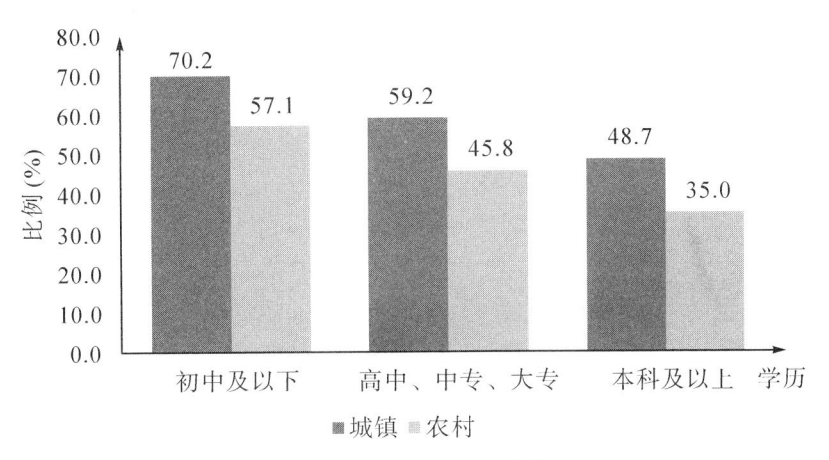

图 4-21　户主学历与住房资产占比

4.4.2　其他因素与住房资产占比

(1) 工商业生产经营与住房资产占比

对家庭按照是否从事工商业经营进行分类,从事工商业经营的城镇家庭住房资产占比为 30.5%,而没有从事工商业经营的城镇家庭这一比例高达 78.9%;在农村,从事工商业经营的家庭住房资产占比为 41.8%,而没有从事工商业经营的家庭住房资产占比为 59.8%(如图 4-22 所示)。

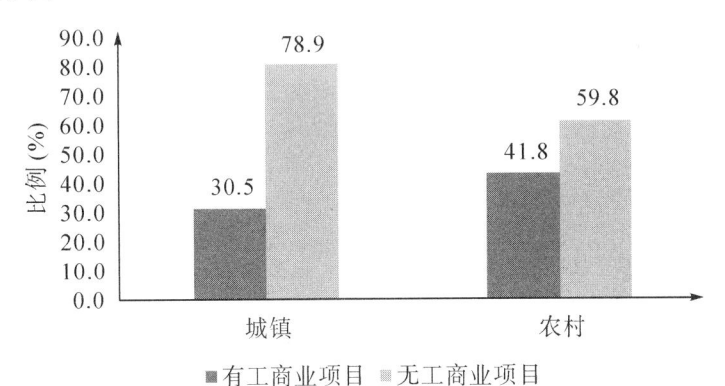

图 4-22　工商业生产经营与住房资产占比

(2) 股票持有与住房资产占比

对家庭按照是否持有股票进行分类统计住房资产占比,可以发现无论是城镇还是农村,拥有股票的家庭,其住房资产占比低于无股票投资的家庭。这一特征在农村的表现最为明显,无股票家庭住房资产占比为 54.1%,但有股票家庭住房资产占比仅为 37.2%。

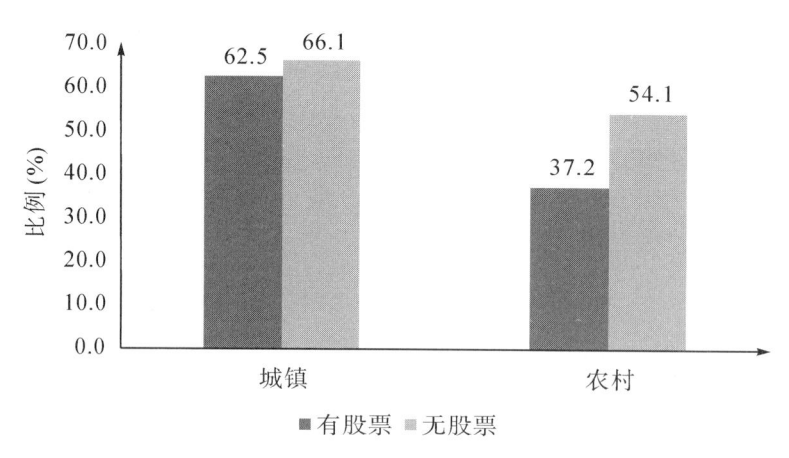

图 4-23　股票持有与住房资产占比

专题 4-3　我国家庭自有住房空置率

我国家庭住房的一大特点是自有住房大量空置，本报告中自有住房空置率是指家庭自有住房中未被使用的住房数量占自有住房总数的比例。空置房屋具体包括两类：一是仅拥有一套住房家庭因外出务工等原因而空置的自有住房（以下简称"人房分离"）；二是多套住房家庭持有的，既未自己居住也未出租的住房。中国家庭金融调查通过实地访问，详细调查了上述两类住房的空置状况。

图 4-24 分别考察了拥有不同住房数量的家庭空置住房占该类家庭住房总量的比例。数据显示，家庭拥有的住房数量越多，其住房空置的可能性越大。仅有一套住房的家庭，其住房中处于空置状态的比例为 9.1%；拥有两套住房的家庭，其住房中有近 35.7% 的比例处于空置状态；拥有三套住房及以上的家庭，其住房空置的比例更高，达到 56.4%，已超过一半。

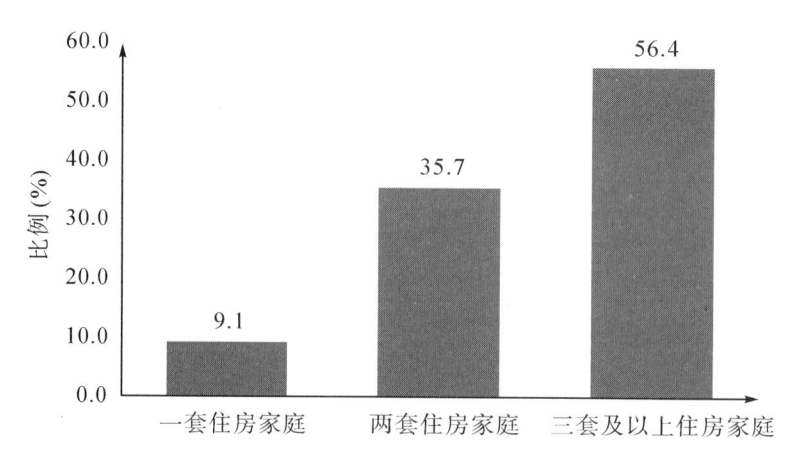

图 4-24　不同住房拥有量家庭的住房空置比例

从表4-8城镇空置率的区域分布来看，2013年空置率呈现出东、中、西部地区递增的趋势，分别为22.2%、22.5%、22.8%。从人房分离（来源于一套住房家庭的空置）的比例看，中、西部地区人房分离的比例分别为5.5%和5.9%，均高于东部地区的4.5%。从来源于多套住房家庭的空置比例看，东、中、西部地区之间多套住房的空置率差异大幅缩小，均在17%左右。

表4-8　　　　　　　　　　城镇家庭住房空置　　　　　　　　　　单位：%

区位	空置率	来源于一套住房家庭	来源于多套住房家庭
东部	22.2	4.5	17.7
中部	22.5	5.5	17.0
西部	22.8	5.9	16.9

表4-9是2013年一、二、三线城镇[①]的住房空置率，分别为21.2%、21.9%、23.2%。从来源于一套住房家庭空置的比例看，一线城镇的比例最低，为3.0%，二线城镇与三线城镇相当，均在5.5%左右。从来源于多套住房家庭空置的比例看，一线城镇多套住房的空置比例最高，为18.2%，二线城镇与三线城镇分别为16.4%与17.7%。因此，尽管一线城镇总体空置率相对较低，但一线城镇的家庭购买多套住房并空置的动机仍强于二三线城镇。

表4-9　　　　　　　　一、二、三线城镇家庭住房空置　　　　　　　　单位：%

城镇区位	空置率	来源于一套住房家庭	来源于多套住房家庭
一线城镇	21.2	3.0	18.2
二线城镇	21.9	5.4	16.4
三线城镇	23.2	5.5	17.7

---

① 本报告对一、二、三线城镇的划分标准如下：一线城镇包括北京、上海、广州、深圳四个城市所辖市区；二线城镇包括59个城市所辖市区，分别为南京、天津、苏州、佛山、武汉、无锡、沈阳、重庆、成都、杭州、济南、大连、哈尔滨、青岛、汕头、宁波、西安、石家庄、郑州、南通、长春、福州、长沙、太原、常州、唐山、徐州、包头、南昌、泉州、江门、盐城、扬州、淄博、合肥、邯郸、厦门、惠州、大庆、昆明、珠海、温州、绍兴、吉林、鞍山、乌鲁木齐、东莞、嘉兴、保定、烟台、临沂、茂名、兰州、湛江、呼和浩特、镇江、洛阳、泰州、柳州；余下城镇地区统一划分为三线城镇。因此，县城均为三线城镇，比如一线城镇北京市不包括其管辖的延庆县。

5 家庭其他非金融资产

5.1 汽车

5.1.1 汽车消费

(1) 汽车拥有比例

2013年,全国家庭的汽车拥有比例为20.6%(包括轿车、客车和货车等常见车辆),比2011年上升了6个百分点,增幅较大。分城乡看,城镇家庭与农村家庭的汽车拥有比例差异较大。2013年城镇家庭的汽车拥有比例为23.9%,农村家庭的汽车拥有比例为16.3%,城镇家庭与农村家庭的汽车拥有比例差距比2011年有缩小(见图5-1)。

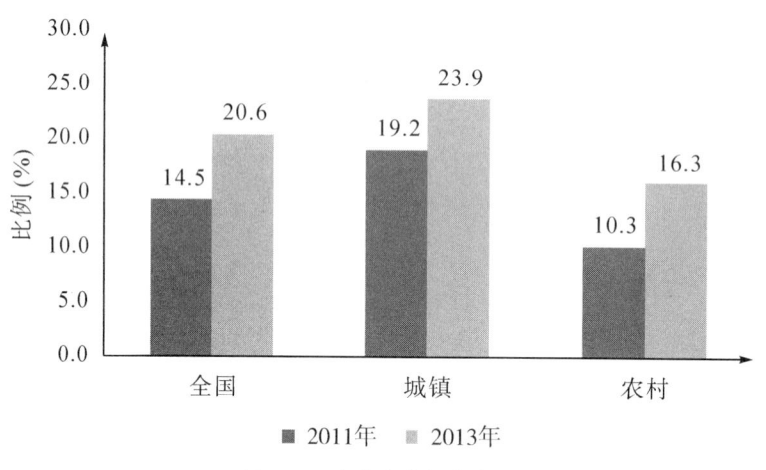

图 5-1 家庭汽车拥有比例

(2) 汽车拥有数量

由图5-2可知,在拥有汽车的家庭中,绝大部分仅拥有一辆汽车,农村家庭中拥有一辆汽车的比例高达92.2%,高于城镇家庭的88.0%;农村家庭中拥有两辆汽车的比例仅为6.8%,低于城镇家庭的10.1%。

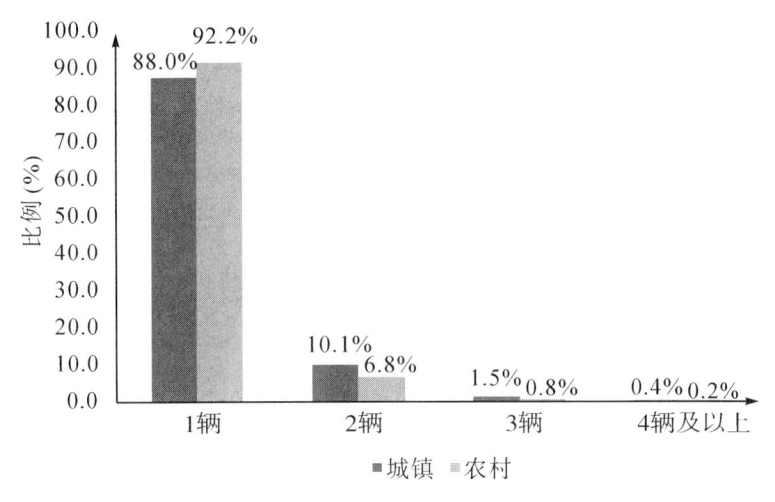

图 5-2　家庭自有汽车数量

（3）汽车购买来源

根据汽车购买的市场不同，将汽车分为新车和二手车。由表 5-1 可知，就全国总体而言，家庭购买的第一辆车有 83.9% 为新车；第二辆车有 83.0% 为新车。城镇家庭，不管首次购买还是第二次购买，新车所占的比重大致相当，都在 87% 左右。农村家庭购买的第一辆车有 73.0% 为新车；第二辆车的新车比重上升，为 74.6%。

表 5-1　　　　　　　　　　家庭购买汽车中新车、二手车占比　　　　　　　　单位：%

区位	第一辆车为新车	第一辆车为二手车	第二辆车为新车	第二辆车为二手车
全国	83.9	16.1	83.0	17.0
城镇	87.3	12.7	86.2	13.8
农村	73.0	27.0	74.6	25.4

（4）汽车品牌分布

如图 5-3 所示，家庭第一辆车的品牌，排名前十的分别为大众、丰田、现代、五菱、别克、长安、东风、一汽、日产、本田。其中，大众品牌的占比最高，为 12.9%；其次为丰田和现代，占比分别为 5.0% 和 4.9%；五菱的占比为 4.6%；别克、长安和东风的占比在 4.0% 左右，一汽、日产和本田的占比在 3.5% 左右。

如图 5-4 所示，家庭第二辆车，排名前三的品牌依然为大众、丰田、现代，占比分别为 12.1%、6.2%、5.6%。但整体而言，家庭第二辆车的档次高于第一辆车，其中，购买奔驰、宝马、奥迪等品牌汽车的占比达到 14.2%，而第一辆车的该比例仅为 3.0%。

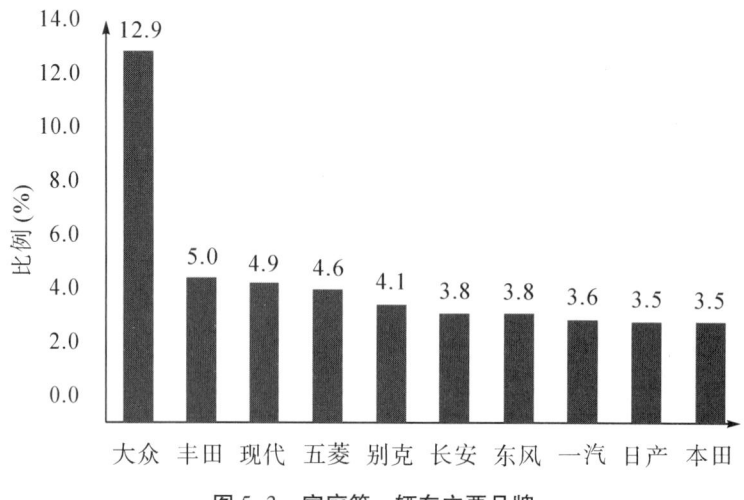

图 5-3　家庭第一辆车主要品牌

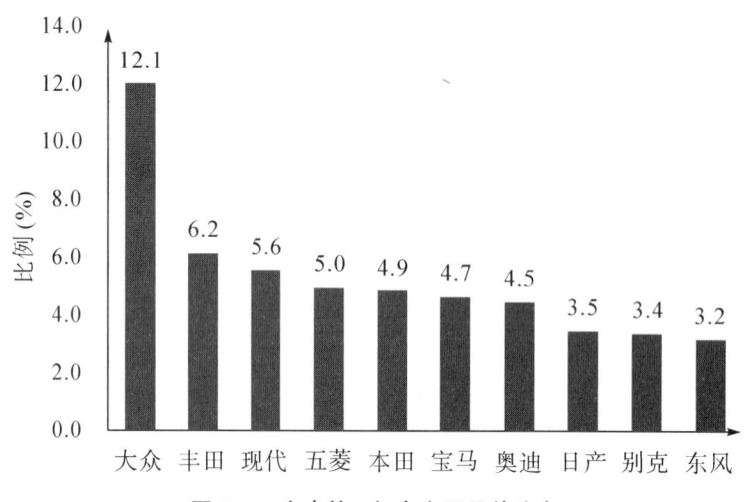

图 5-4　家庭第二辆车主要品牌分布

（5）汽车价值及税费

表 5-2 和表 5-3 是家庭第一辆车和第二辆车的购买价格和当前市价以及使用年限和每年折旧。由表中数据可知，家庭第二次购买的汽车的价格较第一次购买的汽车更贵。家庭第一辆车的购买价格为 12.0 万元，当前市价为 6.6 万元，价值下降了 45.0%，汽车的使用年份为 4.7 年，平均每年折旧 1.2 万元。家庭第二辆车的购买价格为 18.9 万元，当前市价为 12.0 万元，价值下降 36.5%，使用年份较短，为 3.4 年，每年折旧较高，达 2.0 万元。

分城乡看，城镇家庭第一辆车的购买价格为 13.3 万元，当前市价仅为 7.8 万元，价值下降了 41.0%，每年折旧 1.2 万元；第二辆汽车的购买价格较高，达 22.8 万元，当前市价为15.0万元，价值下降幅度为34.0%，每年折旧2.2万元；农村家庭分别以8.0万元和8.9万元的价格购买第一辆和第二辆车，当前市价分别为4.2万元和5.6万元，每年折旧分别为0.9万元和1.1万元。可见，城镇家庭的汽车购买价格高于农村家庭，使用年限长于农村家庭，汽车的每年折旧大于农村家庭。

表5-2　　　　　　　　　　　　家庭第一辆车的价值及折旧

区位	购买价格（万元）	当前市价（万元）	使用年限（年）	平均每年折旧（万元/年）
全国	12.0	6.6	4.7	1.2
城镇	13.3	7.8	4.8	1.2
农村	8.0	4.2	4.3	0.9

表5-3　　　　　　　　　　　　家庭第二辆车的价值及折旧

区位	购买价格（万元）	当前市价（万元）	使用年限（年）	平均每年折旧（万元/年）
全国	18.9	12.0	3.4	2.0
城镇	22.8	15.0	3.6	2.2
农村	8.9	5.6	3.1	1.1

家庭购买汽车来源不同时，汽车价值和税费方面的差别较大，表5-4和表5-5分别统计了第一辆车为新车和二手车的价值及税费。对比发现，家庭第一辆车为新车的购买价格、当前市价、税费及税费占比都明显高于二手车。

新车的购买价格为13.3万元，当前市价为8.4万元，税费达9 866元，税费占比为8.3%。分城乡看，城镇家庭购买新车的价格和当前市价高于农村家庭，税费占比方面城镇家庭和农村家庭相当，都为8.0%左右。

二手车的购买价格明显低于新车，仅为5.2万元，当前市价为3.9万元，税费为1 606元，税费占比仅3.4%。分城乡看，城镇家庭购买二手车的价格和当前市价都高于农村家庭，但是相应的税费反而低于农村家庭，城镇家庭二手车的税费占比只有2.8%，农村家庭为4.1%。

表5-4　　　　　　　　　家庭第一辆车为新车的汽车价值及税费

区位	购买价格（万元）	当前市价（万元）	税费（元）	税费占比（%）
全国	13.3	8.4	9 866	8.3
城镇	14.3	9.0	10 677	8.4
农村	9.6	6.3	6 898	8.0

表 5-5　　　　　　　　　　家庭第一辆车为二手车的汽车价值及税费

区位	购买价格（万元）	当前市价（万元）	税费（元）	税费占比（%）
全国	5.2	3.9	1 606	3.4
城镇	6.1	4.2	1 370	2.8
农村	3.8	3.5	1 920	4.1

（6）户主特征与汽车拥有情况

图 5-5 显示了按户主年龄分组的家庭汽车拥有情况。户主年龄为 31~40 周岁的家庭的汽车拥有比例最高，为 32.9%；而户主年龄为 51 周岁及以上的家庭的汽车拥有比例最低，仅为 14.2%；此外，户主年龄为 18~30 周岁和 41~50 周岁的家庭的汽车拥有比例分别为 23.8% 和 24.5%。

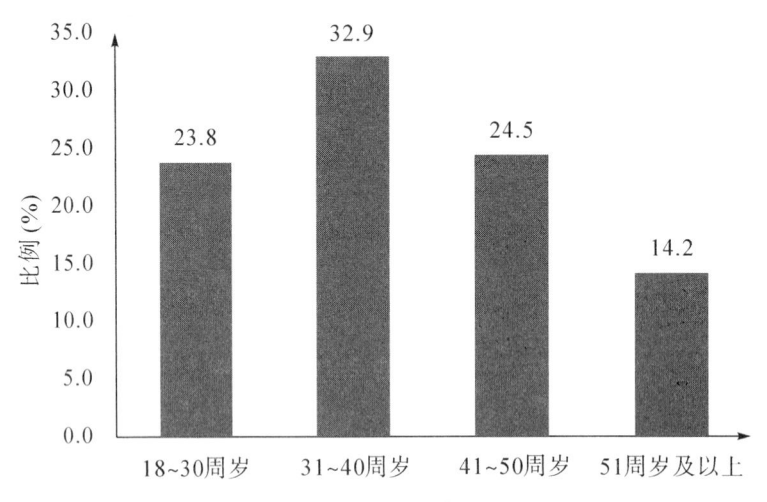

图 5-5　户主年龄与汽车拥有比例

家庭拥有汽车比例与户主学历相关，如图 5-6 所示，随着户主学历的提高，家庭的汽车拥有比例不断提高。户主学历为文盲与小学的家庭，汽车拥有比例最低，仅为 12.3%；户主学历为硕士研究生及以上的家庭，汽车拥有比例最高，达到了 52.4%。

图 5-7 显示了按家庭收入分组的家庭汽车拥有情况。随着家庭收入的增加，家庭汽车拥有比例增加。其中，收入最高的 25% 家庭汽车拥有比例为 41.3%，明显高于其他收入组家庭；收入最低的 25% 的家庭汽车拥有比例最低，仅为 11.7%。

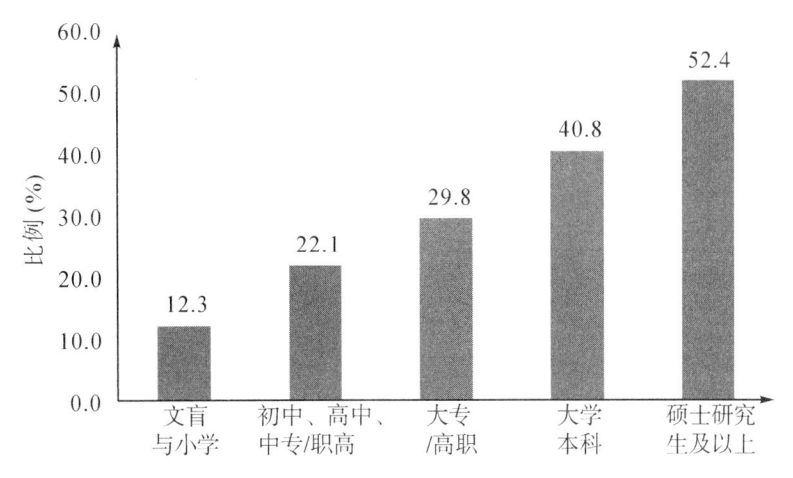

图 5-6　户主学历与汽车拥有比例

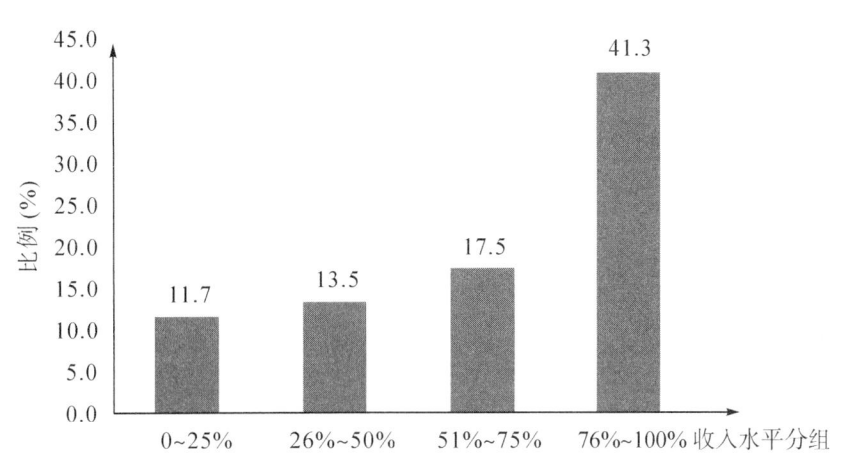

图 5-7　家庭收入与汽车拥有比例

5.1.2　汽车信贷①

（1）汽车负债概况

如图 5-8 所示，第一辆车有负债的家庭比例为 22.4%，高于第二辆车有负债的家庭比例。分城乡看，城镇家庭第一辆车有负债的比例为 19.1%，明显低于农村家庭的 32.8%；城镇家庭第二辆车有负债的比例为 13.8%，同样低于农村家庭的 24.8%。

---

① 本节仅考虑有车家庭。

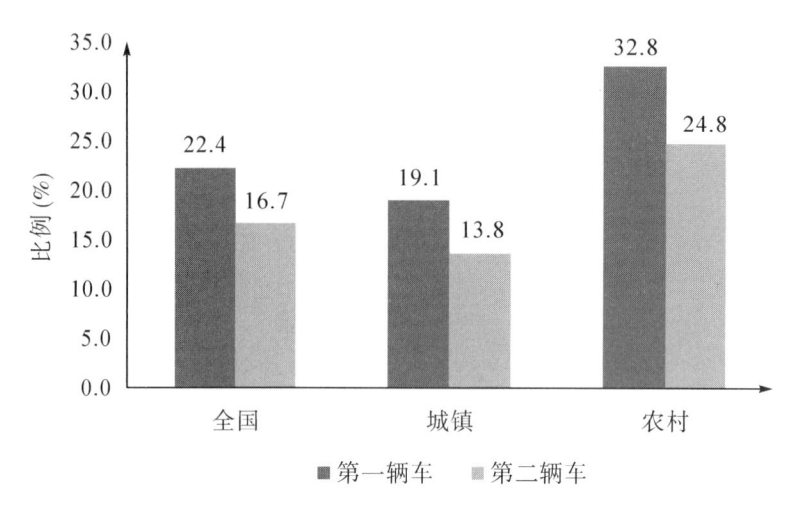

图 5-8 有汽车负债的家庭占比

(2) 汽车借贷资金来源

表 5-6 显示了有汽车负债家庭的汽车借贷资金来源。家庭第一辆车的汽车借贷，有 62.1% 仅来自其他渠道借款，32.8% 仅来自银行贷款；家庭第二辆车的汽车借贷，有 40.7% 仅来自其他渠道借款，55.2% 仅来自银行贷款。

表 5-6　　　　　　　　　　　　汽车借贷资金来源　　　　　　　　　　　　单位:%

来源	第一辆车	第二辆车
仅银行贷款	32.8	55.2
仅其他渠道借款	62.1	40.7
两者皆有	5.2	4.1

注：表中比例均在有汽车借贷家庭下计算。

(3) 汽车资产负债状况

如表 5-7 所示，对于有汽车负债的家庭而言，汽车总市值为 9.4 万元，汽车贷款或借款总额为 5.6 万元，其中 3.9 万元来自银行贷款，1.7 万元来自其他渠道借款，当前欠款总额为 2.6 万元。

分城乡看，有汽车负债的城镇家庭，汽车总市值为 11.2 万元，汽车贷款或借款总额达 6.7 万元，其中 4.9 万元来自银行贷款，1.8 万元来自其他渠道借款，当前欠款总额为 3.1 万元；有汽车负债的农村家庭，汽车总市值为 6.2 万元，汽车借贷总额为 3.6 万元，包含 2.2 万元银行贷款，1.4 万元其他渠道借款，当前欠款总额为 1.8 万元。

表 5-7		汽车资产负债		单位：万元
区位	汽车总市值	汽车贷款或借款		欠款总额
		银行贷款	其他渠道借款	
全国	9.4	3.9	1.7	2.6
城镇	11.2	4.9	1.8	3.1
农村	6.2	2.2	1.4	1.8

(4) 汽车信贷约束

图 5-9 和图 5-10 分别显示了城镇和农村家庭获得汽车贷款的银行分布。城镇家庭中，汽车贷款来自于工商银行的家庭占比最大，达 34.1%，其次是中国建设银行和中国农业银行，分别为 22.6% 和 11.0%。总体上看，城镇家庭的汽车贷款绝大部分来自于四大国有银行和农村信用合作社，其他股份制商业银行的占比较小。而农村家庭中，汽车贷款来自于农村信用合作社的家庭占比达到了 60.8%，其次是中国农业银行、中国工商银行、中国建设银行、中国银行和中国民生银行，其他银行很少向农村家庭提供汽车贷款。

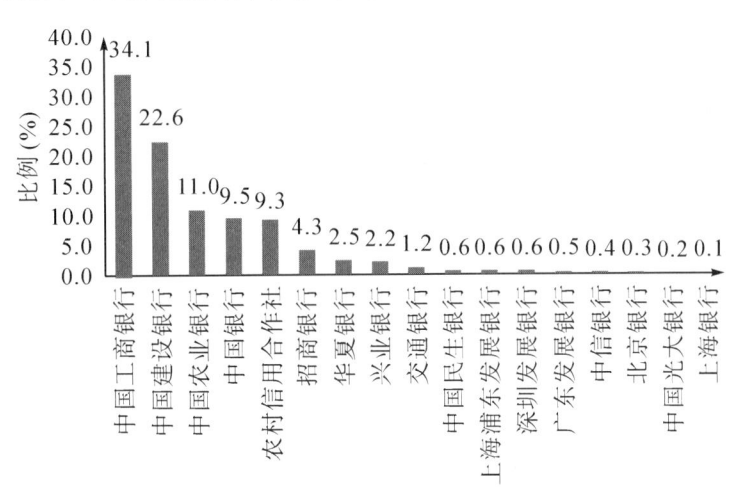

图 5-9 城镇家庭获得汽车贷款的银行

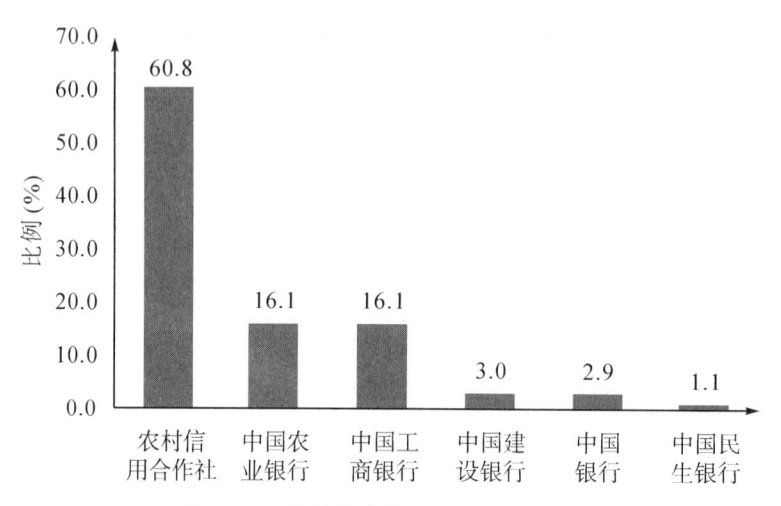

图 5-10　农村家庭获得汽车贷款的银行

如图 5-11 所示，家庭没有向银行贷款的原因是多样的，其中最主要的原因是"不需要"，但仍然有较大比例家庭受到信贷约束。这里所说的汽车信贷约束指有向银行贷款购买汽车的需求但未被满足的情形。在没有汽车贷款的家庭中，91.1%的城镇家庭和 84.5%的农村家庭不需要汽车贷款；但仍有 8.9%的城镇家庭和 15.5%的农村家庭需要银行贷款。究其原因，城镇家庭中，5.3%的家庭需要银行贷款但未提出申请，0.5%的家庭提出了申请但未被批准；农村家庭中，有 11.6%的家庭需要银行贷款但未提出申请，1.0%的家庭提出了申请却被拒绝。

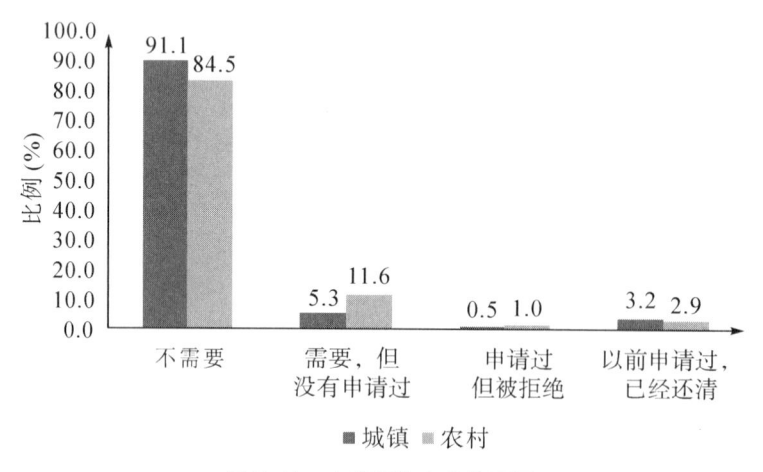

图 5-11　家庭无汽车贷款原因

家庭第一辆车的信贷需求比例是指有汽车信贷需求的家庭占全体有车家庭的比例，家庭第二辆车的信贷需求比例是指有汽车信贷需求的家庭占有两辆及以上汽车家庭的比例；有汽车信贷需求的家庭包括三类：有汽车贷款的家庭、有汽车信贷需求但没有申请过的家庭、申请过贷款但被拒绝的家庭。

如表5-8所示，家庭第一辆车的信贷需求比例为11.0%，家庭第二辆车的信贷需求比例为20.6%。

家庭汽车的信贷可得比例是指获得汽车贷款的家庭占有汽车信贷需求的家庭的比例。家庭第一辆车的信贷可得比例为54.6%，家庭第二辆车的信贷可得比例为70.0%，高于第一辆车。这表明家庭购买汽车的信贷需求较低但信贷可得性较高。

表5-8　　　　　　　　　　家庭汽车的信贷需求和信贷可得　　　　　　　　　单位：%

信贷需求与可得性	第一辆车	第二辆车
信贷需求比例	11.0	20.6
信贷可得比例	54.6	70.0

5.1.3　汽车保险①

（1）投保比例

图5-12显示了为汽车购买保险的家庭占比。全国家庭的汽车投保比例为77.3%，其中城镇家庭的汽车投保比例较高，为87.5%，而农村家庭的汽车投保比例则较低，仅为57.1%。

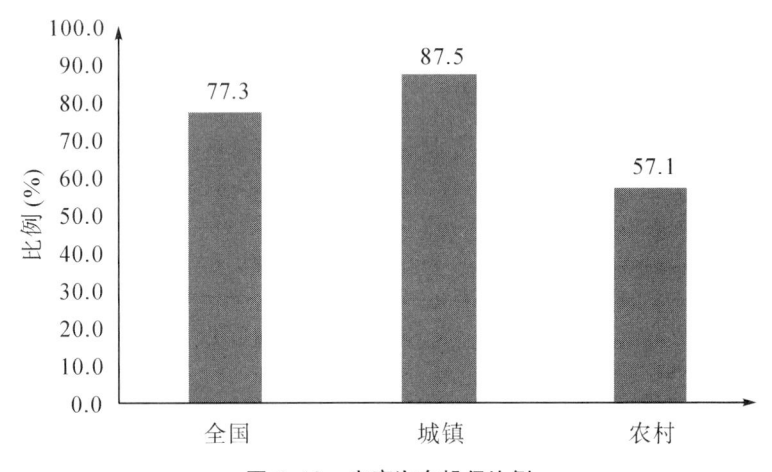

图5-12　家庭汽车投保比例

（2）汽车保险种类分布

如图5-13所示，除国家强制要求购买的交强险外，购买第三者责任险、车辆损失险、盗抢险、车上责任险的家庭占比较多，分别为59.1%、48.1%、26.1%、25.7%。其次是

---

①　本节仅考虑有车家庭。

不计免赔特约险、无过失责任险、玻璃单独破碎险等险种。

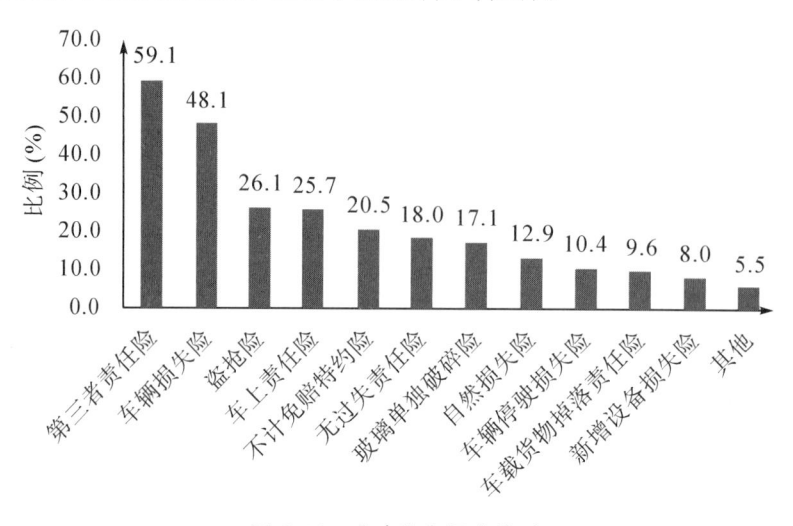

图 5-13 家庭汽车保险类型

比例（%）：第三者责任险 59.1、车辆损失险 48.1、盗抢险 26.1、车上责任险 25.7、不计免赔特约险 20.5、无过失责任险 18.0、玻璃单独破碎险 17.1、自然损失险 12.9、车辆停驶损失险 10.4、车载货物掉落责任险 9.6、新增设备损失险 8.0、其他 5.5

（3）保险理赔

表 5-9 显示了家庭汽车保险的缴费和理赔情况。家庭购买汽车保险的缴费额为 4 909 元；有 82.2%的出车祸家庭申请了保险理赔，车祸平均损失为 7 499 元，平均理赔金额为 7 772 元。

表 5-9 家庭汽车保险缴费与理赔

缴纳保费（元）	车祸损失（元）	申请理赔占比（%）	保险理赔金额（元）
4 909	7 499	82.2	7 772

专题 5-1 汽车保险的逆向选择

如图 5-14 所示，未理赔家庭购买各类险种的比例都低于理赔家庭。以车辆损失险、第三者责任险、盗抢险、车上责任险为例，未理赔家庭的购买比例分别为 46.4%、60.4%、25.6%、29.4%，而理赔家庭的购买比例为 72.2%、80.2%、36.7%、41.5%。此外，理赔和未理赔家庭购买无过失责任险、玻璃单独破碎险、车辆停驶损失险的比例差异明显。

如图 5-15 所示，汽车未出交通事故的家庭购买各类险种的比例都低于出交通事故的家庭。以车辆损失险、第三者责任险、车上责任险、无过失责任险为例，汽车未出交通事故家庭的购买比例为 45.8%、57.1%、24.1%、16.9%，而出交通事故的家庭的购买比例为 67.6%、76.6%、39.1%、27.3%。理赔和未理赔家庭购买无过失责任险、玻璃单独破碎险、不计免赔特约险的比例差异明显。这说明家庭在汽车保险的购买上存在明显的逆向选择行为。

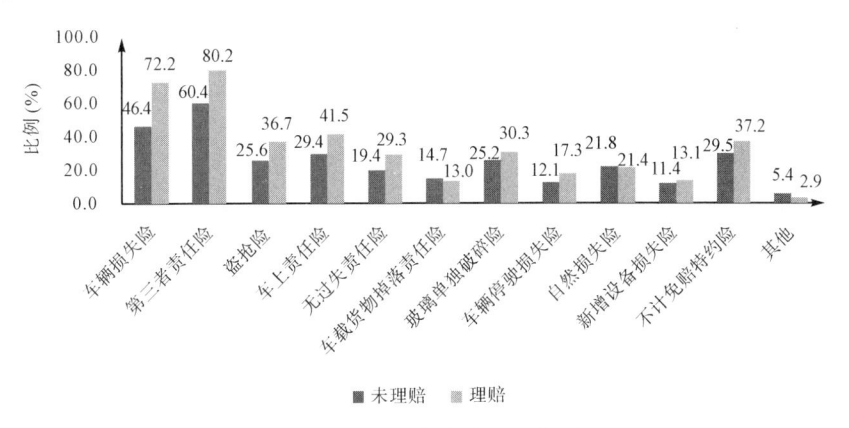

图 5-14　理赔与汽车保险类型

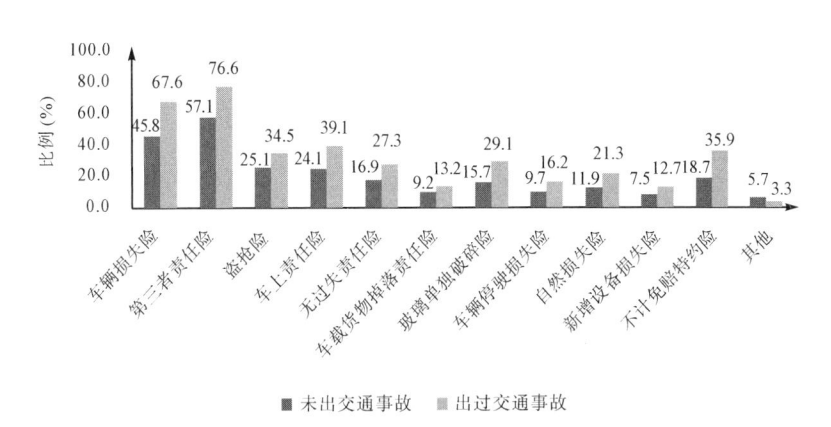

图 5-15　交通事故与汽车保险类型

5.2　耐用品和其他非金融资产

5.2.1　耐用品

在家庭耐用品方面，城镇家庭比农村家庭拥有日常耐用品的种类更多。农村家庭最普遍拥有的是电视机、手机、家具、冰箱、洗衣机，而城镇家庭除了电视机、手机、家具、冰箱、洗衣机之外，还普遍拥有电子计算机/电脑、太阳能/电热水器、空调和摄像机/照相机等耐用品。

在家庭的耐用品拥有比例方面，城镇家庭和农村家庭除了在电视机和手机上的拥有比例相近外，其他耐用品的拥有比例均存在明显差异。由图 5-16 可知，不管是城镇家庭还是农村家庭，家庭拥有黑白/彩色电视机的比重都为94.4%，几乎全面普及；城镇家庭的手机拥有比例为91.1%，农村家庭为86.4%；城镇家庭拥有洗衣机和冰箱的比例分别为85.3%、86.3%，明显高于农村家庭；在太阳能/电热水器、空调、电脑的拥有上，城镇家庭与农村家庭的拥有比例相差更大，52.4%的城镇家庭拥有热水器，农村家庭的这一比例仅为28.9%，拥有空调的城镇家庭占比为58.6%，拥有电子计算机/电脑的城镇家庭占比为60.9%，是相应的农村家庭占比的3倍；城镇家庭拥有卫星接收器的比例为8.8%，农村家庭拥有卫星接收器的比例达21.1%，明显高于城镇家庭。

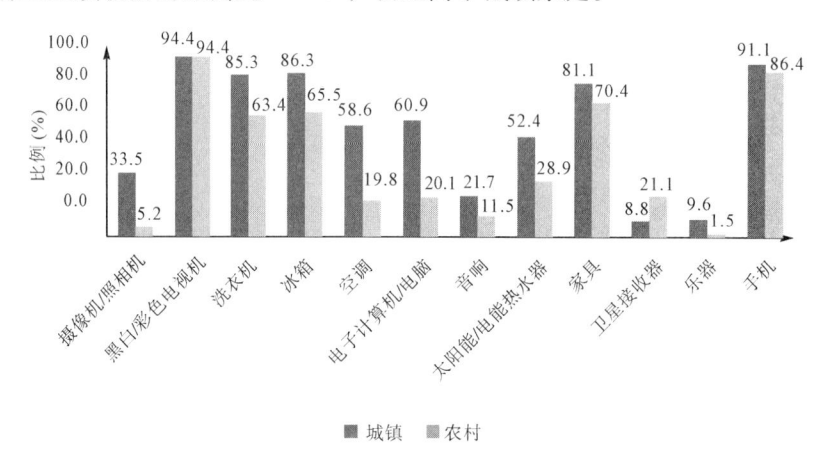

图5-16 城乡与家庭耐用品拥有比例

图5-17显示家庭耐用品的总价值。家庭耐用品的总价值为11 914元。分城乡看，城镇家庭耐用品的总价值为16 101元，农村家庭耐用品的总价值为6 277元，城镇家庭耐用品的总价值是农村家庭的2.6倍。

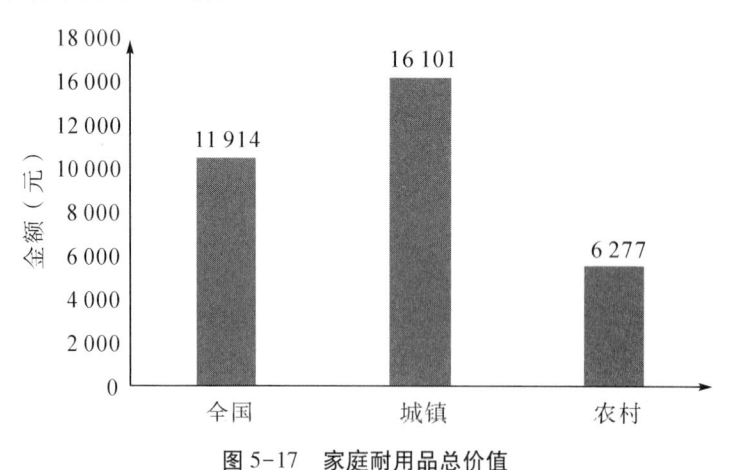

图5-17 家庭耐用品总价值

5.2.2 其他非金融资产

家庭其他非金融资产包括游船/私人飞机、古董/古玩、珍稀动植物、珍贵邮票/字画/艺术品、金银首饰、高档皮包、化妆品、高档服饰、高档箱包、名表等。

如图5-18所示，家庭其他非金融资产的拥有比例为17.6%。分城乡看，城镇家庭有22.1%拥有其他非金融资产，高出全国平均水平4.5个百分点，农村家庭的拥有比例为11.5%，只有城镇家庭的一半。

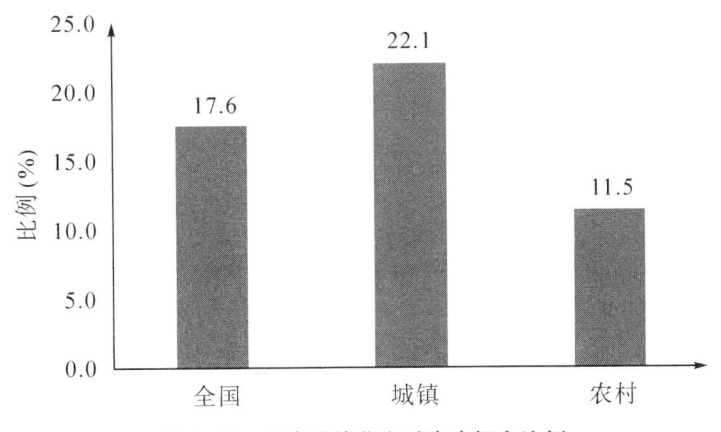

图5-18 家庭其他非金融资产拥有比例

图5-19显示家庭拥有其他非金融资产的分布，城镇家庭和农村家庭持有金银首饰最为普遍。持有其他非金融资产的城镇家庭中，95.0%的家庭持有金银首饰，这一比例在农村家庭中更高，为98.1%；另外，城镇家庭珍贵邮票/字画/艺术品和古董/古玩的拥有比例明显高于农村家庭，分别为7.0%和2.4%；而农村家庭除金银首饰外，很少拥有其他种类的非金融资产。

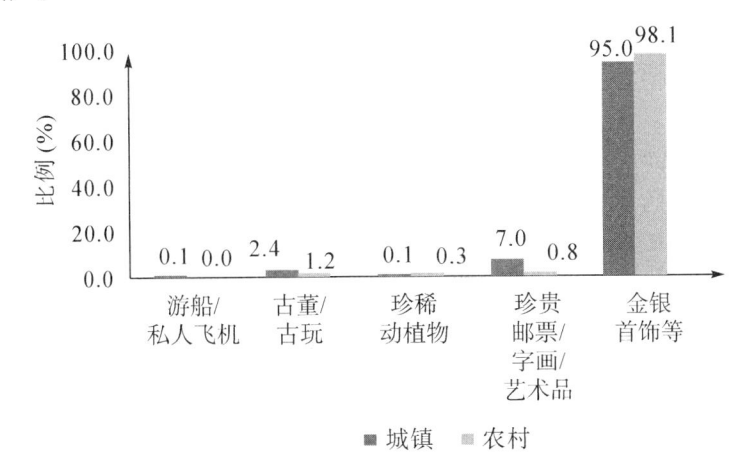

图5-19 城乡家庭其他非金融资产拥有比例

图 5-20 显示家庭其他非金融资产的总价值。家庭其他非金融资产的总价值为 11 921 元。分城乡看，城镇家庭其他非金融资产总价值为 16 109 元，农村家庭其他非金融资产总价值为 6 282 元，不到城镇家庭的一半。

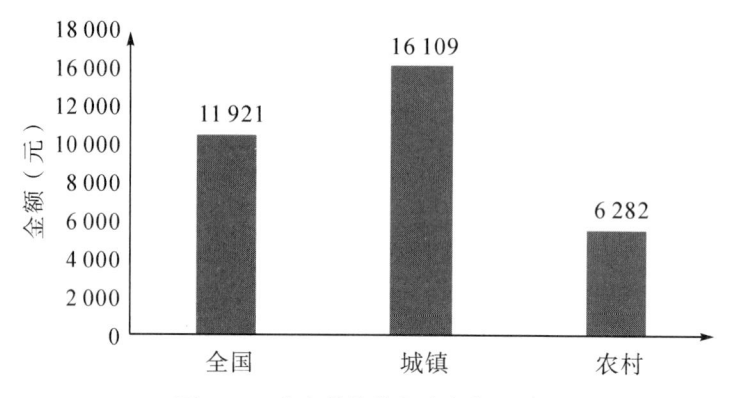

图 5-20 家庭其他非金融资产总价值

6 家庭金融资产

6.1 银行存款

6.1.1 活期存款

(1) 账户拥有情况

家庭活期存款账户的拥有情况见表 6-1。就全国总体而言，拥有活期存款账户的家庭占总有效样本的 56.6%。分城乡看，城镇家庭的活期存款账户拥有比例为 68.1%；农村为 41.1%，比城镇低了 27 个百分点。分地区看，东部地区家庭的活期存款账户拥有比例为 62.4%，高于西部地区的 56.4%、中部地区的 49.1%。从总体来看，我国家庭的活期存款账户拥有比例并不高，且城乡差异显著。

表 6-1　　　　　　　　家庭活期存款账户拥有比例　　　　　　　　单位:%

区位	拥有比例
全国	56.6
城镇	68.1
农村	41.1
东部	62.4
中部	49.1
西部	56.4

由图 6-1 可知，从户主年龄看，户主年龄为 16~30 周岁的家庭，活期存款账户拥有比例 74.0%；户主年龄为 31~45 周岁的家庭，为 63.3%；户主年龄为 46~60 周岁和 61 周岁及以上的家庭，分别为 53.2%、49.5%。总体来看，随着户主年龄的增长，家庭活期存款账户拥有比例不断下降。

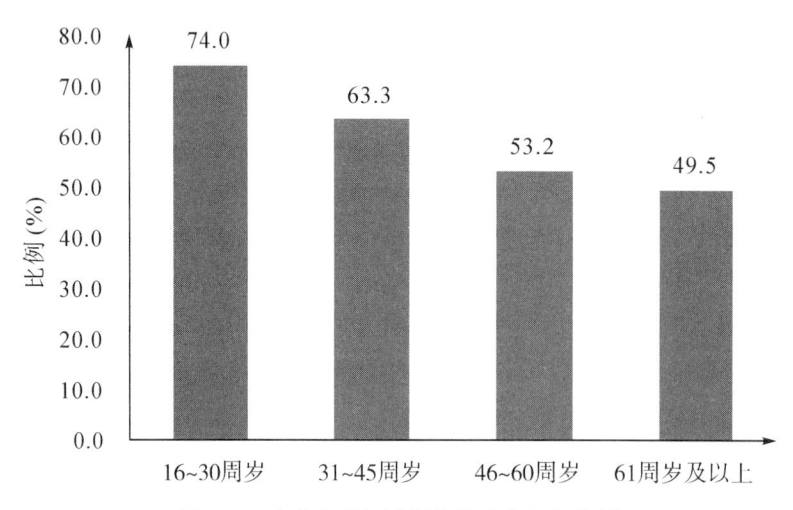

图 6-1 户主年龄与活期存款账户拥有比例

由图 6-2 可知，从户主学历看，户主没有上过小学的家庭，其活期存款账户拥有比例最低，只有 26.9%；户主学历为小学的家庭，比例为 40.6%；户主学历为初中的家庭，比例为 57.7%；户主学历为高中的家庭，比例为 69.7%；户主学历为大专的家庭，比例为 82.3%；户主学历为大学本科和研究生的家庭，比例分别为 87.3%、90.5%。从总体来看，随着户主学历的提高，家庭活期存款账户拥有比例不断上升。

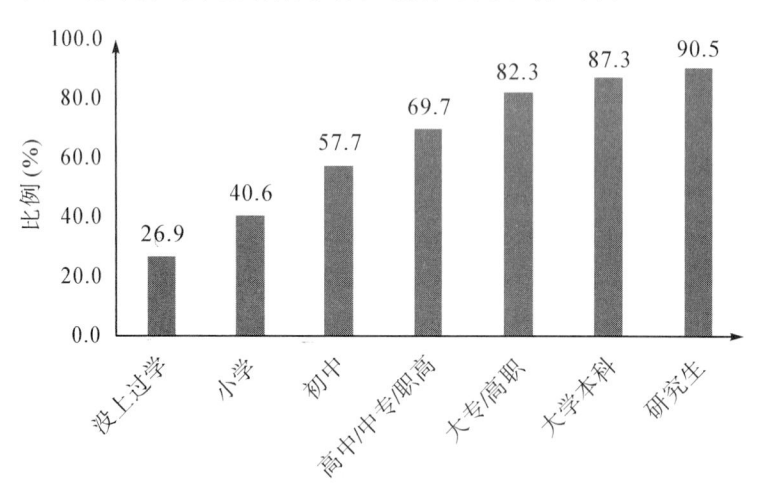

图 6-2 户主学历与活期存款账户拥有比例

（2）账户数量

表 6-2 是家庭活期存款账户的拥有数量（仅限有活期存款账户家庭），全国家庭平均拥有 1.7 个活期存款账户，城镇家庭 1.8 个，农村家庭 1.5 个。分地区看，东部地区家庭平均拥有 1.8 个活期存款账户，高于中、西部的 1.7 个。

表 6-2	家庭活期存款账户拥有数量	单位：个
区位		拥有数量
全国		1.7
城镇		1.8
农村		1.5
东部		1.8
中部		1.7
西部		1.7

（3）活期提现

表 6-3 是家庭活期存款账户的提现情况。就全国总体而言，家庭平均每隔 68 天提现一次，单次提现金额为 2 817 元。分城乡看，城镇家庭的平均提现间隔为 49 天，单次提现金额为 2 962 元；农村则分别为 112 天、2 486 元。分地区看，东、中、西部地区家庭的平均提现间隔分别为 60 天、69 天和 78 天，依次递增；平均提现金额分别为 3 218 元、2 768 元和 2 283 元，依次递减。总体来看，越是欠发达地区的家庭，提现间隔时间越长，而单次提现金额越少。

表 6-3　家庭活期提现情况

区位	提现频率（天）		提现金额（元）	
	均值	中位数	均值	中位数
全国	68	30	2 817	1 500
城镇	49	30	2 962	1 900
农村	112	45	2 486	1 000
东部	60	30	3 218	2 000
中部	69	30	2 768	1 500
西部	78	30	2 283	1 000

（4）最大一笔活期存款

表 6-4 显示了家庭主开户行（最大一笔活期存款账户的开户行）的分布情况。主开户行占比最高的三家银行依次为农村信用合作社、中国农业银行和中国工商银行，三者累计占比 59.3%。分城乡看，城镇家庭主开户行占比最高的三家银行为中国工商银行、中国农业银行、中国建设银行，三者累计占比 57.4%；农村家庭主开户行占比最高的三家银行依次为农村信用合作社、中国农业银行、中国邮政储蓄银行，三者累计占比高达 88.0%，其中农村信用合作社占比达到了 47.4%，表明农村金融市场竞争尚不充分。

表 6-4　　　　　　　　　　家庭活期存款账户的主开户行分布

主开户行	全国 占比（%）	全国 排名	城镇 占比（%）	城镇 排名	农村 占比（%）	农村 排名
农村信用合作社	22.3	1	11.1	4	47.4	1
中国农业银行	19.3	2	18.1	2	22.1	2
中国工商银行	17.7	3	23.5	1	4.7	4
中国邮政储蓄银行	13.3	4	11.0	5	18.5	3
中国建设银行	12.0	5	15.8	3	3.4	5
中国银行	4.9	6	6.5	6	1.3	6
交通银行	1.7	7	2.3	7	0.1	7

我们进一步调查了家庭选择主开户行的原因。表6-5显示，从全国总体来看，45.2%的家庭考虑了开户行的位置便利性；35.2%的家庭因工资、养老金等工作因素被动选择主开户行，10.4%的家庭考虑了时间上的便利性。分城乡看，城镇家庭中42.7%因工资、养老金等工作因素而被动选择主开户行，农村家庭相应比例仅为18.3%；城镇家庭中40.2%考虑了开户行的位置便利性，农村家庭相应比例相对较高，为56.3%。这说明城镇家庭更多的是由于工作因素而被动地选择主开户行，农村家庭则主要依据位置是否便利选择主开户行。

表 6-5　　　　　　　　　　家庭选择主开户行的原因　　　　　　　　　单位:%

选择主开户行原因	全国	城镇	农村
位置便利	45.2	40.2	56.3
工资卡/养老金卡/单位指定	35.2	42.7	18.3
时间上方便	10.4	7.7	16.5
服务好	6.6	6.4	7.1
工作/学习需要	4.9	5.6	3.4
自动取款机数量多	5.0	3.4	4.5

表6-6是家庭最大一笔活期存款账户的余额情况。就全国总体而言，家庭最大一笔活期存款余额平均为19 737元，中位数为5 000元。分城乡看，城镇家庭的最大一笔活期存款余额平均为22 127元，比全国高出近2 390元；农村则为14 428元，比全国低5 309元。分地区看，东部地区家庭的最大一笔活期存款余额平均为24 858元，依次高于中、西部家庭的16 520元和15 114元。

表 6-6　　　　　　　　　　　家庭最大一笔活期存款余额　　　　　　　　　单位：元

区位	均值	中位数
全国	19 737	5 000
城镇	22 127	5 000
农村	14 428	4 250
东部	24 858	5 500
中部	16 520	5 000
西部	15 114	3 500

（5）账户余额

表6-7显示了家庭活期存款账户总余额。从全国总体来看，家庭活期存款账户的总余额平均为26 585元，中位数为5 500元。分城乡看，城镇家庭的活期存款账户总余额均值和中位数依次为30 140元、7 000元，均高于农村的18 674元、5 000元。分地区看，东部地区家庭的活期存款账户总余额均值和中位数分别为33 479元和8 000元，均高于中、西部地区。

表 6-7　　　　　　　　　　　家庭活期存款账户总余额　　　　　　　　　　单位：元

区位	均值	中位数
全国	26 585	5 500
城镇	30 140	7 000
农村	18 674	5 000
东部	33 479	8 000
中部	20 842	5 000
西部	21 578	4 700

6.1.2　定期存款

（1）账户拥有情况

表6-8是家庭定期存款的拥有情况。就全国总体而言，17.4%的家庭拥有定期存款。分城乡看，城镇家庭的定期存款拥有比例为21.4%；农村为12.2%，明显低于城镇。分地区看，东部地区家庭的定期存款拥有比例最高，为23.6%；中部地区次之，为14.1%；西部地区最低，为12.6%。

表 6-8　　　　　　　　　　家庭定期存款拥有比例　　　　　　　　　　单位:%

区位	拥有比例
全国	17.4
城镇	21.4
农村	12.2
东部	23.6
中部	14.1
西部	12.6

从图 6-3 可知,从户主年龄看,户主年龄为 16~30 周岁的家庭,其定期存款拥有比例最低,仅为 13.4%;户主年龄为 31~45 周岁以及 46~60 周岁的家庭定期存款拥有比例接近,分别为 17.0% 和 16.3%;户主年龄为 61 周岁及以上的最高,为 20.5%。总体上,随着户主年龄的增长,家庭定期存款拥有比例上升。

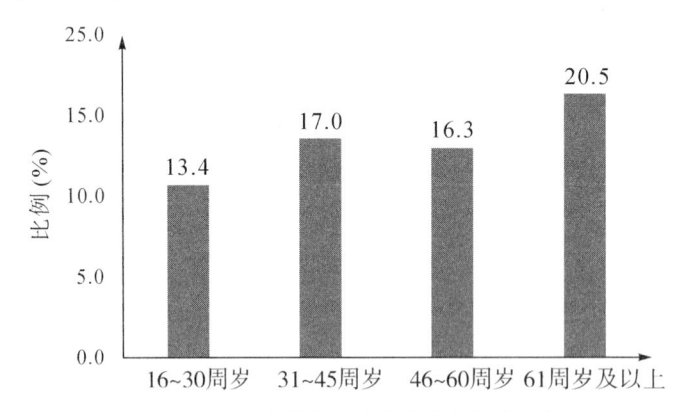

图 6-3　户主年龄与家庭定期存款拥有比例

从图 6-4 可知,从户主学历看,户主没有上过小学的家庭,其定期存款拥有比例仅为 6.9%,户主学历为小学、初中的家庭,其定期存款拥有比例分别为 12.9%、17.1%;户主

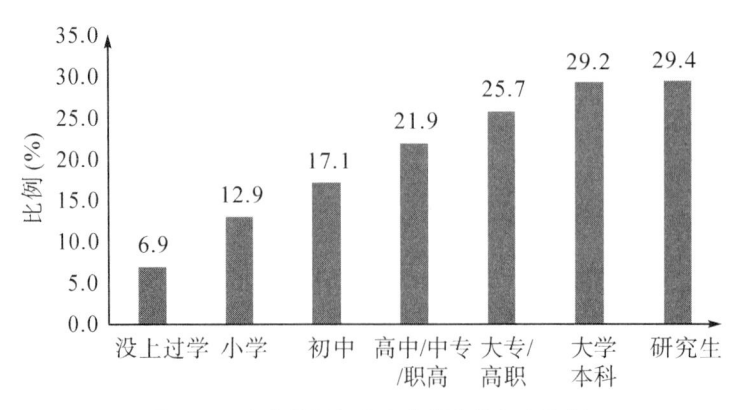

图 6-4　户主学历与家庭定期存款拥有比例

学历为高中及以上的家庭，其定期存款拥有比例都超过了20%。总之，随着户主学历的提高，家庭定期存款拥有比例不断上升。

（2）定期存款笔数

表6-9是家庭定期存款拥有笔数（仅限有定期存款家庭）。从全国样本来看，家庭平均拥有2.1笔定期存款。其中，城镇家庭为2.2笔，高于农村的1.8笔；东部地区家庭为2.4笔，高于中、西部的1.8笔、1.7笔。

表6-9　　　　　　　　　　　家庭定期存款拥有笔数　　　　　　　　　　单位：笔

区位	拥有笔数
全国	2.1
城镇	2.2
农村	1.8
东部	2.4
中部	1.8
西部	1.7

（3）定期存款的目的

由表6-10可知，就全国总体而言，35.4%的家庭为获取利息而持有定期存款，该项比例最高；其次，30.8%的家庭出于资产安全性考虑而持有定期存款；24.6%的家庭为养老准备而持有定期存款；还有11.8%的家庭为了教育或是培训而持有定期存款，11.1%为了留给子女而持有定期存款，10.3%为了改善住房条件而持有定期存款，等等。家庭定期存款目的的城乡差异并不大。

表6-10　　　　　　　　　　　家庭定期存款的目的　　　　　　　　　　单位:%

定期存款的目的	全国	城镇	农村
有利息	35.4	36.0	34.2
资产的安全性	30.8	30.5	31.4
养老准备	24.6	26.7	20.2
教育或是培训	11.8	13.2	9.0
留给子女	11.1	11.3	10.4
购买/建造/装修房子	10.3	10.3	10.3
看病	10.3	11.8	6.8
暂时没有用途	7.6	7.9	7.0
婚丧嫁娶	3.4	3.3	3.5

（4）最大一笔定期存款的特征

我们进一步考察家庭最大一笔定期存款的特征。由表6-11可知，全国家庭的最大一笔定期存款期限为2.0年。分城乡看，城镇为1.9年，农村为2.1年。分地区看，各地区均为2.0年。

表6-11　　　　　　　　　家庭最大一笔定期存款的期限　　　　　　　　　单位：年

区位	定期存款期限
全国	2.0
城镇	1.9
农村	2.1
东部	2.0
中部	2.0
西部	2.0

表6-12为家庭最大一笔定期存款的余额情况。就全国总体而言，家庭最大一笔定期存款余额平均为45 816元，中位数为26 000元。分城乡看，城镇家庭的最大一笔定期存款余额平均为52 132元；农村仅为25 882元，不到城镇家庭的一半。分地区看，东部地区家庭的最大一笔定期存款余额平均为49 832元，高于中、西部地区的40 957元和37 870元。

表6-12　　　　　　　　　家庭最大一笔定期存款的余额　　　　　　　　　单位：元

区位	均值	中位数
全国	45 816	26 000
城镇	52 132	30 000
农村	25 882	16 000
东部	49 832	30 000
中部	40 957	30 000
西部	37 870	20 000

（5）账户总余额及利息

表6-13为家庭定期存款账户总余额及利息情况。从全国总体来看，家庭定期存款总余额的均值为82 009元，上年获得利息平均为2 238元。分城乡看，城镇家庭的定期存款总余额及其利息平均为98 289元、2 716元，明显高于农村的43 826元、1 109元。分地区看，东部地区家庭的定期存款总余额及其利息平均为99 503元、2 819元，依次高于中、

西部相应水平。

表 6-13　　　　　　　　　家庭定期存款账户总余额及利息　　　　　　　单位：元

区位	总余额（2013 年）		利息收入（2012 年）	
	均值	中位数	均值	中位数
全国	82 009	40 000	2 238	600
城镇	98 289	50 000	2 716	800
农村	43 826	20 000	1 109	350
东部	99 503	50 000	2 819	700
中部	62 891	35 000	1 590	600
西部	60 170	30 000	1 547	500

6.2　股票

6.2.1　账户拥有比例

由表 6-14 可知，从全国总体来看，仅 6.5% 的家庭拥有股票账户。分城乡看，城镇家庭的股票账户拥有比例为 11.1%，远高于农村的 0.4%。分地区看，东部地区家庭的账户拥有比例为 9.8%，依次高于中、西部地区的 4.6% 和 4.2%。

表 6-14　　　　　　　　　　家庭股票账户拥有比例　　　　　　　　　单位:%

区位	拥有比例
全国	6.5
城镇	11.1
农村	0.4
东部	9.8
中部	4.6
西部	4.2

由图 6-5 可知，从户主年龄看，户主年龄为 31~45 周岁的家庭，其股票账户拥有比例最高，为 9.5%；户主为 16~30 周岁及 46~60 周岁的家庭，拥有比例都在 6% 附近，而户主年龄 61 周岁及以上的家庭，股票账户拥有比例最低，仅为 4.2%。

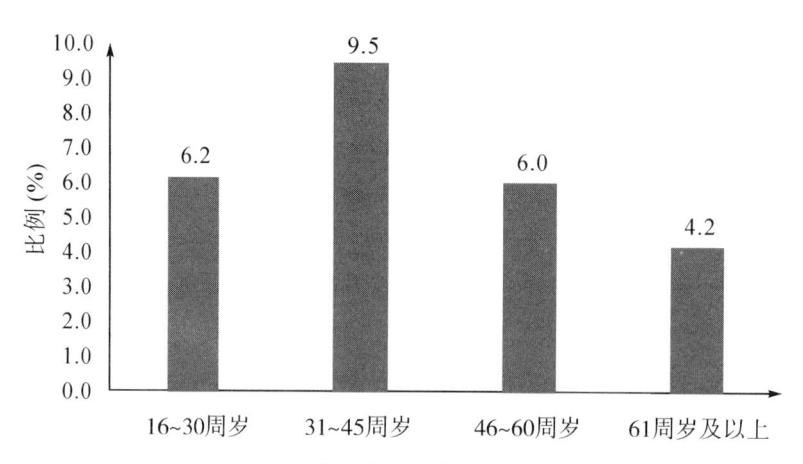

图6-5 户主年龄与家庭股票账户拥有比例

由图6-6可知,从户主学历看,户主没有上过学的家庭,其股票账户拥有比例仅为0.4%;户主学历为小学、初中学历的则为1.0%和3.4%;户主学历为高中(中专/职高)的大幅上升至10.5%;户主为大专以上的样本组,股票账户拥有比例都超过了20%。总之,随着户主学历的提高,家庭股票账户拥有比例不断上升。

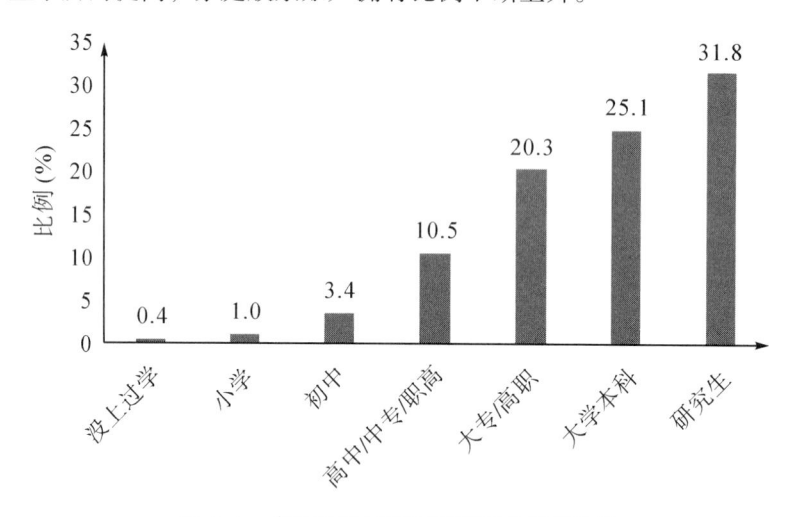

图6-6 户主学历与家庭股票账户拥有比例

由表6-15可知,从户主政治面貌看,户主为党员的家庭,其股票账户拥有比例为12.4%,明显高于户主非党员的5.5%。从家庭风险态度看,偏好风险的家庭,其股票账户拥有比例为16.0%,依次高于风险中性家庭的10.7%、风险厌恶家庭的3.9%。从相关课程学习经历看,上过经济或金融类课程的家庭,其股票账户拥有比例达到了24.0%,明显高于其他家庭的5.2%。从对经济信息的关注度看,"非常关注"经济信息的家庭,其股票账户拥有比例最高,为19.2%,"一般关注"的家庭拥有比例下降为11.0%,"从不关注"的家庭拥有比例仅为1.4%。总之，若家庭户主为党员、有过经济金融类课程学习经历、偏好风险或是关注日常经济信息的家庭，拥有股票账户的可能性更大。

表6-15　　　　　　　　其他因素与家庭股票账户拥有比例　　　　　　　　单位:%

其他因素		拥有比例
是否党员	党员	12.4
	非党员	5.5
是否上过经济金融类课程	上过	24.0
	没有上过	5.2
风险态度	风险偏好	16.0
	风险中性	10.7
	风险厌恶	3.9
经济信息关注程度	非常关注	19.2
	很关注	17.6
	一般	11.0
	很少关注	4.7
	从不关注	1.4

表6-16显示了炒股家庭的股票账户现金余额（股票账户资金中未投资股票的部分）。就全国总体而言，家庭股票账户现金余额的均值为37 795元，中位数为2 000元。分城乡看，城镇家庭的股票账户现金余额平均为37 388元，但低于农村。分地区看，东部地区家庭的股票账户现金余额平均为44 302元，依次高于中、西部家庭。

表6-16　　　　　　　　　　家庭股票账户现金余额　　　　　　　　　　单位：元

区位	均值	中位数
全国	37 795	2 000
城镇	37 388	1 700
农村	54 537	4 000
东部	44 302	2 000
中部	25 476	1 700
西部	31 233	1 000

6.2.2　持股情况

（1）持股比例

如图6-7所示，从全国范围来看，拥有股票账户的家庭中，84.1%持有了股票。分地区看，东部地区家庭的持股比例为85.2%，高于中部的82.2%、西部的82.8%。

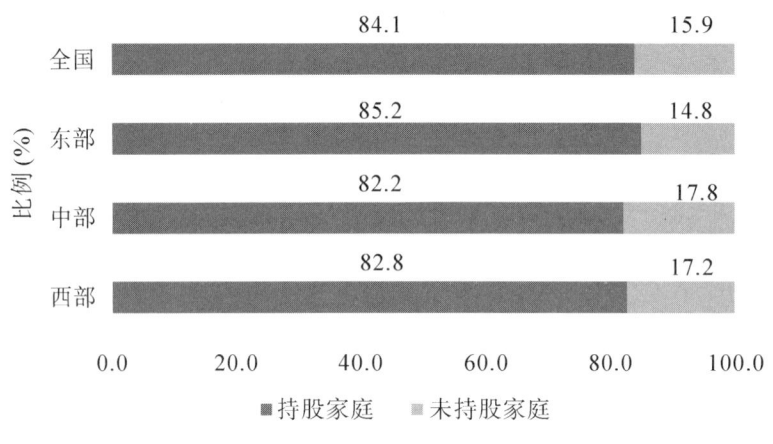

图 6-7 家庭股票持有情况

（2）未持股原因

图6-8进一步考察了家庭没有持有股票的原因。44.2%的家庭由于没有相关知识而未持有股票，该项占比最高；43.4%因资金有限未持股；19.4%表示没有听说过股票；另外，15.1%认为炒股风险太高因而未持股。不难看出，相关知识及资金的缺乏是家庭没有持有股票的主要原因。

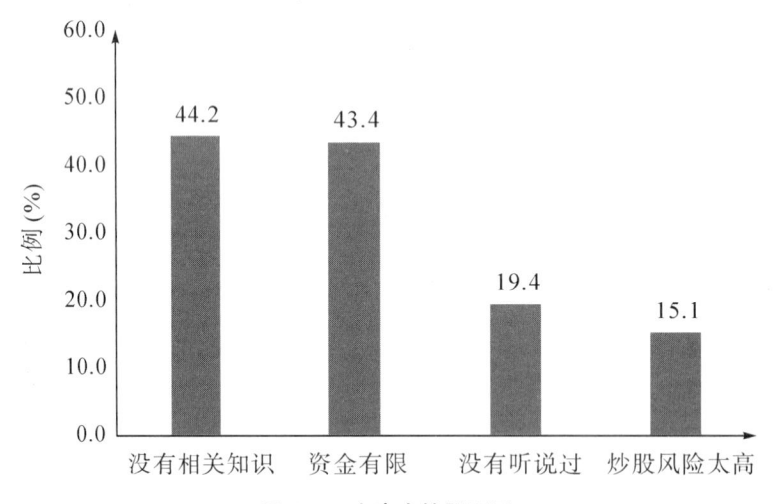

图 6-8 家庭未持股原因

（3）持股只数、持股期限、股龄

持股只数是指家庭持有的股票种类数（包括短线操作持有的股票）。由表6-17可知，就全国总体而言，家庭持股数量为4.6只，其中，东部最少，仅为4.4只，中部最多，为4.9只。

持股期限是指持有每只股票的时间长短,股龄是指家庭投资股票的经验时间长短。由表 6-17 可知,就全国总体而言,家庭股龄为 8.9 年,持股期限为 2.7 年。分地区看,东部地区家庭的股龄为 9.3 年,依次高于中、西部地区,但持股期限为 2.6 年,依次低于中、西部地区。由此可看出,越是发达地区的家庭,炒股经验越丰富,同时越偏好于短线投资,持股期限越短。

表 6-17　　　　　　　　　　持股数量、期限与炒股股龄

区位	持股数量（只）	持股期限（年）	股龄（年）
全国	4.6	2.7	8.9
东部	4.4	2.6	9.3
中部	4.9	2.7	8.7
西部	4.7	3.0	7.9

（4）炒股方式

由图 6-9 可知,70.7%的家庭使用自家电脑炒股,该项占比最高;12.0%使用手机炒股,11.8%通过证券营业厅柜台炒股,7.6%使用办公场所电脑炒股,6.1%使用电话炒股,等等。总之,我国家庭主要使用自家电脑炒股。

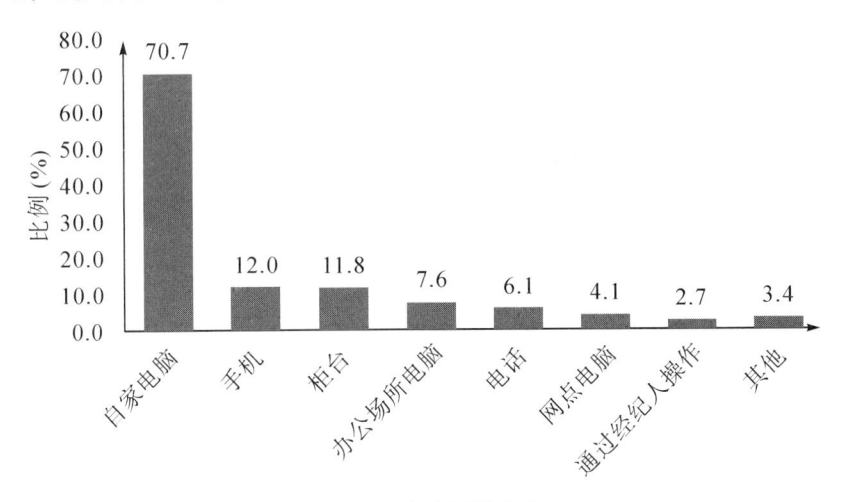

图 6-9　家庭炒股方式

（5）其他方面

由表 6-18 可知,炒股内幕信息分享方面（若家庭成员在家庭持有股票的上市公司工作,则认为该家庭炒股享有内幕信息）,就全国总体而言,3.7%的家庭有内幕信息。分地区看,西部地区家庭拥有内幕信息的比例最高,为 6.8%;中部其次,为 5.3%;东部最低,仅为 2.2%。

非上市股票持有方面，就全国总体而言，3.6%的家庭持有非上市股票。分地区看，中部地区最高，为5.2%。

炒股负债方面，就全国总体而言，2.4%的家庭负债炒股；中部地区最高，为3.8%；其次是东部地区，为2.2%；西部地区最低，为1.8%。

表6-18　　　　　　　　　家庭炒股的其他方面特征　　　　　　　　单位:%

区位	内幕信息拥有比例	非上市股票持有比例	炒股负债比例
全国	3.7	3.6	2.4
东部	2.2	3.0	2.2
中部	5.3	5.2	3.8
西部	6.8	3.6	1.8

6.2.3　持股效益

表6-19显示了2013年持股家庭的上市股票总市值、初始投入总成本以及上年获得的持股收益（包括非上市股票分红）。从全国来看，家庭持有股票市值的均值为111 206元，中位数为30 000元，初始投入总成本的均值为147 310元，中位数为50 000元，均高于股票市值，说明家庭股票资产价值出现了缩水。分地区看，东部地区家庭的股票市值及初始投入总成本均依次高于中、西部地区。

从上年家庭持股收益看，就全国总体而言，持股家庭获得的持股收益平均为1 085元。分地区看，东部地区家庭的持股收益最高，平均为3 674元，西部为301元，中部则为负。另外，不管是从全国来看，还是分地区来看，家庭持股收益的中位数都是0元，反映出家庭炒股收益普遍较低甚至亏损的现状。

表6-19　　　　　　　　　家庭持股市值、成本及收益　　　　　　　　单位：元

区位	股票市值（2013年） 均值	股票市值（2013年） 中位数	初始投入成本 均值	初始投入成本 中位数	持股收益（2012年） 均值	持股收益（2012年） 中位数
全国	111 206	30 000	147 310	50 000	1 085	0
东部	132 968	40 000	178 488	60 000	3 674	0
中部	91 043	30 000	108 526	50 000	-5 722	0
西部	63 588	20 000	90 723	30 000	301	0

表6-20描述了自开始炒股起，整个家庭的盈亏情况。从全国来看，高达68.6%的家庭炒股亏损，15.6%的家庭盈亏平衡，只有15.8%的家庭炒股获得了盈利。分地区看，中部地区家庭的亏损比例最高，为72.8%，东、西部炒股家庭盈亏分布大体一致。

表 6-20		家庭炒股盈亏分布	单位:%
区位	盈利	盈亏平衡	亏损
全国	15.8	15.6	68.6
东部	16.1	16.1	67.8
中部	13.9	13.3	72.8
西部	16.9	16.7	66.4

专题 6-1　股票市场参与之谜

传统的资本资产定价理论认为所有家庭都会将一定比例的财富投资于所有的风险资产，但 CHFS 调查结果显示，全国家庭股票市场参与比例仅为 6.5%，即 90% 以上的家庭没有股票账户（未参与股票市场）。下面试图探析家庭股票市场参与比例偏低的原因。由图 6-10 可知，没有相关知识或是资金有限是家庭未参与股票市场的主要原因，占比均达到了 40% 以上；没有听说过股票的家庭占比也有 19.4%；因炒股风险太高而未参与的占比为 15.1%，还有少数家庭因为不知道如何开户、曾经亏损、程序繁琐等原因而未参与股票市场操作。

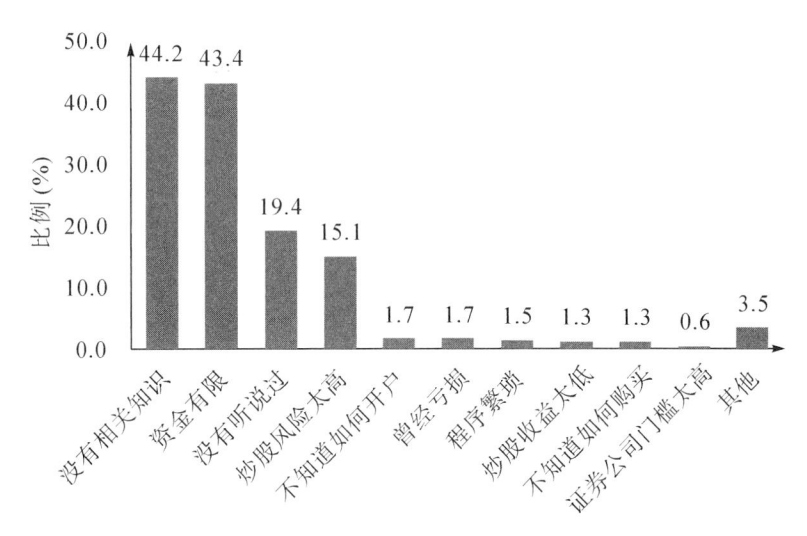

图 6-10　家庭未参与股票市场的原因

炒股相关知识方面，家庭成员学历层次以及相关知识学习经历均与之密切相关。前文已述，户主学历越高或是有过经济金融类课程学习经历的家庭，均更有可能参与股票市场。由图 6-11 可知，高达 68.1% 的家庭户主学历在初中及以下，户主学历为本科及以上的占比不到 10%。另外，据 CHFS 调查数据结果统计，只有 7% 的受访者表示上过经济金融类相关课程。由此可见，我国居民文化程度普遍偏低导致相关金融知识缺乏，是家庭对股票市场参与有限的原因之一。

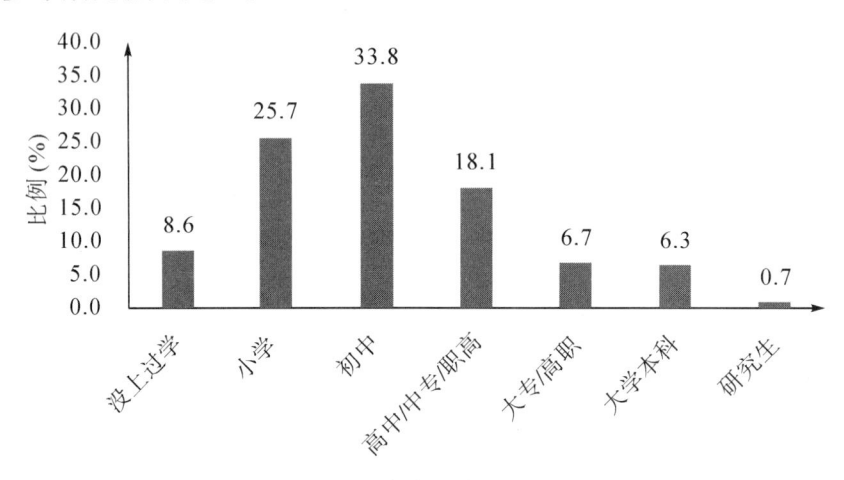

图 6-11 家庭户主学历分布情况

不难理解，收入越高的家庭，闲置资金越多，越有可能参与股票市场。据 CHFS 调查数据统计，2013 年我国家庭总收入平均为 64 236 元，收入大于均值的家庭占比仅为 27.2%，家庭收入大于均值一半的家庭占比也仅为 52.7%。因此，我国家庭收入普遍偏低是股票市场参与度较低的又一背后原因。

家庭风险态度方面，前文已述，越是偏好风险的家庭，股票市场参与比例越高。由图 6-12 可知，68.7%的家庭表现出风险厌恶，因此部分家庭由于炒股风险太大而未参与股票市场。

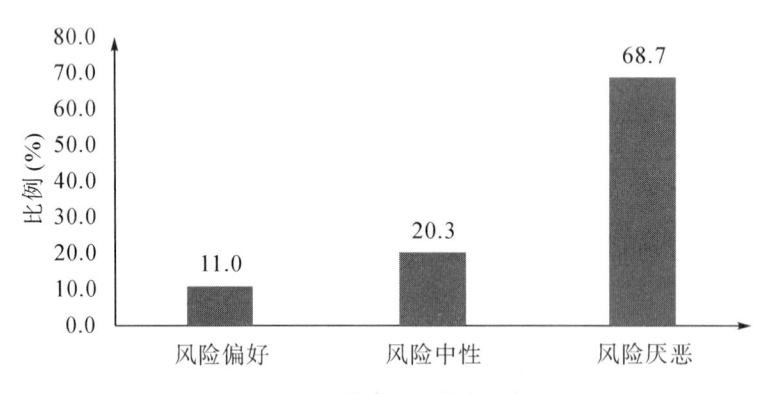

图 6-12 家庭风险态度分布

专题 6-2 家庭炒股盈亏的影响因素

家庭炒股盈亏受到炒股决策者的性别、年龄、学历等方面的影响。由表 6-21 可知，从炒股决策者性别看，男性炒股盈利比例为 19.0%，高于女性，说明男性更善于通过炒股理财。从炒股决策者年龄看，决策者年龄最小的 16~30 周岁样本组以及年龄最大的 61 周岁及以上样本组家庭，炒股盈利比例均相对较高，分别为 17.2%、17.5%，而决策者年龄处于中间段的两个样本组家庭的炒股盈利比例相对较低。从炒股决策者学历看，决策者学历为本科和研究生的两个样本组家庭，炒股盈利比例相对较高，依次为 21.4%、25.9%；决策者学历相对较低的其他样本组家庭，炒股盈利比例均不到 15%。

表 6-21　　　　　　　　　　炒股决策者特征与炒股盈亏　　　　　　　　　　单位:%

决策者特征		盈利	盈亏平衡	亏损
决策者性别	女性	11.1	14.6	74.3
	男性	19.0	15.7	65.3
决策者年龄	16~30 周岁	17.2	16.5	66.3
	31~45 周岁	15.3	17.8	66.9
	46~60 周岁	16.0	14.0	70.0
	61 周岁及以上	17.5	10.8	71.6
决策者学历	小学	13.5	9.8	76.8
	初中	14.6	13.0	72.4
	高中	13.4	14.7	72.0
	大专	13.3	14.4	72.2
	本科	21.4	18.8	59.8
	研究生	25.9	18.8	55.4

家庭炒股盈亏还受到炒股相关知识学习经历、家庭风险态度及经济信息关注度的影响。由表 6-22 可知，从相关知识学习经历看，上过经济金融类课程的家庭炒股更有可能赚钱，其盈利比例为 20.0%，高于其他家庭的 14.4%，而亏损比例为 61.5%，明显低于其他家庭。从风险态度看，风险偏好家庭的炒股盈利比例为 22.3%，明显高于风险中性及风险厌恶家庭，其亏损比例也相对较低。从经济信息关注度看，对经济信息关注度最高的家庭盈利比例最高，达到 28.3%，而从不关注经济信息家庭的盈利比例仅有 8.0%，因此关注经济信息有利于提高炒股盈利的可能性。

表 6-22　　　　　　　　　　其他因素与家庭炒股盈亏　　　　　　　　　　单位:%

其他因素		盈利	盈亏平衡	亏损
是否上过经济金融类课程	上过	20.0	18.5	61.5
	没有上过	14.4	14.7	71.0

表6-22(续)

其他因素		盈利	盈亏平衡	亏损
风险态度	风险偏好	22.3	16.4	61.3
	风险中性	15.3	18.4	66.3
	风险厌恶	11.5	12.9	75.6
经济信息关注度	非常关注	28.3	14.8	57.0
	很关注	20.8	17.3	61.9
	一般	13.2	16.5	70.3
	很少关注	11.6	13.7	74.6
	从不关注	8.0	12.4	79.6

6.3 基金

6.3.1 持有比例

由表6-23可知,2013年全国家庭的基金持有比例为3.1%。分城乡看,城镇家庭的基金持有比例为5.2%,远高于农村家庭的0.4%。分地区看,东部地区家庭的基金持有比例最高,为4.5%,中、西部地区差距不大,分别为2.1%和2.4%。同时不难发现,2013年家庭基金持有比例较2012年普遍有所下降,这与基金市场行情走低有关。

表6-23　　　　　　　　　　　家庭基金持有　　　　　　　　　　单位:%

区位	2012年	2013年
全国	3.4	3.1
城镇	5.6	5.2
农村	0.4	0.4
东部	4.9	4.5
中部	2.3	2.1
西部	2.5	2.4

如表6-24所示,当问及没有购买基金的原因时,从全国总体来看,43.0%的家庭表示"资金有限",38.3%的家庭选择"没有相关知识"、25.0%的家庭表示"没有听说过基金"。分城乡看,城镇家庭中,46.7%的家庭回答"资金有限",38.5%的家庭回答"没有

相关知识",另外分别有12.7%的家庭、12.5%的家庭分别回答"风险太高"或是"没有听说过"。而在农村家庭中,40.9%的家庭表示"没有听说过"基金,38.3%的家庭回答"资金有限",37.9%的家庭表示"没有相关知识"。总之,城镇家庭中因资金有限而未参与的情况最为普遍,而农村没有听说过基金的家庭最多。

表 6-24　　　　　　　　　　家庭未购买基金的原因　　　　　　　　　单位:%

原因	全国	城镇	农村
资金有限	43.0	46.7	38.3
没有相关知识	38.3	38.5	37.9
没有听说过	25.0	12.5	40.9
风险太高	8.7	12.7	3.6
怕受骗	2.8	3.3	2.1
不知道如何购买	2.6	2.9	2.1
收益太低	2.4	3.8	0.5
程序繁琐	1.3	1.9	0.6
期限太长	0.8	1.2	0.3
最低认购额太高	0.3	0.3	0.2
其他	3.9	5.7	1.6

6.3.2　基金只数

由图 6-13 可知,全国家庭平均持有基金只数为 2.5 只,东、中部地区家庭持有基金只数均为 2.6 只,而西部地区为 2.3 只。

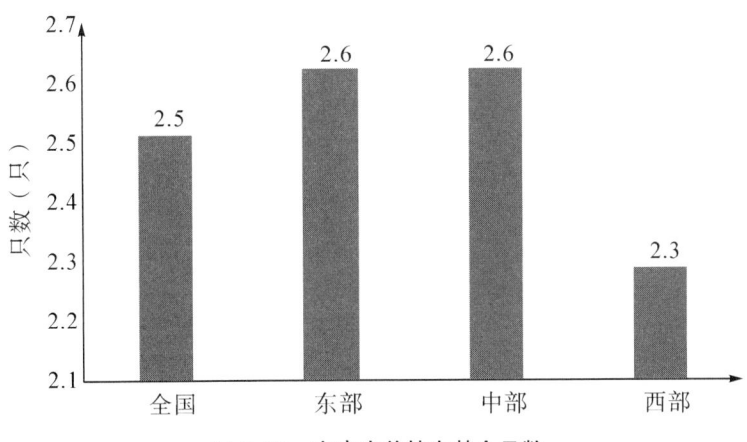

图 6-13　家庭当前持有基金只数

6.3.3 基金类型

图 6-14 为我国家庭持有基金的类型分布。其中 50.9% 的家庭持有股票型基金，30.0% 的家庭持有混合型基金，12.5% 的家庭持有货币市场基金，另外有 12.2%、10.9% 的家庭分别持有债券型和其他类型的基金。

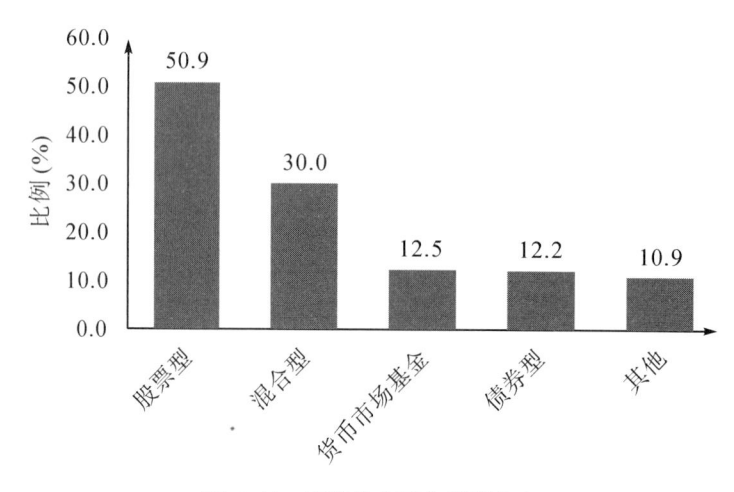

图 6-14 家庭持有基金类型分布

6.3.4 投资时间

表 6-25 为家庭投资基金的时间。从全国总体来看，家庭投资基金的时间为 5.3 年。分地区看，东部地区家庭投资基金的时间最长，为 5.4 年，中部地区为 5.2 年，西部地区为 4.9 年，说明越是发达地区家庭，投资基金的经验越丰富。

表 6-25　　　　　　　　　　家庭投资基金时间　　　　　　　　　　单位：年

区位	投资基金时间
全国	5.3
东部	5.4
中部	5.2
西部	4.9

6.3.5 购买渠道

如表 6-26 所示，我国持有基金的家庭主要通过银行购买基金。从全国总体来看，持有基金的家庭中 89.9% 是从银行购买的，各地区家庭相应比例的差异不大。

表 6-26	家庭通过银行购买基金的比例	单位:%
区位		比例
全国		89.9
东部		89.0
中部		90.3
西部		91.8

图 6-15 反映了家庭通过银行购买基金时的服务需求。其中 58.6% 的家庭希望银行能够提供使得基金买卖方便快捷，随时能够查看基金投资收益情况之类的服务；35.5% 的家庭希望银行提供投资建议，帮助选择基金；23.7% 的家庭希望银行能够解答他们提出的问题；18.0% 的家庭希望银行能够定期组织知识培训等活动，帮助了解基金；同时还有 23.2% 的家庭对银行服务没有要求。

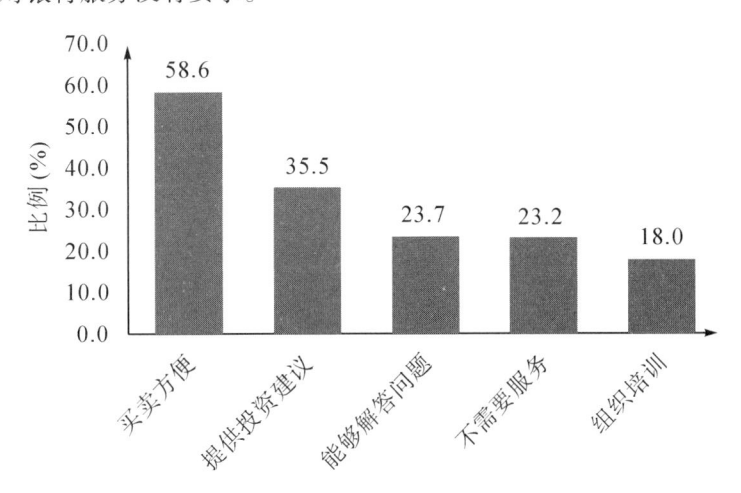

图 6-15 家庭通过银行购买基金的服务需求

6.3.6 基金效益

由表 6-27 可知，从全国来看，家庭持有基金的总市值平均为 54 714 元，初始投入总成本平均为 78 330 元，平均收益为负。分地区看，各地区家庭持有基金的市值均小于初始投入总成本，说明家庭持有基金价值普遍缩水。进一步地，东、西部地区家庭的基金收益均为负，只有中部地区家庭的基金收益为正，但平均仅为 381 元。

表 6-27　　　　　　　　　　家庭持有基金市值、成本及收益　　　　　　　单位：元

区位	计量标准	总市值（2013年）	初始投入总成本	基金收益（2012年）
全国	均值	54 714	78 330	-1 373
	中位数	20 000	30 000	0
东部	均值	65 493	97 011	-1 863
	中位数	30 000	50 000	0
中部	均值	43 949	61 810	381
	中位数	15 000	25 000	0
西部	均值	37 185	45 739	-1 781
	中位数	12 000	20 000	0

6.4　债券

6.4.1　持有比例

表 6-28 为家庭持有债券的情况。从全国总体来看，2013 年家庭债券持有比例仅为 0.7%。分城乡看，城镇家庭的债券持有比例为 1.0%，高于农村的 0.2%。分地区看，东部地区家庭的债券持有比例为 0.9%，依次高于中、西部地区家庭的 0.7%、0.4%。同时，与 2012 年对比发现，2013 年家庭债券持有比例总体略有上升。

表 6-28　　　　　　　　　　　　家庭债券持有　　　　　　　　　　　　单位:%

区位	持有比例（2012年）	持有比例（2013年）
全国	0.6	0.7
城镇	0.9	1.0
农村	0.2	0.2
东部	0.8	0.9
中部	0.4	0.7
西部	0.5	0.4

我们进一步分析了家庭未持有债券的原因。由表 6-29 可发现，从全国来看，最重要的三类原因依次为"资金有限"（43.2%）、"没有相关知识"（37.4%）和"没有听说过"（22.9%）。对城镇家庭而言，"资金有限"和"没有相关知识"的占比最高，分别为 46.2% 和 36.7%；而"没有听说过"和"风险太高"的占比分别为 11.7% 和 11.1%。对农村家庭而言，与全国总体一致，"资金有限"、"没有相关知识"和"没有听说过"是占比最大的三类原因，比例均在 40% 左右。

表 6-29　　　　　　　　　　　家庭未持有债券的原因　　　　　　　　　　　单位:%

原因	全国	城镇	农村
资金有限	43.2	46.2	39.2
没有相关知识	37.4	36.7	38.2
没有听说过	22.9	11.7	37.9
风险太高	8.0	11.1	3.7
不知道如何购买	3.8	4.3	3.1
怕受骗	2.9	3.2	2.5
收益太低	2.8	4.4	0.6
期限太长	1.8	2.8	0.5
程序繁琐	1.7	2.5	0.6
最低认购额太高	0.4	0.6	0.2
其他	5.0	6.9	2.4

6.4.2　债券类型

图 6-16 为家庭持有债券的类型分布。其中 75.3% 的家庭持有国库券,10.5% 的家庭持有公司债券,8.9% 的家庭持有地方政府债券,4.8% 的家庭持有金融债券。

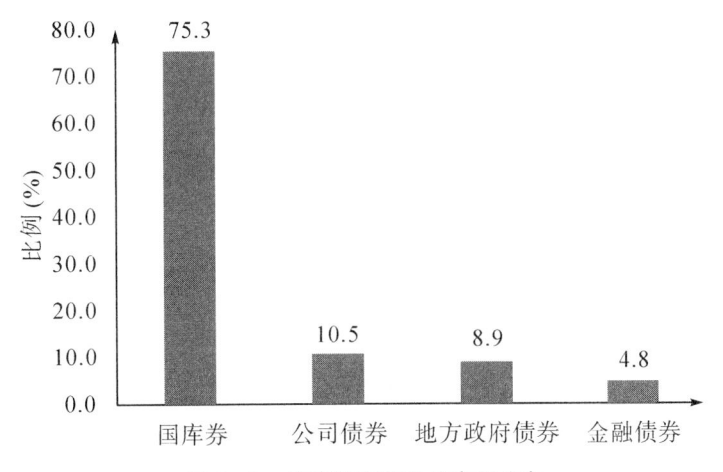

图 6-16　家庭持有债券的类型分布

6.4.3　债券效益

由表 6-30 可知,从全国来看,家庭持有债券的总市值平均为 129 934 元,初始投入总成本平均为 125 483 元,债券收益平均为 18 292 元。分地区看,东部地区家庭持有债券的总市值、初始投入成本及持有收益均依次高于中、西部地区。总之,越是发达地区的家庭，持有债券的规模越大，获得的收益也越多。

表6-30　　　　　　　　　家庭持有债券市值、成本及收益　　　　　　　　单位：元

区位	计量标准	债券总市值（2013年）	初始投入总成本	债券收益（2012年）
全国	均值	129 934	125 483	18 292
	中位数	30 000	30 000	0
东部	均值	199 181	193 967	30 588
	中位数	40 000	35 000	0
中部	均值	67 004	61 901	4 593
	中位数	20 000	20 000	0
西部	均值	37 885	37 843	2 550
	中位数	15 600	20 000	0

6.5　金融理财产品

6.5.1　银行理财产品

（1）持有比例

表6-31为家庭银行理财产品持有情况。2013年全国家庭银行理财产品的持有比例为1.8%。分城乡看，城镇家庭的持有比例为3.0%，而农村仅为0.1%。分地区看，东部地区家庭的持有比例为3.1%，明显高于中、西部家庭的0.9%。同时，与2012年相比，2013年家庭银行理财产品的持有比例略有下降。

表6-31　　　　　　　　　　家庭银行理财产品持有　　　　　　　　　　单位：%

区位	持有比例（2012年）	持有比例（2013年）
全国	2.0	1.8
城镇	3.4	3.0
农村	0.2	0.1
东部	3.6	3.1
中部	1.1	0.9
西部	0.9	0.9

我们进一步分析了家庭未购买银行理财产品的原因。由表6-32可知，从全国来看，最重要的三个原因依次为"资金有限"（41.0%）、"没有相关知识"（39.3%）和"没有

听说过"（28.2%）。对城镇家庭而言，"资金有限"和"没有相关知识"的占比最高，分别为44.3%和40.7%。而"没有听说过"和"风险太高"占比分别为16.2%和12.9%。对农村家庭而言，"没有听说过"是最重要的原因，占比44.3%；其次，"没有相关知识"及"资金有限"的占比分别为37.5%、36.7%。

表6-32　　　　　　　　　家庭未持有银行理财产品的原因　　　　　　　　　单位：%

原因	全国	城镇	农村
资金有限	41.0	44.3	36.7
没有相关知识	39.3	40.7	37.5
没有听说过	28.2	16.2	44.3
风险太高	8.7	12.9	3.2
怕受骗	2.7	3.0	2.2
不知道如何购买	2.5	3.1	1.8
收益太低	1.3	2.1	0.4
程序繁琐	1.2	1.9	0.4
期限太长	0.5	0.8	0.2
最低认购额太高	0.3	0.4	0.1
其他	3.2	4.6	1.2

（2）产品购买银行

由图6-17可知，从中国工商银行购买理财产品的家庭比例最高，达26.6%，其他主要的银行理财产品购买银行还包括中国建设银行（14.4%）、中国农业银行（11.0%）、招商银行（10.3%）、中国银行（9.3%）、兴业银行（5.9%）等。

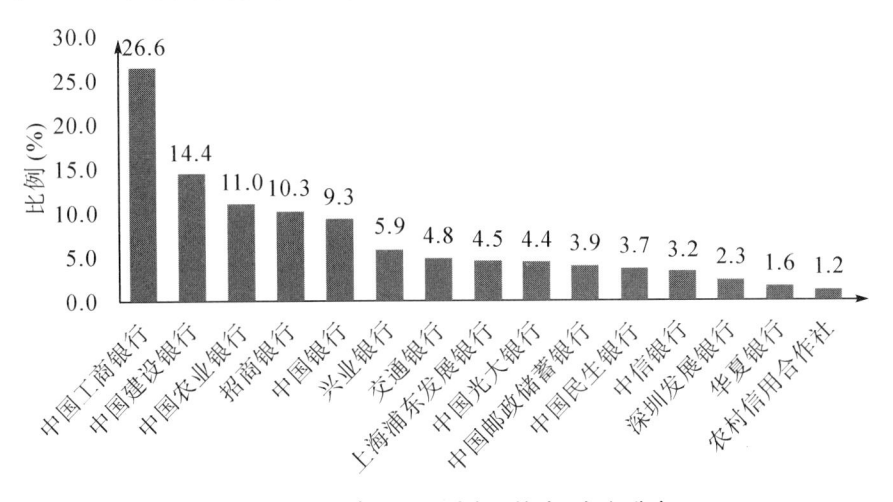

图6-17　家庭银行理财产品的购买银行分布

(3) 购买渠道

表 6-33 为家庭银行理财产品的购买渠道分布。全国 77.4% 的家庭从银行柜台购买，26.2% 的家庭通过网银购买，3.4% 的家庭通过手机银行购买。分地区看，东部地区家庭通过网银购买的比例为 29.0%，高于中、西部地区；西部地区家庭从银行柜台购买的比例达到了 85.1%，高于东、中部地区。总之，银行柜台仍然是银行理财产品的主要购买渠道，网银也日益成为重要的购买渠道。

表 6-33　　　　　　　　　家庭银行理财产品的购买渠道　　　　　　　　　单位:%

购买渠道	全国	东部	中部	西部
银行柜台	77.4	75.8	77.3	85.1
网银	26.2	29.0	19.1	20.7
手机银行	3.4	2.8	6.2	2.9

(4) 选择依据

表 6-34 为家庭购买银行理财产品的选择依据。从全国总体来看，72.0% 的家庭选择银行理财产品时依据预期收益率，38.3% 的家庭依据是否保本，19.4% 的家庭依据发行方实力，18.7% 的家庭依据赎回是否方便，还有 10.0% 的家庭依据产品品牌。各地区家庭购买银行理财产品的选择依据差异不大。

表 6-34　　　　　　　　家庭购买银行理财产品的选择依据　　　　　　　　单位:%

选择依据	全国	东部	中部	西部
预期收益率	72.0	70.2	82.3	69.1
是否保本	38.3	39.1	30.1	43.8
发行方实力	19.4	20.3	19.6	15.0
赎回是否方便	18.7	17.7	22.3	19.2
产品品牌	10.0	11.6	5.2	7.3

(5) 期限类型

表 6-35 为家庭可接受的银行理财产品期限类型分布。全国超过半数的家庭可接受固定期限，这一比例为 59.5%；其次，40% 左右的家庭可以接受随时申购赎回的银行理财产品；25.4% 的家庭可以接受能随时申购但有一段时间的资金冻结的银行理财产品，该比例相对较低。各地区家庭可接受的期限类型分布存在一定差异。

表 6-35　　　　　　　家庭可接受的银行理财产品期限类型　　　　　　　单位:%

类型	全国	东部	中部	西部
可接受固定期限	59.5	59.3	68.8	50.3
随时申购赎回	39.9	40.6	38.1	38.7
随时申购但有一段时间的资金冻结	25.4	26.6	18.2	27.6

6.5.2 其他金融理财产品

从图 6-18 可知，持有银行理财产品的家庭中，1.9%的家庭同时拥有其他金融理财产品。分地区看，中部地区家庭的其他金融理财产品拥有比例最高，为 3.2%，而东、西部地区家庭分别为 1.5%、2.3%。

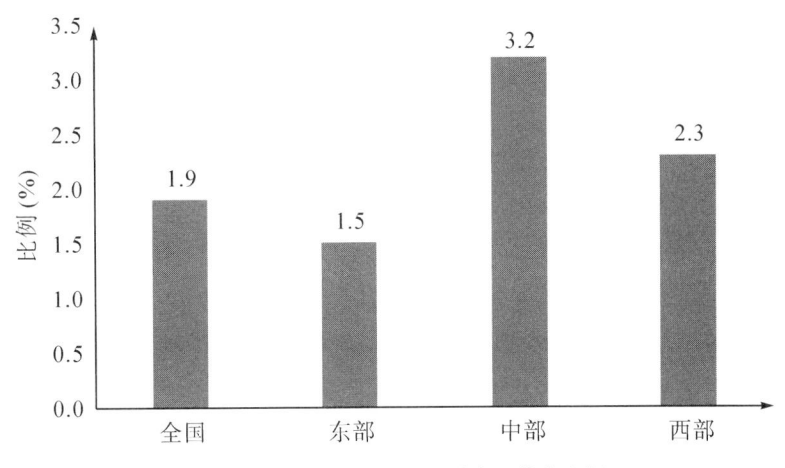

图 6-18 家庭其他金融理财产品持有比例

6.5.3 金融理财产品效益

由表 6-36 可知，就全国来看，家庭持有的金融理财产品总市值平均为 176 854 元，初始投入总成本平均为 180 100 元，获得收益平均为 9 630 元。分地区看，东、西部家庭的金融理财产品总市值均低于初始投入总成本，而中部地区反之，说明前两组家庭的金融理财产品价值出现了缩水。另外，东部地区家庭的金融理财产品收益最高，平均为 11 214 元，高于中部的 5 698 元、西部的 6 000 元。

表 6-36　　　　　　　　家庭金融理财产品市值、成本及收益　　　　　　　　单位：元

区位	计算标准	理财产品总市值（2013 年）	初始投入总成本	理财产品收益（2012 年）
全国	均值	176 854	180 100	9 630
	中位数	90 000	100 000	2 500
东部	均值	199 731	203 187	11 214
	中位数	100 000	100 000	3 500
中部	均值	140 254	124 531	5 698
	中位数	52 400	50 000	1 410
西部	均值	108 541	130 374	6 000
	中位数	55 000	50 000	2 000

6.6 其他金融资产

6.6.1 其他正规风险资产

（1）持有比例

由表6-37可知，2013年我国家庭仅有0.14%持有金融衍生品，较2012年稍有下降；0.93%持有非人民币资产、0.91%持有黄金，均较2012年有所上升。

表6-37　　　　　　　　　　其他风险资产持有　　　　　　　　　　单位:%

其他风险资产	持有比例（2012年）	持有比例（2013年）
金融衍生品	0.15	0.14
非人民币资产	0.91	0.93
黄金	0.81	0.91

（2）持有效益

由表6-38可知，家庭持有的金融衍生品总市值低于其初始投入总成本，说明该类金融产品价值略有缩水。从持有收益看，家庭持有的金融衍生品及黄金收益均为负，而持有非人民币资产的收益为正。

表6-38　　　　　　　其他风险资产市值、成本及收益　　　　　　　单位：元

比较项目	金融衍生品 均值	金融衍生品 中位数	非人民币资产 均值	非人民币资产 中位数	黄金 均值	黄金 中位数
总市值（2013年）	92 274	30 000	68 943	6 200	78 398	10 000
初始投入总成本	118 827	30 000	64 809	800	30 788	10 000
投资收益（2012年）	−14 081	0	14 077	0	−724	0

6.6.2 现金

表6-39统计了家庭手持现金数量。全国家庭手持现金的均值为5 259元，中位数为1 000元。分城镇看，城镇家庭手持现金的均值为6 650元，中位数为1 500元，均高于农村的3 385元、1 000元。分地区看，东部地区家庭手持现金的均值为6 671元，中位数为1 500元；高于中部的4 675元、1 000元以及西部的3 976元、1 000元。

表 6-39　　　　　　　　　　　　　　家庭持有现金规模　　　　　　　　　　　　单位：元

区位	均值	中位数
全国	5 259	1 000
城镇	6 650	1 500
农村	3 385	1 000
东部	6 671	1 500
中部	4 675	1 000
西部	3 976	1 000

6.6.3　家庭借出款

（1）借出比例

若家庭借钱给家庭成员以外的人或机构，则该家庭有借出款。如图 6-19 所示，从全国总体来看，12.3% 的家庭有借出款。分城乡看，城镇家庭的借出比例为 14.4%，高于农村的 9.5%。分地区看，东部地区家庭的借出比例为 12.9%，高于中、西部地区的 11.5% 和 12.2%。

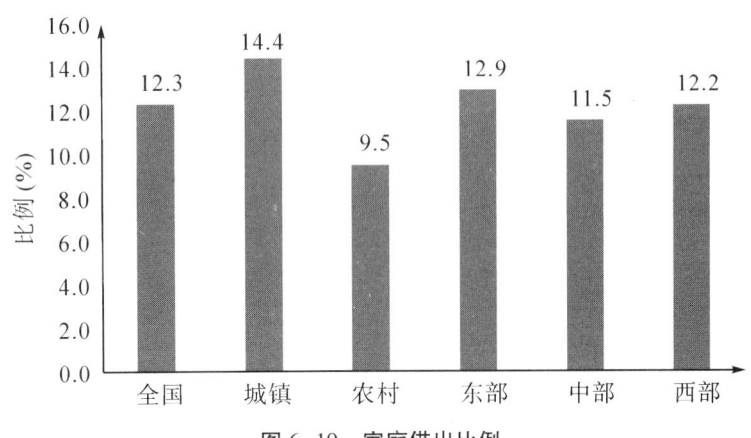

图 6-19　家庭借出比例

如图 6-20 所示，从户主年龄看，户主年龄在 16~30 周岁的家庭，其借出比例最高，为 27.7%；户主年龄在 31~45 周岁和 46~60 周岁的借出比例分别为 18.3% 和 10.1%；而户主年龄为 61 周岁及以上的借出比例仅为 4.9%。总之，随着户主年龄的增长，家庭借出比例不断下降。

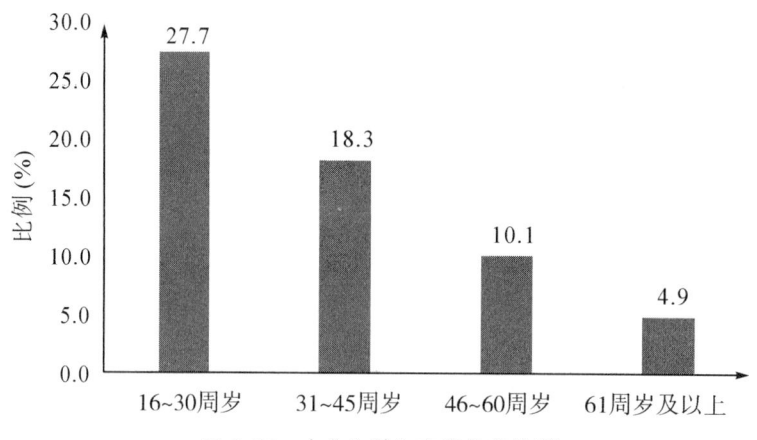

图 6-20　户主年龄与家庭借出比例

如图 6-21 所示，从户主学历看，户主没有上过学的家庭借出比例为 3.7%，在各学历组中最低，户主学历为高中（中专/职高）的借出比例上升至 15.9%，户主学历为大专及以上的学历组中，借出比例均在 21% 附近。总体来看，随着户主学历的提高，家庭借出比例不断上升。

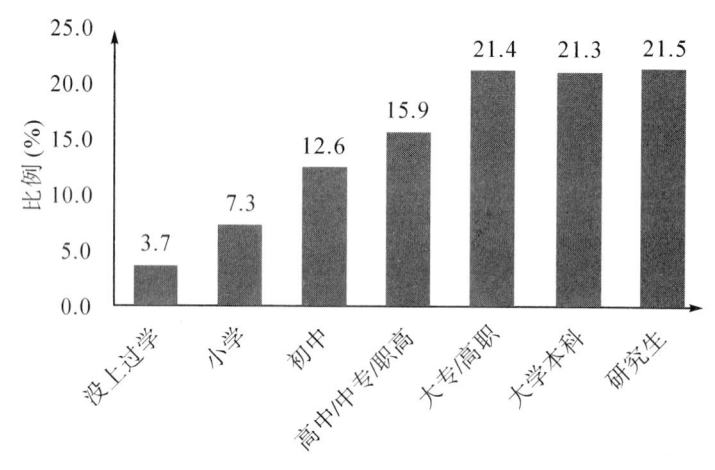

图 6-21　户主学历与家庭借出比例

（2）借出规模

表 6-40 统计了家庭借出款的规模大小。可以看到，全国家庭总借出款均值为 65 026 元，中位数为 20 000 元，净借出（总借出中扣除了已经还清的部分）的均值为 59 029 元，中位数为 15 000 元。分城乡看，城镇家庭的总借出及净借出规模均高于农村家庭。分地区看，东部地区家庭的总借出及净借出规模均依次高于中、西部地区家庭。总之，越是发达地区家庭，其借出规模越大。

表 6-40　　　　　　　　　　　　　家庭借出款规模　　　　　　　　　　　单位：元

区位	家庭总借出 均值	家庭总借出 中位数	家庭净借出 均值	家庭净借出 中位数
全国	65 026	20 000	59 029	15 000
城镇	79 420	20 000	72 001	20 000
农村	35 804	10 000	32 687	10 000
东部	89 402	25 000	80 665	20 000
中部	55 777	15 000	52 416	13 000
西部	39 741	10 000	35 104	10 000

（3）最大一笔借出

由图 6-22 可知，从借出对象上看，家庭最大一笔借出款给朋友或同事的占比最高，达到 44.5%；给其他亲属的占 27.0%；给兄弟姐妹的占 23.8%；给子女的占 2.1%。

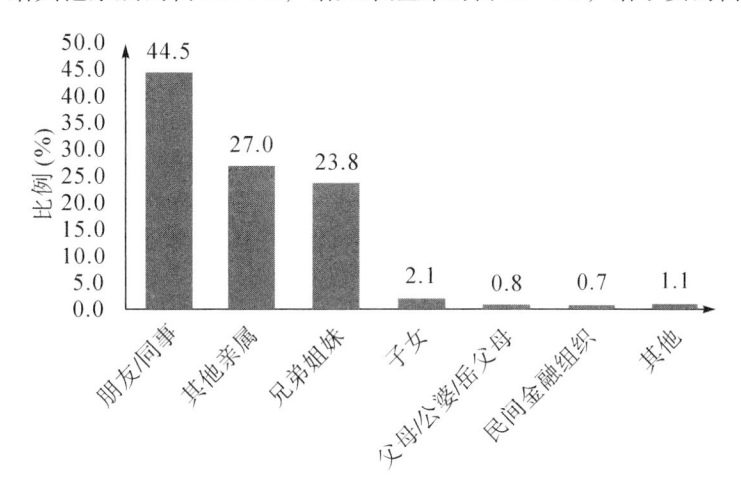

对象	比例(%)
朋友同事	44.5
其他亲属	27.0
兄弟姐妹	23.8
子女	2.1
父母/公婆/岳父母	0.8
民间金融组织	0.7
其他	1.1

图 6-22　家庭最大一笔借出款的对象

如表 6-41 所示，从借出款抵押与担保情况看，就全国总体而言，家庭借出款中仅

表 6-41　　　　　　　　　　家庭借出的抵押与担保情况　　　　　　　　　　单位:%

区位	担保比例	抵押比例
全国	3.5	0.9
城镇	3.6	1.0
农村	3.2	0.8
东部	4.3	1.1
中部	3.3	0.8
西部	2.5	0.8

3.5%有担保，0.9%有抵押。分城乡看，城镇家庭借出款的抵押与担保比例均高于农村；分地区看，东部地区家庭的抵押与担保比例依次高于中、西部地区。总之，我国家庭借出款的抵押与担保比例总体较低，且越是发达地区，家庭抵押与担保比例越高。

由图 6-23 可知，从借出款缔约形式看，我国家庭借出款中 82.5% 仅通过口头约定，17.3% 通过书面约定，0.1% 以其他方式约定。

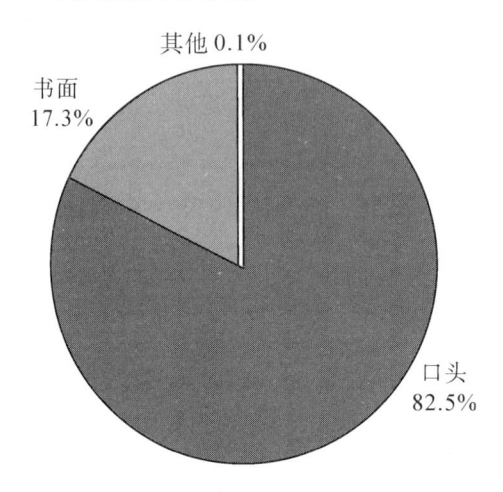

图 6-23　家庭借出款的缔约形式

由图 6-24 可知，从借出款利息看，全国家庭借出款中，有利息的比例仅 7.8%，且城乡差异不大。分地区看，东部地区家庭借出款中，有利息的比例为 9.4%，依次高于中部的 7.3%、西部的 5.8%。

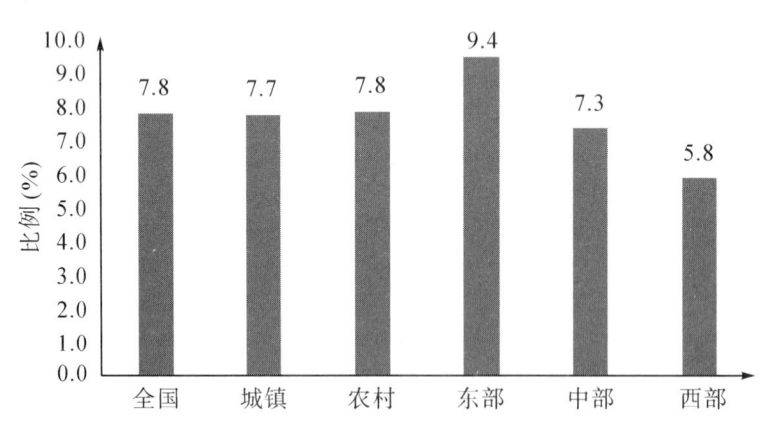

图 6-24　家庭借出款的有息比例

如图 6-25 所示，从借出款期限看，全国家庭借出款中，约定了还款期限的只有 13.5%。分城乡看，城镇家庭相应比例为 15.2%，高于农村的 10.1%。分地区看，东部地区家庭的相应比例为 15.2%，高于西部地区（12.7%）和中部地区（11.9%）。

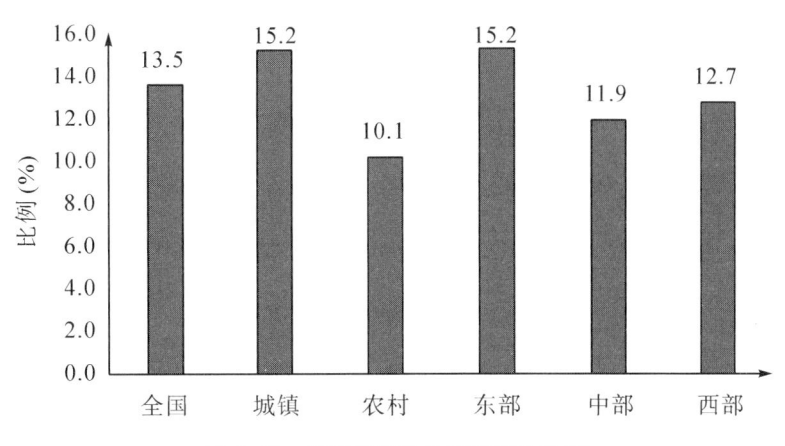

图 6-25 家庭借出款约定期限的比例

6.7 金融市场参与比例及金融资产配置

6.7.1 金融市场参与比例

（1）银行存款市场参与比例

表 6-42 为家庭参与银行存款市场的情况。全国家庭的银行存款市场总体参与比例为 61.0%，其中活期存款市场参与比例为 56.6%，定期存款市场参与比例仅 17.4%。分城乡看，城镇家庭的银行存款市场总体参与比例为 71.8%，远高于农村家庭的 46.4%；活期、定期参与比例依次为 68.1%、21.4%，均高于农村的 41.1%、12.2%。分地区看，东部地区家庭的银行存款市场总体参与比例为 68.1%，高于中部地区的 53.0%、西部地区的 59.7%，其活期、定期存款市场参与均相对较高。

表 6-42　　　　　　　　　家庭银行存款市场参与比例　　　　　　　　　单位：%

银行存款市场参与比例	城镇	农村	东部	中部	西部	全国
活期存款市场参与比例	68.1	41.1	62.4	49.1	56.4	56.6
定期存款市场参与比例	21.4	12.2	23.6	14.1	12.6	17.4
银行存款市场总体参与比例	71.8	46.4	68.1	53.0	59.7	61.0

如图 6-26 所示，从户主年龄看，户主年龄为 16~30 周岁的家庭，银行存款市场参与比例高达 75.7%，而户主年龄为 61 周岁及以上的家庭，这一比例下降至 55.5%。总之，随着户主年龄的增长，家庭银行存款市场参与比例不断下降。

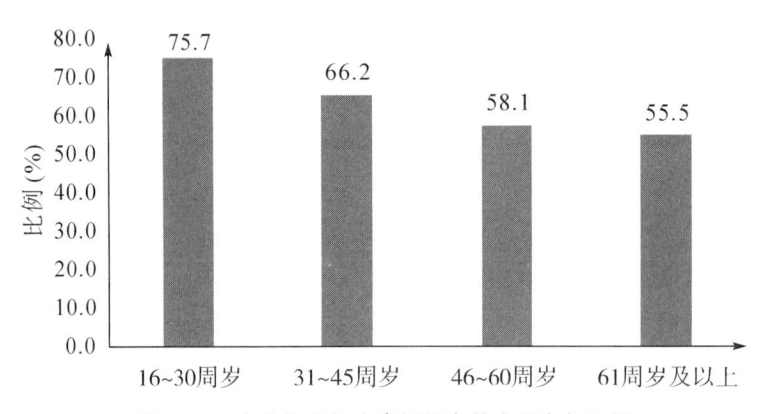

图 6-26　户主年龄与家庭银行存款市场参与比例

如图 6-27 所示，从户主学历看，户主没有上过学的家庭，银行存款市场参与比例仅为 30.9%；户主学历为小学的家庭，参与比例为 46.6%；户主学历为初中的家庭，参与比例为 62.3%；户主学历为大专以上的家庭，相应比例均超过 80%。总之，随着户主学历的提高，家庭银行存款市场参与比例不断上升。

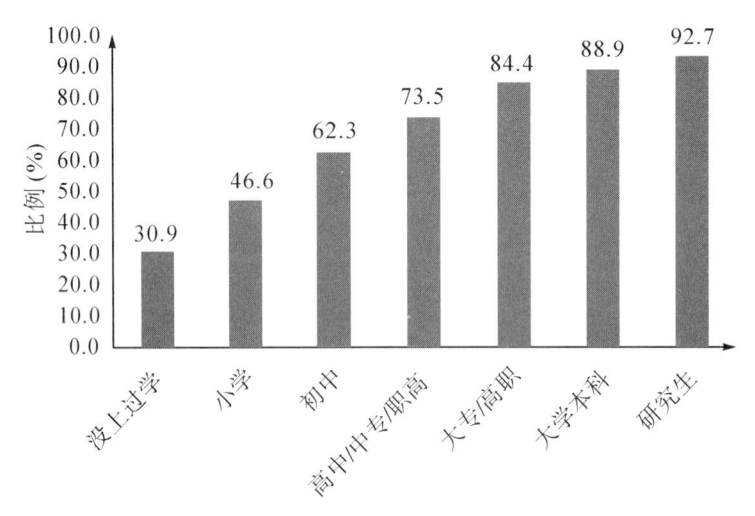

图 6-27　户主学历与家庭银行存款市场参与比例

（2）正规风险市场参与比例

由表 6-43 可知，就全国而言，家庭风险市场总体参与比例为 10.4%，城镇为 17.0%，而农村仅为 1.6%，家庭风险市场参与比例的城乡差异巨大。分地区看，东部地区家庭的风险市场总体参与比例为 14.9%，依次高于中部地区的 8.0%、西部地区的 6.9%。

分类风险市场参与比例方面，就全国而言，家庭股票市场参与比例最高，为 6.5%；其次是基金市场参与比例，为 3.1%；而后是金融理财产品市场参与比例，为 1.8%；家庭在其他风险市场上的参与比例均不足 1%。家庭分类风险市场参与比例的城乡及地区差异详见表6-43。

表6-43　　　　　　　　　　家庭正规风险市场参与比例　　　　　　　　　单位:%

正规风险市场	全国	城镇	农村	东部	中部	西部
股票	6.5	11.1	0.4	9.8	4.6	4.2
基金	3.1	5.2	0.4	4.5	2.1	2.4
理财	1.8	3.0	0.1	3.1	0.9	0.9
非人民币	0.9	1.4	0.2	1.4	0.7	0.5
黄金	0.9	1.3	0.4	1.4	0.7	0.4
债券	0.7	1.0	0.2	0.9	0.7	0.4
衍生品	0.1	0.2	0.0	0.2	0.1	0.1
风险市场总体参与比例	10.4	17.0	1.6	14.9	8.0	6.9

专题6-3　风险市场总体参与比例的影响因素

如图6-28所示，从户主年龄看，户主年龄为31~45周岁的家庭，风险市场总体参与比例最高，为14.3%；其次是户主年龄在16~30周岁之间的家庭，参与比例为12.4%；户主年龄为46~60周岁的家庭，参与比例为9.5%；户主年龄在61周岁及以上的家庭，参与比例最低，为7.1%。

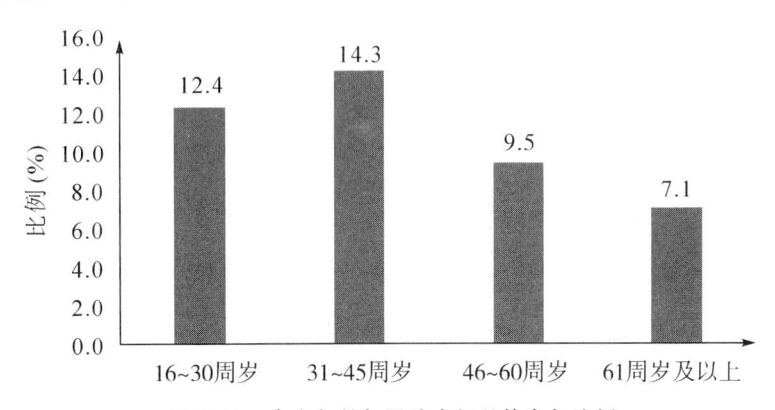

图6-28　户主年龄与风险市场总体参与比例

如图6-29所示，从户主学历看，户主没有上过学的家庭，风险市场总体参与比例仅为0.6%；户主学历为高中（中专/职高）的家庭，参与比例则升至16.3%；户主学历为本科、研究生的家庭，这一比例分别达到了37.3%、48.1%。总之，随着户主学历的提高，家庭风险市场的总体参与比例不断上升。

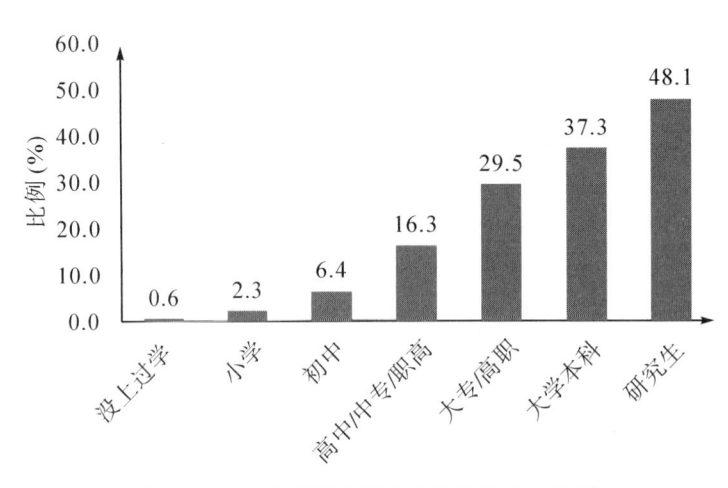

图 6-29　户主学历与风险市场总体参与比例

由表 6-44 可知，从户主政治面貌看，户主为党员的家庭，风险市场总体参与比例为 19.7%，远高于户主非党员家庭的 8.8%。从相关课程学习经历看，上过经济金融类课程的家庭，参与比例为 35.5%，远高于其他家庭的 8.5%。从风险态度看，风险偏好者和风险中性的家庭，参与比例分别为 21.0% 和 15.8%，而风险厌恶的家庭参与比例仅为 7.3%。从经济信息关注度看，非常关注经济信息的家庭，参与比例最高，为 26.0%；一般关注经济信息的家庭参与比例为 17.1%；从不关注经济信息的家庭，参与比例仅为 3.2%。不难看出，越是关注经济信息的家庭，其风险市场总体参与比例越高。

表 6-44　　其他因素与家庭风险市场总体参与比例　　单位:%

其他因素		参与比例
是否党员	党员	19.7
	非党员	8.8
是否上过经济金融类课程	上过	35.5
	没有上过	8.5
风险态度	风险偏好	21.0
	风险中性	15.8
	风险厌恶	7.3
经济信息关注程度	非常关注	26.0
	很关注	24.4
	一般	17.1
	很少关注	8.5
	从不关注	3.2

6.7.2 金融资产规模及结构

（1）金融资产规模

我们将金融资产划分为风险资产和无风险资产。风险资产包括股票、基金、债券、金融衍生品、金融理财产品、非人民币资产、黄金等；无风险资产包括活期存款、定期存款、国库券、地方政府债券、股票账户中的现金、手持现金等。

表 6-45 显示，全国家庭金融资产平均为 73 931 元，其中无风险金融资产平均为 52 701 元，风险金融资产平均为 21 230 元，不到无风险资产的一半。分城乡看，城镇家庭的金融资产均值为 110 951 元，高于全国平均水平，约为农村的 5 倍；其中无风险资产、风险资产的均值分别为 76 909 元、34 042 元，均明显高于农村。分地区看，东部家庭的金融资产平均为 115 027 元，高于全国平均水平，约为中部和西部的 2 倍多，其中无风险资产、风险资产的均值分别为 78 428 元、36 599 元。

表 6-45　　　　　　　　　　　家庭金融资产规模　　　　　　　　　　单位：元

区位	无风险资产 均值	无风险资产 中位数	风险资产 均值	风险资产 中位数	金融资产总额 均值	金融资产总额 中位数
全国	52 701	9 500	21 230	0	73 931	10 500
城镇	76 909	21 000	34 042	0	110 951	25 000
农村	19 547	3 000	3 683	0	23 230	3 121
东部	78 428	17 650	36 599	0	115 027	21 100
中部	34 700	5 600	12 703	0	47 403	6 380
西部	36 519	5 480	9 293	0	45 812	6 000

如表 6-46 所示，从户主年龄看，户主为 31~45 周岁的家庭，金融资产均值最高，为 98 816 元；户主年龄在 16~30 周岁及 46~60 周岁之间的家庭，金融资产均值分别为 87 563 元与 73 331 元；户主年龄在 61 周岁及以上的家庭，金融资产均值只有 44 268 元。

表 6-46　　　　　　　　　　户主年龄与家庭金融资产规模　　　　　　　　　　单位：元

年龄	均值	中位数
16~30 周岁	87 563	22 050
31~45 周岁	98 816	19 000
46~60 周岁	73 331	10 000
61 周岁及以上	44 268	4 150

如表 6-47 所示，从户主学历看，户主没有上过学的家庭，金融资产均值为 13 342 元；户主学历为高中（中专/职高）的，金融资产均值达到了 101 232 元；户主学历为大学本科的，金融资产均值为 252 876 元；户主学历为研究生的，金融资产均值为 500 522 元。总体来看，随着户主学历的提高，家庭金融资产规模不断增加。

表 6-47　　　　　　　　　户主学历与家庭金融资产规模　　　　　　　　单位：元

学历	均值	中位数
没上过学	13 342	1 500
小学	23 753	2 950
初中	50 239	10 150
高中/中专/职高	101 232	26 600
大专/高职	165 219	60 200
大学本科	252 876	92 700
研究生	500 522	171 700

（2）金融资产配置

表 6-48 显示，就全国总体而言，家庭金融资产中，无风险资产占 71.3%，风险资产占 28.7%。分城乡看，城镇家庭无风险资产占 69.3%，明显低于农村的 84.1%；风险资产占 30.7%，明显高于农村的 15.9%。分地区看，东部地区家庭无风险资产占比为 68.2%，依次低于中、西部地区；风险资产占比为 31.8%，依次高于中、西部地区。总之，我国家庭金融资产配置以无风险资产为主，并且越是欠发达地区家庭，无风险资产配置越多。

表 6-48　　　　　　　　　　　家庭金融资产配置　　　　　　　　　　单位：%

区位	无风险资产占比	风险资产占比
全国	71.3	28.7
城镇	69.3	30.7
农村	84.1	15.9
东部	68.2	31.8
中部	73.2	26.8
西部	79.7	20.3

如表 6-49 所示，从户主年龄看，户主为 16~30 周岁的家庭风险资产占比最高，为 33.2%；户主年龄在 31~45 周岁的家庭，风险资产占比 30.8%；户主年龄在 46~60 周岁之间的家庭，风险资产占比 28.5%；户主年龄在 61 周岁及以上的家庭，风险资产占比为

21.8%。总之，随着户主年龄的增加，家庭风险资产的比重不断降低。

表 6-49　　　　　　　　　户主年龄与家庭金融资产配置　　　　　　　　单位：%

年龄	无风险资产占比	风险资产占比
16~30 周岁	66.8	33.2
31~45 周岁	69.2	30.8
46~60 周岁	71.5	28.5
61 周岁及以上	78.2	21.8

如表 6-50 所示，从户主学历看，户主没有上过学的家庭，无风险资产占比最高，为 89.2%，风险资产占比最低，只有 10.8%；户主学历为高中的家庭，无风险资产占比下降至 72.2%，风险资产占比上升至 27.8%；户主学历为研究生的家庭，无风险资产占比为 53.7%，风险资产占比达到了 46.3%。由此可见，随着户主学历的提高，家庭金融资产在无风险资产中的配置下降，在风险资产中的配置上升。

表 6-50　　　　　　　　　户主学历与家庭金融资产配置　　　　　　　　单位：%

学历	无风险资产占比	风险资产占比
没上过学	89.2	10.8
小学	84.4	15.6
初中	77.4	22.6
高中/中专/职高	72.2	27.8
大专/高职	70.7	29.3
大学本科	62.1	37.9
研究生	53.7	46.3

其他因素方面，如表 6-51 所示，从家庭成员经济金融类课程学习经历看，上过相关课程的家庭风险资产占比为 38.9%，无风险资产占比为 61.1%，前者明显高于没有类似经历的家庭，后者则较低。从风险态度看，风险偏好家庭的风险资产占比最高，无风险资产占比最低，分别为 45.7%和 54.3%；风险中性家庭的风险资产占比和无风险资产占比都居中；风险厌恶家庭的风险资产占比最低，无风险资产占比最高，依次为 20.3%和 79.7%。从家庭对经济信息的关注度来看，非常关注日常经济信息的家庭风险资产占比最高，无风险资产占比最低，分别为 44.6%和 55.4%；而从来不关注经济信息的家庭风险资产占比最低，无风险资产占比最高，分别为 19.6%和 80.4%。总之，有过经济金融类课程学习经历的家庭、越是偏好风险以及越是关注经济信息的家庭，金融资产配置中风险资产占比越

高，无风险资产占比越低。

表 6-51　　其他因素与金融资产配置　　　　　　　　　单位：%

其他因素		无风险资产占比	风险资产占比
是否上过经济金融类课程	上过	61.1	38.9
	没有上过	74.2	25.8
风险态度	风险偏好	54.3	45.7
	风险中性	72.3	27.7
	风险厌恶	79.7	20.3
信息关注度	非常关注	55.4	44.6
	很关注	58.5	41.5
	一般	71.2	28.8
	很少关注	82.0	18.0
	从不关注	80.4	19.6

7 家庭负债

7.1 家庭负债概况

7.1.1 负债总体概况

如表7-1所示，全国50.2%的家庭有债务负担；城镇有49.5%的家庭有债务负担；农村有51.1%的家庭有债务负担。从全国看，全样本下家庭户均债务为43 118元，有债家庭户均债务为131 733元，有债家庭债务中位数为37 000元。分城乡看，城镇家庭全样本下户均债务为60 087元，有债家庭户均债务为198 581元，有债家庭债务中位数为55 000元；农村家庭全样本下户均债务为20 268元，有债家庭户均债务为56 205元，有债家庭债务中位数为25 000元。可见农村家庭借债的比例高于城镇和全国水平，但平均负债规模较小。分地区看，我国东部地区有债务家庭比例为47.0%，全样本下户均债务为46 406元，有债家庭户均债务为165 707元，有债家庭债务中位数为50 000元；中部地区有债家庭比例为49.5%，全样本下户均债务为29 033元，有债家庭户均债务为84 313元，有债家庭债务中位数为30 000元；西部地区有债家庭比例为55.1%，全样本下户均债务为53 043元，有债家庭户均债务为142 243元，有债家庭债务中位数为30 000元。由此可见我国西部地区家庭负债的比例最高。

表7-1　　　　　　　　　家庭负债总体概况　　　　　　　　单位：元

区位	有债务家庭占比（%）	户均债务（有债家庭）	户均债务（全样本）	中位数（有债家庭）
全国	50.2	131 733	43 118	37 000
城镇	49.5	198 581	60 087	55 000
农村	51.1	56 205	20 268	25 000
东部	47.0	165 707	46 406	50 000
中部	49.5	84 313	29 033	30 000
西部	55.1	142 243	53 043	30 000

一般而言，家庭收入水平越低，信贷需求越多，但受到的信贷约束越严重，融资能力更低。我国农村和西部地区相对来说都是经济欠发达地区，如图7-1所示，农村和西部家庭的借债比例分别比城镇和其他地区高，但较低的收入水平制约了农村家庭的借贷能力，因此其债务平均规模要比城镇小得多。

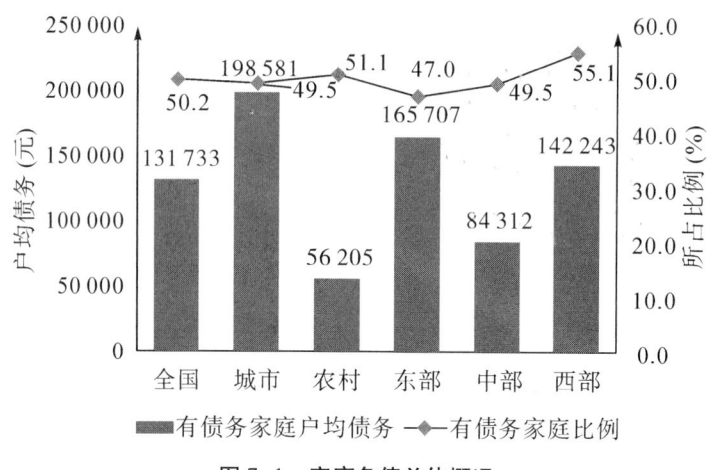

图7-1 家庭负债总体概况

7.1.2 负债结构比较

表7-2列出了全国家庭全样本和有债务样本中各项负债的均值情况。

表7-2　　　　　　　　　　　我国家庭负债结构　　　　　　　　　　单位：元

城乡分布	经营负债	房产负债	汽车负债	教育负债	信用卡负债	其他负债	总负债
有债家庭							
农村	18 745	22 685	3 146	3 237	165	8 227	56 205
城镇	68 834	105 239	6 717	2 139	1 652	14 000	198 581
全国	45 316	66 479	5 041	2 655	954	811 289	131 733
所有家庭							
城乡分布	经营负债	房产负债	汽车负债	教育负债	信用卡负债	其他负债	总负债
农村	6 760	8 180	1 135	1 167	59	2 967	20 268
城镇	20 828	31 844	2 033	647	500	4 236	60 087
全国	14 832	21 759	1 650	869	312	3 695	43 118

如图7-2所示，全国家庭总负债中占比最大的是住房负债，占50.5%；其次是经营负债，占34.4%。两项合计占到84.9%。可见住房负债和经营负债是中国家庭负债的主要来源。

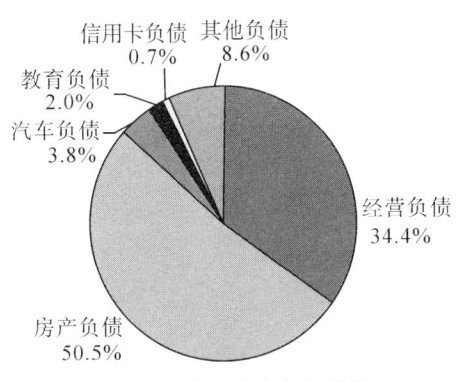

图 7-2 全国家庭负债结构

如图 7-3 所示，城镇家庭负债中，占比最大的是房产负债，为 53.0%；其次为经营负债，为 34.7%。两项合计占比达到 87.7%。

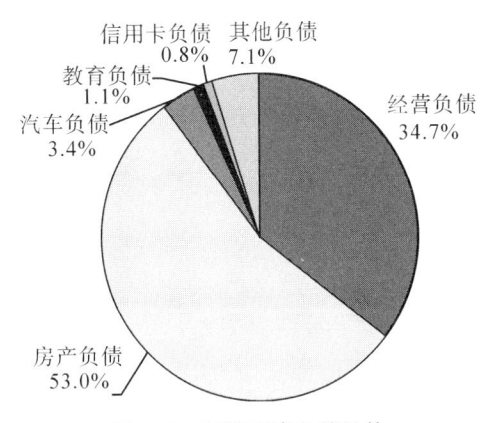

图 7-3 城镇家庭负债结构

如图 7-4 所示，农村家庭负债中，占比最大的是房产负债，为 40.5%；其次为经营负债，为 33.4%；两项合计占比达到 73.9%。由此可知，无论是在城镇还是在农村，住房负债都是家庭债务中占比最大的一项，而住房负债和经营负债是家庭最主要的负债来源。

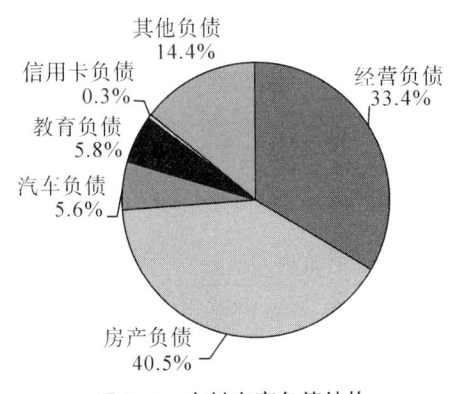

图 7-4 农村家庭负债结构

7.2 家庭分类负债

7.2.1 家庭经营负债

家庭经营负债包括工商业经营负债和农业生产负债，既包括银行贷款，也包括从民间融资渠道获得的借款。由表7-3可知，全国有11.5%的家庭有农业或工商业经营负债；城镇有6.7%的家庭有农业或工商业经营负债，其余93.3%的家庭没有经营负债；农村有18.1%的家庭有农业或工商业经营负债，其余81.9%的家庭没有经营负债。

表7-3　家庭经营负债比例　　单位:%

有无经营负债	全国	城镇	农村
有负债	11.5	6.7	18.1
无负债	88.5	93.3	81.9

由表7-4可知，仅从银行贷款的家庭，贷款余额的均值为369 117元，中位数为40 000元，在全国家庭中占比为2.2%；仅从其他民间融资渠道借钱的家庭，借款余额均值为49 141元，中位数为12 000元，在全国家庭中占比为5.5%；既有银行贷款又有民间借款的家庭，负债余额均值为376 279元，中位数为80 000元，在全国家庭中占比为1.1%。从总体来看，为工商业/农业生产经营项目负债的家庭，负债均值为169 612元，中位数为20 000元，在全国家庭中占比为8.8%。

表7-4　家庭经营负债来源

经营负债来源	所占比例（%）	均值（元）	中位数（元）
只从银行贷款	2.2	369 117	40 000
只从民间借款	5.5	49 141	12 000
两者都有	1.1	376 279	80 000
合计	8.8	169 612	20 000

注：所占比例为只从银行贷款家庭数量/调查样本数量（包括有负债家庭和没有负债家庭）；均值和中位数只考虑了有该项债务的家庭。

图7-5揭示了负债经营家庭负债来源的构成。

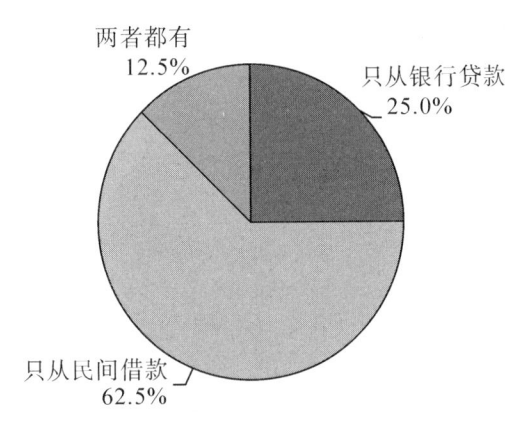

图 7-5 家庭经营负债来源构成

注：所占比例为只从银行贷款家庭数量/全样本中有该项负债的样本数量

7.2.2 家庭房产负债

家庭住房负债，既包括银行贷款，也包括从民间融资渠道获得的借款。由表 7-5 可知，全国家庭中，有住房负债的家庭占 27.7%；城镇家庭中，有住房负债的家庭占 26.9%；农村家庭中，有住房负债的家庭占 28.9%。

表 7-5　　　　　　　　　　　家庭住房负债比例　　　　　　　　　　　单位：%

有无房产负债	全国	城镇	农村
有负债	27.7	26.9	28.9
无负债	72.3	73.1	71.1

调查问卷询问了 2011 年 8 月（即第一轮访问时间）后新购或新建住房的借贷来源，如表 7-6 所示。只从银行贷款的家庭，贷款均值为 269 328 元，中位数为 160 000 元；只从民间借款的家庭，借款均值为 53 966 元，中位数为 30 000 元；既从银行贷款又从民间借款的家庭，均值为 226 319 元，中位数为 160 000 元。

表 7-6　　　　　　　　2011—2013 年家庭新购住房负债来源

住房负债来源	所占比例（%）	均值（元）	中位数（元）
只从银行贷款	5.0	269 328	160 000
只从民间借款	17.0	53 966	30 000
两者都有	3.0	226 319	160 000
合计	25.0	135 825	50 000

注：所占比例为只从银行贷款家庭数量/调查样本数量（包括有负债家庭和没有负债家庭）；均值和中位数只考虑了有该项债务的家庭。

图 7-6 揭示了住房负债家庭负债来源的构成。

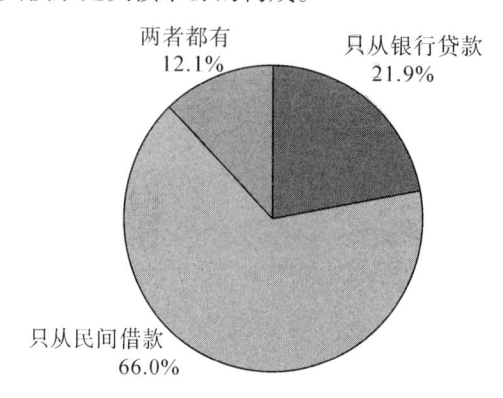

图 7-6 2011 年后家庭新购住房负债来源构成

注：所占比例为只从银行贷款家庭数量/全样本中有该项负债的样本数量

7.2.3 汽车负债

家庭汽车负债既包括家庭为购买汽车从银行贷款，也包括从民间融资渠道借款。由表 7-7 可见，全国有汽车负债的家庭占 3.6%；城镇有汽车负债的家庭占 3.9%；农村有汽车负债的家庭占 3.1%。

表 7-7　　　　　　　　　　家庭汽车负债比例　　　　　　　　　　单位：%

有无汽车负债	全国	城镇	农村
有负债	3.6	3.9	3.1
无负债	96.4	96.1	96.9

调查问卷询问了 2011 年后新购汽车借贷的来源，汽车负债来源情况如表 7-8 所示。只从银行贷款的家庭，贷款均值为 71 171 元，中位数为 48 000 元；只从民间借款的家庭，借款均值为 45 307 元，中位数为 30 000 元；既从银行贷款又从民间借款的家庭，借款均值为 79 870 元，中位数为 70 800 元。家庭新购汽车的负债均值合计为 57 310 元，中位数为 35 000 元。

表 7-8　　　　　　　2011—2013 年家庭新购汽车负债来源

汽车负债来源	所占比例（%）	均值（元）	中位数（元）
只从银行贷款	1.3	71 171	48 000
只从民间借款	1.9	45 307	30 000
两者都有	0.2	79 870	70 800
合计	3.4	57 310	35 000

注：所占比例为只从银行贷款家庭数量/调查样本数量（包括有负债家庭和没有负债家庭）；均值和中位数只考虑了有该项债务的家庭。

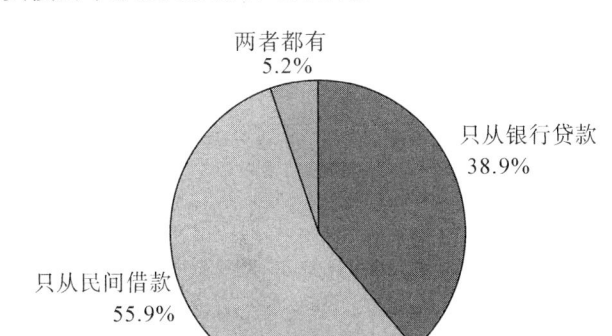

图 7-7 揭示了负债购车家庭的负债来源构成。

图 7-7　2011—2013 年家庭新购汽车负债来源构成

注：所占比例为只从银行贷款家庭数量/全样本中有该项负债的样本数量

7.2.4　教育负债

家庭教育负债既包括银行贷款，也包括民间借款。由表 7-9 可知，全国有教育负债的家庭占 4.3%；城镇有教育负债的家庭占 2.9%；农村有教育负债的家庭占 6.3%。

表 7-9　家庭教育负债比例　　　　　　　　　　　　　单位：%

有无教育负债	全国	城镇	农村
有负债	4.3	2.9	6.3
无负债	95.7	97.1	93.7

教育负债的来源情况如表 7-10 所示。只从银行贷款的家庭，贷款均值为 26 795 元，中位数为 12 000 元；只从民间借款的家庭，借款均值为 17 837 元，中位数为 9 200 元；既有银行贷款又从民间借款的家庭，均值为 87 921 元，中位数为 26 000 元。有教育负债的家庭中，教育负债均值为 20 030 元，中位数为 10 000 元。

表 7-10　家庭教育负债来源

教育负债来源	所占比例（%）	均值（元）	中位数（元）
只从银行贷款	0.9	26 795	12 000
只从民间借款	3.1	17 837	9 200
两者都有	0.4	87 921	26 000
合计	4.3	20 030	10 000

注：所占比例为只从银行贷款家庭数量/调查样本数量（包括有负债家庭和没有负债家庭）；均值和中位数只考虑了有该项债务的家庭。

图 7-8 揭示了有教育负债家庭负债来源构成。

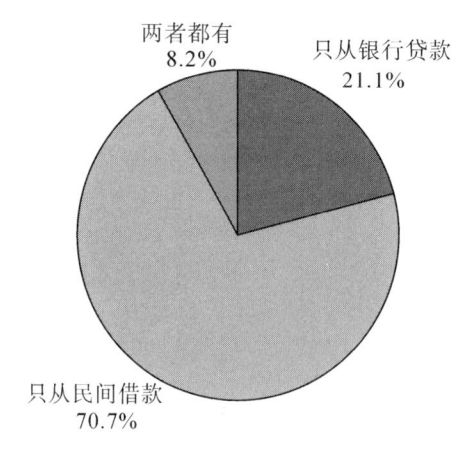

图 7-8　家庭教育负债来源

注：所占比例为只从银行贷款家庭数量/全样本中有该项负债的样本数量

7.2.5　信用卡负债

中国家庭购物的支付方式有现金、借记卡（储蓄卡）、贷记卡（信用卡）、准贷记卡、购物券/卡、第三方支付（如支付宝）等。

由表 7-11 可知，用现金支付的家庭占 96.7%；使用借记卡支付的家庭占 11.2%；使用贷记卡支付的家庭占 10.4%；使用准贷记卡支付的家庭占 0.1%；使用购物券/卡支付的家庭占 3.4%。

表 7-11　　　　　　　　　　家庭支付方式　　　　　　　　　　单位:%

支付方式	占比
现金	96.7
借记卡	11.2
贷记卡	10.4
准贷记卡	0.1
购物券/卡	3.4

由表 7-12 可知，全国有 6.3% 的家庭持有信用卡。分城乡看，8.7% 的城镇家庭持有信用卡，2.2% 的农村家庭持有信用卡。

表 7-12　　　　　　　　家庭信用卡持有比例　　　　　　　　单位:%

有无信用卡	全国	城镇	农村
有信用卡	6.3	8.7	2.2
无信用卡	93.7	91.3	97.8

由表 7-13 可知，在家庭使用信用卡的目的中，为了享用信用卡免息期的家庭占 15.8%，为了方便日常生活的家庭占 76.4%，为了提前消费的家庭占 19.7%，为了透支的家庭占 13.5%。

表 7-13　　　　　　　　　　家庭持有信用卡的目的　　　　　　　　　单位:%

持卡目的	占比
方便生活	76.4
享用免息期	15.8
提前消费	19.7
透支	13.5

由表 7-14 可知，到期只还最低还款额的家庭占 7.4%，到期偿还账单金额的家庭占 60.7%，提前偿还的家庭占 30.9%，停止偿还的占 1.0%。总体来看，到期还款和提前偿还的家庭达 99%。

表 7-14　　　　　　　　　　信用卡还款方式　　　　　　　　　　单位:%

还款方式	占比
到期只偿还最低还款额	7.4
到期偿还账单金额	60.7
提前偿还	30.9
停止偿还	1.0

由表 7-15 可知，在没有信用卡的家庭中，喜欢现金消费的家庭占 38.2%；不了解信用卡的占 48.7%；没有还款能力的占 12.4%；愿意使用但申请被拒的占 0.7%。

表 7-15　　　　　　　　　　家庭未持有信用卡的原因　　　　　　　　单位:%

没有信用卡的原因	占比
喜欢现金消费	38.2
不了解信用卡	48.7
没有还款能力	12.4
愿意使用但申请被拒	0.7

由表 7-16 可知，信用卡负债有余额的家庭中，信用卡负债均值为 8 139 元，中位数为 2 600 元。而有信用卡的家庭包括持有但未透支的家庭，信用卡余额的均值为 2 342 元，中位数为 0 元。

表 7-16　家庭信用卡负债余额　　单位：元

家庭类型	均值	中位数
透支家庭	8 139	2 600
有信用卡家庭	2 342	0

7.2.6　其他负债

除住房负债、汽车负债、商业负债、教育负债、信用卡负债外，家庭的其他负债情况如表 7-17 所示。为了其他目的而负债的家庭占 6.2%。分城乡来看，有其他负债的城镇家庭占 4.5%，有其他负债的农村家庭占 9.6%。

表 7-17　家庭其他负债比例　　单位：%

有无其他负债	全国	城镇	农村
有负债	6.2	4.5	9.6
无负债	93.8	95.5	90.4

如表 7-18 所示，在家庭其他负债目的中，最主要的目的是看病，占 52.3%；其次是娶媳妇，占 17.9%；再次是小额日常消费，占 13.1%。因此，其他负债的目的主要是消费性的。

表 7-18　家庭其他负债目的　　单位：%

目的	占比
小额日常消费	13.1
耐用品等大额消费	5.5
娶媳妇	17.9
嫁女	0.6
办丧事	1.8
看病	52.3
出去打工	1.9
还旧债	4.7
借给亲戚朋友	1.4
借给其他人	0.7
通过民间金融组织把钱借出去	0.1

由表 7-19 可知，家庭其他负债的主要来源是亲人和朋友。其中除父母、子女、兄弟姐妹外的其他亲属占 27.4%，其次是兄弟姐妹，占 26.6%，再次是朋友和同事，占 23.9%。除此之外，从银行和信用社借款的占 11.4%；从子女处借款的占 4.1%，从父母、公婆和岳父母处借款的占 4.1%；从小额贷款公司和其他民间金融组织借款的分别占 0.4% 和 2.1%。

表 7-19　　　　　　　　　　　　　其他负债来源　　　　　　　　　　　　单位:%

负债来源	占比
父母/公婆/岳父母	4.1
子女	4.1
兄弟姐妹	26.6
其他亲属	27.4
朋友/同事	23.9
银行/信用社	11.4
小额贷款公司	0.4
其他民间金融组织	2.1

7.3　家庭信贷可得性

正规信贷可得性指数衡量了正规信贷需求被满足的程度，通常是指实际获得贷款家庭与有正规信贷需求家庭之间的比例，取值范围通常介于 0~1 之间。例如，正规信贷可得性指数为 60%，这代表 100 户有正规信贷需求的家庭中，能够实际获得银行贷款的有 60 户。具体地讲，正规信贷可得性指数构造方法如下：正规信贷可得性指数=获得贷款家庭数量/有正规信贷需求家庭数量。由于贷款用途不同，正规信贷可得性指数又可以细分为农业生产信贷可得性指数、工商业经营信贷可得性指数、住房信贷可得性指数、汽车信贷可得性指数及信用卡可得性指数。

7.3.1　正规信贷可得性

如表 7-20 所示，全国家庭的正规信贷可得性为 41.1%，城镇家庭正规信贷可得性为 51.7%，农村家庭仅为 27.3%。农村家庭的信贷可得性远远低于全国和城镇家庭的水平，这表明与很多发展中国家类似，农村家庭受到了严重的金融抑制。

表 7-20	家庭正规信贷可得性		单位:%
	全国	城镇	农村
正规信贷可得性	41.1	51.7	27.3

我们对金融抑制现象做进一步分析，如表 7-21 所示，在有信贷资金需求的家庭中，全国有 58.9% 的家庭受到信贷约束，其中，52.0% 的家庭需要资金但是没有到银行申请，6.9% 的家庭申请了贷款但是被银行拒绝。城镇地区有 48.3% 的家庭受到信贷约束，其中 43.5% 的家庭需要资金但是没有到银行申请，4.8% 的家庭申请了贷款但是被银行拒绝。在农村，金融抑制现象更为严重，72.7% 的农村家庭受到信贷约束，其中 62.9% 的农村家庭需要资金但是没有到银行申请，9.8% 的家庭申请了贷款但是被银行拒绝。

表 7-21	家庭受信贷约束的比例		单位:%
	全国	城镇	农村
信贷约束比例	58.9	48.3	72.7
未申请贷款比例	52.0	43.5	62.9
申请了贷款但被拒的比例	6.9	4.8	9.8

7.3.2 分类信贷可得性

如表 7-22 所示，在全国从事农业生产的家庭中，农业生产信贷可得性为 30.4%；城镇家庭农业生产信贷可得性为 26.9%；农村家庭农业生产信贷可得性为 31.0%。

表 7-22	家庭农业生产信贷可得性		单位:%
	全国	城镇	农村
农业生产信贷可得性	30.4	26.9	31.0

如表 7-23 所示，在从事工商业经营的家庭中，全国家庭的工商业生产经营信贷可得性为 46.4%，城镇家庭为 47.3%，农村家庭为 44.5%。农村的工商业信贷可得性低于全国水平。但总的来说，工商业生产经营信贷可得性明显高于农业生产信贷可得性。

表 7-23	家庭工商业生产信贷可得性		单位:%
	全国	城镇	农村
工商业生产经营信贷可得性	46.4	47.3	44.5

如表 7-24 所示，在购置或修建了住房的家庭中，全国家庭的住房信贷可得性为 51.1%，城镇家庭住房信贷可得性为 60.5%，农村家庭仅为 25.3%。农村的住房信贷可得

性水平远远低于全国和城镇。农村家庭购置商品房的比例较小，大多以自己修建的方式取得住房。数据表明，农村家庭购置或修建房屋的资金压力大，受到的信贷约束严重。

表 7-24　　　　　　　　　　　　　家庭住房信贷可得性　　　　　　　　　　　　　单位:%

	全国	城镇	农村
住房信贷可得性	51.1	60.5	25.3

如表 7-25 所示，在购买了汽车的家庭中，全国家庭汽车信贷可得性为 58.8%，城镇家庭汽车信贷可得性为 63.8%，农村家庭则为 49.1%。农村的汽车信贷可得性低于全国水平。由于汽车信贷属于抵押贷款，且贷款金额一般来讲低于房屋抵押贷款，贷款期限也较短，因此汽车信贷可得性高于其他用途的信贷可得性。

表 7-25　　　　　　　　　　　　　家庭汽车信贷可得性　　　　　　　　　　　　　单位:%

	全国	城镇	农村
汽车信贷可得性	58.8	63.8	49.1

如表 7-26 所示，在需要信用卡的家庭中，全国有 41.1% 的家庭申请成功，城镇家庭有 43.3% 申请成功，农村家庭仅有 27.4% 申请成功。

表 7-26　　　　　　　　　　　　　家庭信用卡可得性　　　　　　　　　　　　　单位:%

	全国	城镇	农村
信用卡可得性	41.1	43.3	27.4

信用卡申请被拒比例是非常低的，大多数家庭需要信用卡但因为担心还款能力等原因而没有去申请。如表 7-27 所示，全国需要信用卡但未能获得的 58.9% 的家庭中，需要但未申请的家庭比例为 52.0%，申请被拒的比例仅为 6.9%。

表 7-27　　　　　　　　　　　　　信用卡信贷约束的原因　　　　　　　　　　　　　单位:%

	全国	城镇	农村
信贷约束比例	58.9	56.7	72.6
未申请信用卡的比例	52.0	53.2	62.9
申请了信用卡但被拒的比例	6.9	3.5	9.7

7.3.3 正规信贷可得性影响因素

(1) 农业生产经营信贷可得性

调查结果显示，农业生产信贷可得性与地区、受教育程度、经济金融知识水平以及收入等多个因素相关。如表7-28所示，我国东部地区农业生产信贷可得性为18.4%，中部地区为30.5%，西部地区为37.3%。农业生产信贷可得性从东部到西部依次提高。

表7-28　　　　　　　地区与农业生产信贷可得性对比　　　　　　　单位：%

地区	信贷可得性
东部	18.4
中部	30.5
西部	37.3

户主学历越高的家庭，农业生产信贷可得性也越高。如表7-29所示，户主为文盲的家庭，农业生产信贷可得性最低，为23.9%；户主学历为小学或初中的家庭，农业生产信贷可得性为30.4%；户主学历为高中、中专或大专的家庭，农业生产信贷可得性为40.3%；户主学历为本科或研究生的家庭，农业生产信贷可得性为62.4%。因此，教育是影响农业生产信贷可得性的重要因素。

表7-29　　　　　　　户主学历与农业生产信贷可得性　　　　　　　单位：%

学历	农业生产信贷可得性
没上过学	23.9
小学、初中	30.4
高中、中专及大专	40.3
本科及研究生	62.4

如表7-30所示，参加过经济金融类课程培训的家庭，农业生产信贷可得性明显高于未参加过培训的家庭，分别为44.6%和30.4%。

表7-30　　　　　　经济金融知识水平与农业生产信贷可得性　　　　　　单位：%

培训情况	农业生产信贷可得性
接受过经济金融类课程培训	44.6
未接受过经济金融类课程培训	30.4

如表7-31所示，农业生产信贷可得性随家庭年收入的增加而提高，年收入越高的家庭，信贷可得性越强；收入越低的家庭受到的信贷约束越严重。

表 7-31　　　　　　　　　　家庭年收入与农业生产信贷可得性

家庭年收入（元）	农业生产信贷可得性（%）
10 000 以下	24.4
10 000~40 000	28.5
40 001~80 000	34.4
80 001~150 000	54.4
150 001~1 000 000	58.6
1 000 000 以上	60.9

（2）工商业生产经营信贷可得性

调查结果显示，与农业生产信贷可得性类似，工商业生产经营信贷可得性也与地区、受教育程度、经济金融知识以及收入等多个因素相关。

如表 7-32 所示，分地区看，我国西部地区工商业经营信贷可得性最高，为 51.8%；中部地区可得性最低，为 40.5%。

表 7-32　　　　　　　地区与工商业经营信贷可得性对比　　　　　　　单位:%

区位	工商业信贷可得性
东部	50.6
中部	40.5
西部	51.8

如表 7-33 所示，户主学历越高的家庭，工商业信贷可得性也越高。其中，户主学历为本科及研究生的家庭，工商业信贷可得性达 61.2%。

表 7-33　　　　　　　　户主学历与工商业信贷可得性　　　　　　　　单位:%

学历	工商业信贷可得性
没上过学	36.3
小学、初中	42.5
高中、中专及大专	53.3
本科及研究生	61.2

如表 7-34 所示，参加过经济金融类课程培训的家庭，工商业经营信贷可得性远远高于未参加过培训的家庭，分别为 61.5% 和 44.8%。可见教育同样是影响工商业经营信贷可得性的重要因素。

表 7-34　　　　经济金融知识水平与工商业经营信贷可得性　　　　单位:%

培训情况	工商业信贷可得性
接受过经济金融类课程培训	61.5
未接受过经济金融类课程培训	44.8

如表 7-35 所示,全国家庭的工商业经营信贷可得性大致随收入的增加而提高。特别是在最低收入人群中,信贷可得性有上升的趋势,呈明显的翘尾分布。

表 7-35　　　　　　家庭年收入与工商业信贷可得性

年收入（元）	工商业信贷可得性（%）
10 000 以下	40.2
10 000~40 000	34.3
40 001~80 000	44.0
80 001~150 000	54.2
150 001~1 000 000	67.2
1 000 000 以上	86.1

（3）住房信贷可得性

调查结果显示,住房信贷可得性与受教育程度、收入水平及人口特征等多个因素相关。如表 7-36 所示,分地区看,我国东部地区住房信贷可得性最高,为 54.3%；中部地区住房信贷可得性最低,为 35.6%。

表 7-36　　　　　　　地区与住房信贷可得性　　　　　　　　单位:%

区位	住房信贷可得性
东部	54.3
中部	35.6
西部	46.0

如表 7-37 所示,户主学历越高的家庭,住房信贷可得性也越高。其中,户主学历为本科及研究生的家庭,住房信贷可得性达 85.3%。

表 7-37　　　　　　　户主学历与住房信贷可得性　　　　　　单位:%

学历	住房信贷可得性
没上过学	21.5
小学、初中	32.3
高中、中专及大专	62.7
本科及研究生	85.3

如表 7-38 所示，参加过经济金融类课程培训的家庭，住房信贷可得性高于未参加过培训的家庭，分别为 75.5% 和 42.5%。因此，教育同样是影响住房信贷可得性的重要因素。

表 7-38　　　　　　　　经济金融知识水平与住房信贷可得性　　　　　　　　单位:%

培训情况	住房信贷可得性
接受过经济金融类课程培训	75.5
未接受过经济金融类课程培训	42.5

如表 7-39 所示，全国家庭的住房信贷可得性随收入增加而提高。收入水平显然也是影响住房信贷可得性的重要因素。

表 7-39　　　　　　　　　家庭年收入与住房信贷可得性

家庭年收入（元）	住房信贷可得性（%）
10 000 以下	28.4
10 000~40 000	28.6
40 001~80 000	46.8
80 001~150 000	66.5
150 001~1 000 000	87.1
1 000 000 以上	93.6

同时，如表 7-40 所示，户主为中青年的家庭，住房信贷可得性明显高于其他年龄段家庭。这是由于住房贷款期限通常较长，信贷政策对申请人的年龄有一定限制，年轻人申请住房贷款的优势较大。

表 7-40　　　　　　　　　户主年龄与住房信贷可得性　　　　　　　　单位:%

年龄	住房信贷可得性
16~25 周岁	59.4
26~35 周岁	71.4
36~45 周岁	52.8
46~55 周岁	37.5
56~65 周岁	36.3
65 周岁以上	23.8

(4) 汽车信贷可得性

调查结果显示,汽车信贷可得性与地区和收入水平相关。如表7-41所示,全国家庭的汽车信贷可得性呈现出明显的区域特征,汽车信贷可得性由东至西随经济发展程度降低而下降。

表7-41　　　　　　　　　地区与汽车信贷可得性　　　　　　　　单位:%

区位	汽车信贷可得性
东部	67.0
中部	53.1
西部	52.5

如表7-42所示,全国家庭的汽车信贷可得性大致随收入增加而提高,与工商业经营信贷可得性类似,汽车信贷可得性同样在最低收入人群中出现翘尾特征。可见收入水平是影响汽车信贷可得性的重要因素。

表7-42　　　　　　　　家庭年收入与汽车信贷可得性　　　　　　　单位:%

家庭年收入(元)	汽车信贷可得性(%)
10 000 以下	43.8
10 000~40 000	40.4
40 001~80 000	53.9
80 001~150 000	63.7
150 001~1 000 000	85.9
1 000 000 以上	92.6

(4) 信用卡信贷可得性

调查结果显示,信用卡可得性与受教育程度、经济金融知识水平及人口特征等多个因素有关。区域分析表明,信用卡可得性随区域经济发展程度提高而增加。东部、中部与西部家庭的信用卡可得性依次递减。

表7-43　　　　　　　　　地区与信用卡信贷可得性　　　　　　　单位:%

区位	信贷可得性
东部	47.8
中部	28.9
西部	28.0

如表7-44所示，信用卡可得性随学历水平提高而明显上升。其中，户主学历为本科及研究生的家庭，信用卡信贷可得性达73.4%。

表7-44　　　　　　　　户主学历与信用卡信贷可得性　　　　　　　　单位：%

学历	信贷可得性
没上过学	6.7
小学、初中	23.7
高中、中专及大专	51.1
本科及研究生	73.4

由表7-45可知，具备一定经济金融知识的家庭，其信用卡可得性明显高于其他家庭，分别为68.0%和32.3%。

表7-45　　　　　　　经济金融知识水平与信用卡信贷可得性　　　　　　单位：%

培训情况	信贷可得性
接受过经济金融类课程培训	68.0
未接受过经济金融类课程培训	32.3

由表7-46可知，信用卡可得性呈现出明显的年龄特征，户主年龄越大，信用卡可得性越低。户主年龄在65周岁以上时，信用卡信贷可得性仅为1.9%

表7-46　　　　　　　　户主年龄与信用卡信贷可得性　　　　　　　　单位：%

年龄	信贷可得性
16~25周岁	24.4
26~35周岁	27.2
36~45周岁	15.3
46~55周岁	9.5
56~65周岁	4.9
65周岁以上	1.9

7.4 家庭民间借贷

7.4.1 民间借贷参与比例

本书的民间借贷是指个人从除银行或信用社等金融机构以外的其他渠道获得的借款,借款途径包括亲属、朋友、同事及民间金融组织等。在借贷市场存在严重信息不对称的情况下,民间金融市场是正规金融市场的有效补充。

民间借贷参与比例是指拥有民间借款的家庭的比例。如表7-47所示,全国34.7%的家庭参与了民间借贷,城镇民间借贷参与比例为27.2%,农村民间借贷参与比例高达43.8%。这说明在农村,家庭受到的信贷约束更加严重,民间借贷成为重要补充。东部地区民间借贷参与比例为27.3%,中部地区为35.8%,西部地区为40.4%,民间借贷参与比例由东部向西部逐渐升高。

表7-47　　　　　　　　　民间借贷参与比例　　　　　　　　　单位:%

区位	参与比例
全国	34.7
城镇	27.2
农村	43.8
东部	27.3
中部	35.8
西部	40.4

表7-48展示了我国家庭在农业、工商业、房产、汽车以及教育方面的民间借贷参与比例。在全国家庭中,21.2%的家庭为了购买或新建住房而产生民间借款,6.0%的家庭为了农业生产而产生民间借款,3.3%的家庭为了工商业生产经营而产生民间借款,5.9%的家庭为了教育而产生民间借款,2.2%的家庭为了购买汽车而产生民间借款。分城乡看,农村家庭的房产和教育民间借贷参与比例分别都显著高于城镇地区,这可能与农村抵押物缺乏,消费信贷约束更严重有一定关系。分地区看,各类民间借贷参与比例基本都是从东部向西部逐渐升高,其中农业和教育民间借贷参与比例,中部地区较西部稍高。

表 7-48			分类民间借贷参与比例		单位:%
区位	农业	工商业	住房	汽车	教育
全国	6.0	3.3	21.2	2.2	5.9
城镇	1.3	4.0	17.0	2.2	3.8
农村	12.2	2.4	25.7	2.1	8.6
东部	3.4	2.8	16.8	1.9	4.0
中部	7.8	3.5	18.6	1.7	7.2
西部	7.5	3.7	25.3	2.7	7.1

7.4.2 民间借贷规模

民间借贷规模是指家庭目前尚未还清的民间借贷资金的数量。表 7-49 统计了 2013 年有借贷家庭的户均民间借贷规模。可以看出，全国有借贷家庭户均民间借贷规模为 4.2 万元，民间借款占总负债比重为 32.0%。分城乡看，城镇有借贷家庭的户均民间借款规模为 5.3 万元，民间借款占总负债比重为 26.7%；农村有借贷家庭的户均民间借款规模为 3.7 万元，民间借款占总负债比重为 64.6%。虽然农村家庭民间借贷规模不大，但是民间借贷比重高于全国平均水平，说明农村家庭借款主要来源于民间借贷。分地区看，东部地区有借贷家庭的户均民间借贷规模为 5.8 万元，民间借款占总负债比重为 35.3%；中部地区有借贷家庭的户均民间借贷规模为 4.2 万元，民间借款占总负债比重为 49.7%；西部地区有借贷家庭的户均民间借贷规模为 3.5 万元，民间借款占总负债比重为 24.7%。其中中部地区民间借款在总债务中的占比最高，这可能与其较低的正规信贷可得性有关。在上一节中已分析过，中部地区的正规信贷可得性为各地区中最低的。

表 7-49	民间借贷规模	
区位	民间借款（万元）	民间借款占债务总额比重（%）
全国	4.2	32.0
城镇	5.3	26.7
农村	3.7	64.6
东部	5.8	35.3
中部	4.2	49.7
西部	3.5	24.7

表 7-50 描述了家庭不同用途的民间借贷规模。不管是农村还是城镇，教育的民间负债比重都是最大的，其次是汽车，再次是农业/工商业经营，最后是住房。这说明无论是

农村还是城镇,家庭的教育借款主要通过民间借贷获取。分城乡看,农村家庭农业/工商业经营、住房和汽车的民间负债规模虽然较城镇家庭小,但其在分类负债中的占比都远远大于城镇家庭。这说明农村家庭较城镇家庭更加依靠民间借贷为经营、住房和汽车购买融资。

表 7-50　　　　　　　　　　不同用途民间借贷规模

区位	借贷额度/负债比重	农业/工商业	住房	汽车	教育
全国	民间借贷（万元）	1.6	1.6	0.3	0.2
	民间负债比重（%）	35.4	24.0	48.9	72.5
城镇	民间借贷（万元）	2.1	1.9	0.3	0.2
	民间负债比重（%）	30.0	17.6	43.1	72.1
农村	民间借贷（万元）	1.1	1.3	0.2	0.2
	民间负债比重（%）	58.1	57.6	63.0	72.8

7.4.3 民间借贷来源

在 CHFS 问卷设计中,家庭民间借贷来源主要分为六类:父母、子女、兄弟姐妹、其他亲属、朋友/同事和民间金融组织。表 7-51 统计了家庭民间借贷分别从父母、子女、兄弟姐妹、其他亲属、朋友/同事和民间金融组织六个渠道获得资金的比重。就全国而言,有 32.0% 的家庭从兄弟姐妹处获得了资金,说明民间借贷的主要来源是兄弟姐妹,其次是其他亲属,再次是朋友、同事,只有很小比例的家庭会从民间金融组织寻求资金借贷。在人情味浓厚的中国,人们仍然倾向于从亲属那里获得借款。在农村,从子女处获得资金借入的比例要高于从父母处获得资金借入的比例;而城镇地区则刚好相反,比起从子女处借钱,城镇家庭更多地从父母处借钱。

表 7-51　　　　　　　　　　民间借贷来源　　　　　　　　　　单位:%

借贷来源	全国	农村	城镇
父母	5.6	3.5	7.7
子女	2.7	4.2	1.2
兄弟姐妹	32.0	36.1	28.1
其他亲属	26.1	30.4	21.8
朋友/同事	16.6	18.4	14.8
民间金融组织	0.6	0.7	0.5

专题 7-1 家庭债务风险——基于可支配收入视角

近年来，随着我国家庭部门债务规模快速增长，家庭债务负担开始引起人们的重视。过高的家庭债务会增加家庭还债负担，可能造成消费和生活水平下降，甚至威胁整个家庭的财务安全。那么，如何理解当前中国家庭的负债情况呢？中国家庭债务风险又处于什么水平呢？

分析家庭债务风险，可通过比较家庭资产负债表的总资产、总负债以及净资产与家庭可支配收入之间的比率进行分析。可支配收入是指居民家庭在调查期获得并且可以用来自由支配的收入。在CHFS中，可支配收入是指工资收入中扣除掉基本养老保险、基本医疗保险、失业保险、公积金、个人所得税等剩下的那部分。具体来说，家庭总资产与可支配收入之间的比率反映了家庭重置当前总资产所需要的年限；家庭总负债与可支配收入之间的比率反映了家庭运用当前可支配收入偿还债务所需要的年限；家庭净资产与可支配收入之间的比率反映了家庭运用当前可支配收入重置当前净资产所需要的年限。值得说明的是，一般来讲，家庭总负债与可支配收入之比反映了家庭负债的偿债风险；该比率越低，偿债风险越低，该比率越高，则偿债风险越高。

如表7-52所示，本书选择了主要的OECD国家进行家庭债务风险的国际比较。总负债与可支配收入的比例显示，我国家庭的总债务与可支配收入之比高达171.9%。这说明我国家庭平均偿债风险已超过许多发达国家的水平，甚至超过美国、法国等高家庭负债的西方国家。但是，我国当前总资产与可支配收入比和净资产与可支配收入比分别为1 172.9%和1 001.0%，也高居各国之首，甚至比日本这样的储蓄大国要高出许多。因此，这说明我国家庭的负债形成了资产，负债增加的同时，资产也增加，而美国等发达国家负债很大部分用于消费，没有形成资产。此外，总资产和净资产也是还债能力的基本保障，从这个意义上讲，我国家庭部门财务状况要好得多，偿债风险更小。

表 7-52　　　　　我国家庭部门债务指标与部分OECD国家比较[①]　　　　单位:%

各项与可支配收入的比例	中国（2013年）	美国（2007年）	美国（2012年）	法国（2011年）	意大利（2011年）	英国（2012年）	日本（2011年）
总资产	1 172.9	742.7	647.2	577.3	850.6	859.4	635.7
总负债	171.9	143.1	115.1	103.7	92.6	150.9	128.9
净资产	1 001.0	599.6	532.1	473.5	758.1	708.6	506.7

为了理解我国高负债与可支配收入比之谜，本部分将总负债与可支配收入比率又分解

[①] 美国为2007年和2012年数据，法国为2011年数据，意大利为2011年数据，英国为2012年数据，日本为2011年数据。数据来源为经济合作与发展组织（OECD）官方网站：Household wealth and indebtedness（EO95, May 2014）。http://www.oecd.org/statistics/。

为家庭财务杠杆和总资产更新速率两部分，如公式 7-1 所示。其中财务杠杆反映了家庭利用负债累积资产的能力，也反映了家庭的实际负债水平，该比率越高，则家庭负债的整体水平越高；总资产更新速率，则反映了家庭现在的实际可支配收入重置家庭资产的速率，该比率值越小，家庭的实际收入更新家庭资产的速率越快。但是，值得注意的是，总资产更新速率与家庭生命周期也相关，如新建家庭，有可能总资产并不高，但家庭可支配收入较高，则依然可得到较高的家庭资产更新率。

$$\frac{总负债}{可支配收入} = \frac{总负债}{总资产} \times \frac{总资产}{可支配收入} = 财务杠杆 \times 总资产更新速率 \quad (7-1)$$

如表 7-53 所示，对比 OECD 国家，我国高总负债与可支配收入比主要源于我国较慢的总资产更新速率。从我国家庭平均总资产更新速率来看，我国该比率为 11.7，表明我国家庭现有可支配收入水平更新重置家庭资产平均需要约 12 年时间，而美国只需要 6.5 年，英国则需要 8.6 年，法国 5.8 年，意大利 8.5 年，加拿大 5.9 年，日本 6.4 年。然而，从我国家庭财务杠杆来讲，我国家庭平均财务杠杆率为 0.2，美国、英国和法国同为 0.2，意大利为 0.1，加拿大为 0.3，日本为 0.2，这说明我国家庭利用债务累积资产的能力虽然接近 OECD 国家，但是依然有一定差距。相比之下，我国家庭的实际负债水平并不高。因此，通过分解总负债与可支配收入比，我们得知影响我国家庭偿债风险的因素并非我国家庭偿债水平，而是源于我国家庭的平均总资产更新速率。具体来讲，我国家庭的高偿债风险主要是由于我国家庭相对较低的收入水平所致。表 7-53 还显示了我国城镇和农村以及东、中、西部地区偿债风险也存在一定的差异。如表 7-54 所示，将公式 7-1 中的总资产替换为家庭净资产，得到的结果也一样。

表 7-53　　　　　　　　　　家庭偿债风险分解及国际比较①

指标	全国	城镇	农村	东部	中部	西部
总资产/可支配收入	11.7	14.8	8.6	12.4	12.2	15.2
总负债/总资产	0.2	0.1	0.2	0.1	0.2	0.1
总负债/可支配收入	1.7	1.9	1.4	1.6	1.9	2.0
	英国	美国	法国	意大利	加拿大	日本
总资产/可支配收入	8.6	6.5	5.8	8.5	5.9	6.4
总负债/总资产	0.2	0.2	0.2	0.1	0.3	0.2
总负债/可支配收入	1.5	1.2	1.0	0.9	1.6	1.3

① 美国为 2012 年数据，法国为 2011 年数据，意大利为 2011 年数据，英国为 2012 年数据，加拿大为 2012 年数据，日本为 2011 年数据。数据来源为经济合作与发展组织（OECD）官方网站：Household wealth and indebtedness（EO95, May 2014）。http://www.oecd.org/statistics/。

表 7-54　　　　　　　　　　家庭偿债风险分解及国际比较①

指标	全国	城镇	农村	东部	中部	西部
净资产/可支配收入	10.0	12.7	6.9	11.6	10.9	13.8
总负债/净资产	0.2	0.2	0.2	0.1	0.2	0.2
负债/可支配收入	1.7	1.9	1.4	1.6	1.9	2.0
	英国	美国	法国	意大利	加拿大	日本
净资产/可支配收入	7.1	5.3	4.7	7.6	4.3	5.1
净资产/负债	4.7	4.6	4.6	8.2	2.7	3.9
负债/可支配收入	1.5	1.2	1.0	0.9	1.6	1.3

① 同上。

8 家庭收入与支出

8.1 家庭收入

8.1.1 家庭收入概况

(1) 总收入

家庭总收入[①]包括工资性收入、农业收入、工商业收入、财产性收入和转移性收入。如图 8-1 所示，我国家庭户均总收入为 64 236 元，中位数为 36 440 元。分城乡看，城镇家庭户均总收入为 83 190 元，中位数为 49 200 元；农村家庭户均总收入为 38 715 元，中位数为 22 131 元，两者均不及城镇家庭的 50%。由此可见，我国城乡家庭的收入差异巨大。

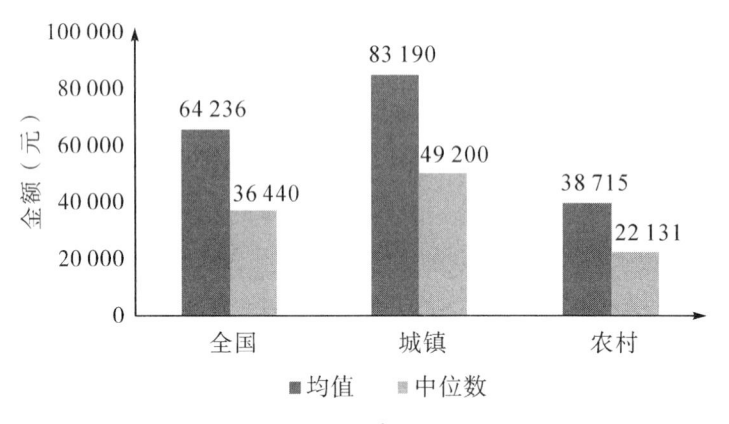

图 8-1 家庭总收入

如图 8-2 所示，分地区看，我国东、中、西部地区家庭户均收入分别为 81 439 元、47 027 元和 55 616 元，中位数则分别为 46 211 元、32 100 元、31 000 元，表明我国家庭收入呈现从东到西依次递减的特点。

---

① 本章在统计收入和支出的相关指标时剔除了样本离群值。

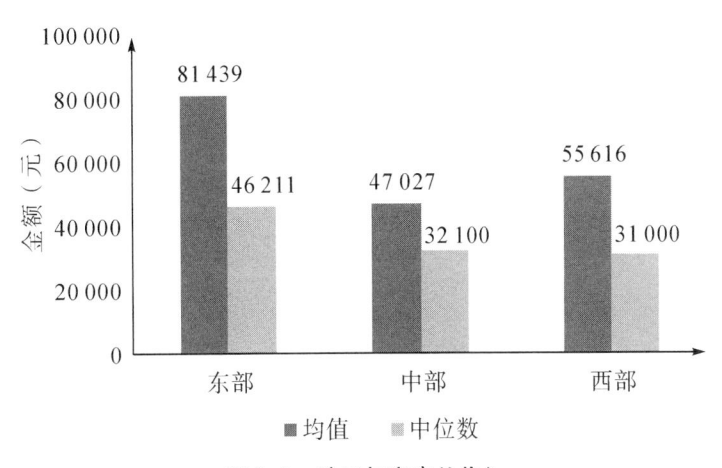

图 8-2　地区与家庭总收入

如图 8-3 所示，从户主学历看，总体而言，随着户主学历的提高，家庭总收入逐渐上升。户主没有上过学的家庭总收入最低，为 31 738 元，户主学历为高中的家庭总收入上升至 77 084 元，户主学历为大学的家庭总收入为 149 292 元，户主学历为硕士研究生的家庭总收入最高，为 415 353 元，但户主学历为博士研究生的家庭总收入明显低于前一组，为 258 219 元。

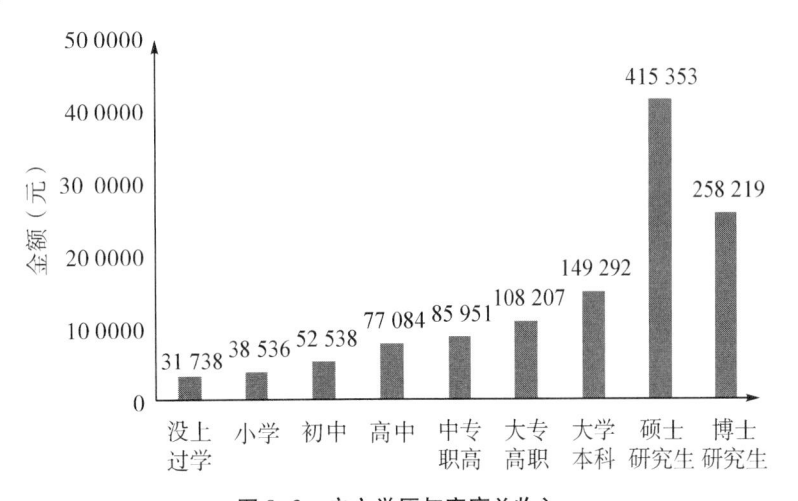

图 8-3　户主学历与家庭总收入

如图 8-4 所示，从户主年龄看，总体而言，户主年龄越大的家庭，总收入水平越低。户主为"50 后"的家庭总收入为 56 697 元，户主为"80 后"的家庭总收入最高，为 92 349 元，但是户主为"90 后"的家庭总收入明显低于前一组，为 68 537 元。

图 8-4 户主年龄与家庭总收入

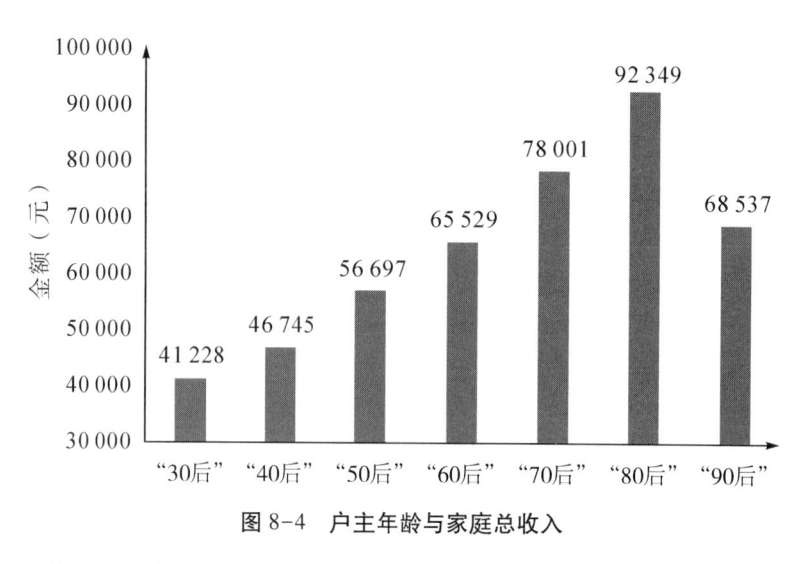

如图 8-5 所示，从户主政治面貌看，户主是党员的家庭，其户均收入为 95 502 元，中位数为 58 760 元，明显高于户主非党员家庭的 58 710 元、33 300 元。

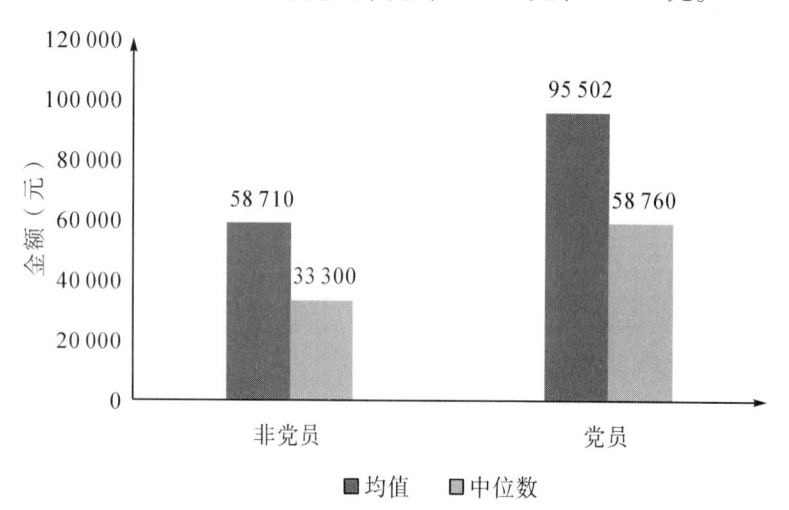

图 8-5 户主政治面貌与家庭总收入

（2）总收入结构

表 8-1 统计了家庭总收入的构成情况。从全国总体来看，家庭总收入中工资性收入、农业收入、工商业收入、财产性收入和转移性收入的均值分别为 30 909 元、5 425 元、11 318 元、2 251 元、14 332 元，占家庭总收入的比重依次为 48.3%、8.4%、17.6%、3.5%、22.2%。由此可见，家庭总收入中贡献最大的是工资性收入，占总收入的比重接近一半，其次是转移性收入和工商业收入。

分城乡看，工资性收入方面，城镇家庭工资性收入为 39 873 元，占总收入的比重为

47.9%，农村家庭工资性收入为 18 839 元，占总收入的比重为 48.7%。转移性收入方面，城镇家庭为 20 470 元，占比 24.6%，远远高于农村的 6 068 元、15.7%。由此可见，转移性收入在缩小城乡收入差距方面大有可为。工商业收入方面，城镇家庭为 16 528 元，占比 19.9%，明显高于农村的 4 304 元、11.1%，说明工商业收入是城镇家庭的重要收入来源。农业收入方面，城镇家庭仅为 2 810 元，占比 3.4%，明显低于农村的 8 946 元、23.1%，这意味着农业收入仍然是农村家庭总收入的主要构成部分。此外，财产性收入方面，城镇家庭为 3 508 元，占比 4.2%，高于农村的 559 元、1.4%，城镇家庭财产性收入相对更高。

表 8-1　　　　　　　　　　　家庭总收入结构

收入构成	全国 均值（元）	全国 比例（%）	城镇 均值（元）	城镇 比例（%）	农村 均值（元）	农村 比例（%）
工资性收入	30 909	48.3	39 873	47.9	18 839	48.7
农业收入	5 425	8.4	2 810	3.4	8 946	23.1
工商业收入	11 318	17.6	16 528	19.9	4 304	11.1
财产性收入	2 251	3.5	3 508	4.2	559	1.4
转移性收入	14 332	22.2	20 470	24.6	6 068	15.7
家庭总收入	64 236	100.0	83 190	100.0	38 715	100.0

表 8-2 统计了东、中、西部家庭总收入的构成情况。从工资性收入看，东部地区家庭该项收入为 40 816 元，明显高于中、西部家庭，占总收入比重为 50.1%，与中、西部家庭差异不大。从农业收入看，东部家庭该项收入的均值和占比均最低，依次为 4 210 元、5.2%，西部最高，依次为 7 244 元、13.0%。从工商业收入看，东部家庭该项收入的均值为 13 746 元，高于中、西部（6 450 元、9 831 元），占比为 16.9%，高于中部的 13.7%，但略低于西部的 17.7%。另外，从财产性收入及转移性收入看，东、西部家庭的相应均值和占比都要高于中部家庭。

表 8-2　　　　　　　　　　　地区与家庭总收入结构

收入构成	东部 均值（元）	东部 比例（%）	中部 均值（元）	中部 比例（%）	西部 均值（元）	西部 比例（%）
工资性收入	40 816	50.1	23 810	50.6	24 934	44.8
农业收入	4 210	5.2	5 225	11.1	7 244	13.0
工商业收入	13 746	16.9	6 450	13.7	9 831	17.7
财产性收入	3 753	4.6	835	1.8	1 690	3.0
转移性收入	18 913	23.2	10 707	22.8	11 917	21.5
家庭总收入	81 439	100.0	47 027	100.0	55 616	100.0

表8-3统计了拥有各项收入的家庭占比。全国所有样本家庭中，拥有工资性收入、农业收入、工商业收入、财产性收入和转移性收入的家庭占比分别为55.1%、43.5%、14.1%、24.0%和75.4%。分城乡看，城镇家庭中有工资性收入、工商业收入和财产性收入的比例分别为61.1%、17.7%和29.7%，均高于农村家庭；而有农业收入的比例为16.0%，远远低于农村家庭的80.7%。分地区看，东部家庭中有工资性收入、工商业收入和财产性收入的比例均高于中、西部家庭；而有农业收入的比例低于中、西部家庭。不管是分城乡还是分地区看，有转移性收入的家庭占比差异都不大。

表8-3　　　　　　　　拥有各项收入的家庭占比　　　　　　　　单位：%

收入构成	全国	城镇	农村	东部	中部	西部
工资性收入	55.1	61.1	46.9	58.8	52.8	52.4
农业收入	43.5	16.0	80.7	33.3	49.4	51.2
工商业收入	14.1	17.7	9.2	14.8	13.4	13.8
财产性收入	24.0	29.7	16.4	29.8	19.2	21.3
转移性收入	75.4	77.1	73.1	75.5	75.0	75.7

表8-4、表8-5统计了不同收入组[①]家庭总收入的构成情况。可以看到，低收入组家庭总收入为负值，工商业收入、农业收入、财产性收入均为负值，工商业及农业生产经营亏损是导致低收入家庭总收入为负的主要原因。较低收入组家庭总收入为17 287元，主要来自工资性收入、转移性收入和农业收入，其占比分别为38.2%、27.4%和26.7%；中等收入组家庭总收入均值为36 847元，主要来自工资性收入、转移性收入和农业收入，其占比分别为53.6%、25.3%和13.2%；较高收入组家庭总收入均值为63 959元，主要来自工

表8-4　　　　　　　　不同收入组的家庭总收入结构　　　　　　　　单位：元

收入构成	低收入组	较低收入组	中等收入组	较高收入组	高收入组
工资性收入	859	6 629	19 745	36 906	90 594
农业收入	-2 559	4 609	4 878	5 176	15 048
工商业收入	-6 400	995	2 385	4 410	55 257
财产性收入	-739	323	525	1 510	9 650
转移性收入	1 646	4 731	9 314	15 956	40 095
家庭总收入	-7 193	17 287	36 847	63 959	210 644

① 按家庭收入分位数0~20%、21%~40%、41%~60%、61%~80%、81%~100%将所有样本家庭分为低收入、较低收入、中等收入、较高收入、高收入五个样本组。

资性收入及转移性收入，其占比分别为 57.7%、24.9%；高收入组家庭总收入 210 644 元，主要来自工资性收入、工商业收入和转移性收入，其占比分别为 43.1%、26.2% 和 19.0%。

此外，不难发现，随着家庭收入的提高，农业收入、转移性收入占比均逐渐下降；而财产性收入及工商业收入占比则逐渐增加。

表 8-5　　　　　　　　　不同收入组的家庭总收入结构　　　　　　　　　单位:%

收入构成	较低收入组	中等收入组	较高收入组	高收入组
工资性收入	38.2	53.6	57.7	43.1
农业收入	26.7	13.2	8.1	7.1
工商业收入	5.8	6.5	6.9	26.2
财产性收入	1.9	1.4	2.4	4.6
转移性收入	27.4	25.3	24.9	19.0
家庭总收入	100.0	100.0	100.0	100.0

备注：由于低收入家庭多项收入为负，所以对该组家庭总收入结构（比例）未讨论。

表 8-6 统计了各收入组中拥有各项收入的家庭占比。从工资性收入看，低收入组家庭中仅 8.3% 有工资性收入，而较低收入组家庭有该项收入的比例大幅提高至 43.8%，高收入组家庭相应比例则高达 79.7%。从农业收入看，低收入组和较低收入组家庭有该项收入的比例相对较高，分别为 55.8%、59.1%，其余三组家庭有该项收入的家庭占比依次下降，高收入组家庭仅 23.9% 有农业收入。从工商业收入、财产性收入、转移性收入看，收入越高的家庭组，有相关收入的家庭占比越高，低收入组有三项收入的家庭占比依次为 8.9%、11.6%、70.0%，高收入组则依次为 24.7%、42.2%、81.3%。

表 8-6　　　　　　　不同收入组拥有各项收入的家庭占比　　　　　　　单位:%

收入构成	低收入组	较低收入组	中等收入组	较高收入组	高收入组
工资性收入	8.3	43.8	68.4	75.4	79.7
农业收入	55.8	59.1	43.9	35.1	23.9
工商业收入	8.9	11.1	12.1	13.8	24.7
财产性收入	11.6	17.3	20.9	28.3	42.2
转移性收入	70.0	74.1	74.8	77.2	81.3

8.1.2 工资性收入

家庭工资性收入包括税后工资、税后奖金、税后补贴，本节内容仅涉及有工资性收入的家庭。

（1）工资性收入水平

如图8-6所示，我国家庭户均工资性收入为56 140元，中位数为39 600元。城镇家庭户均工资性收入为65 208元，中位数为45 600元；农村家庭户均工资性收入为40 206元，中位数为30 000元，均低于城镇家庭相应水平。

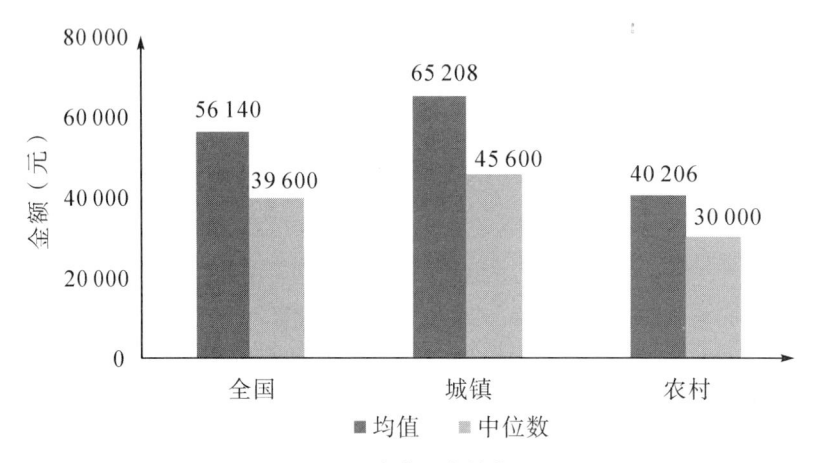

图8-6 家庭工资性收入

如图8-7所示，分地区看，我国东、中、西部地区家庭户均工资性收入分别为69 379元、45 114元和47 624元，中位数则分别为46 900元、35 000元、36 000元，东部地区家庭工资性收入明显高于中、西部地区。

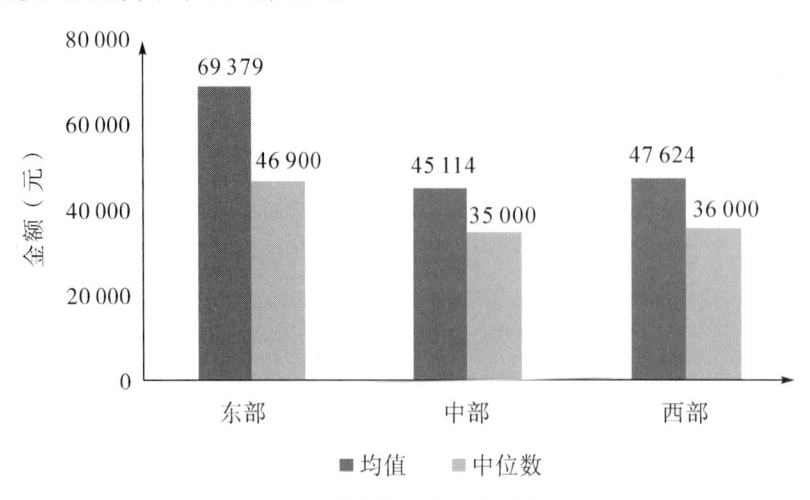

图8-7 地区与家庭工资性收入

如图 8-8 所示，从户主学历看，总体而言，随着户主学历的提高，家庭工资性收入逐渐上升。户主没有上过学的家庭工资性收入最低，为 35 663 元；户主学历为硕士研究生的家庭工资性收入最高，达到了 214 297 元。

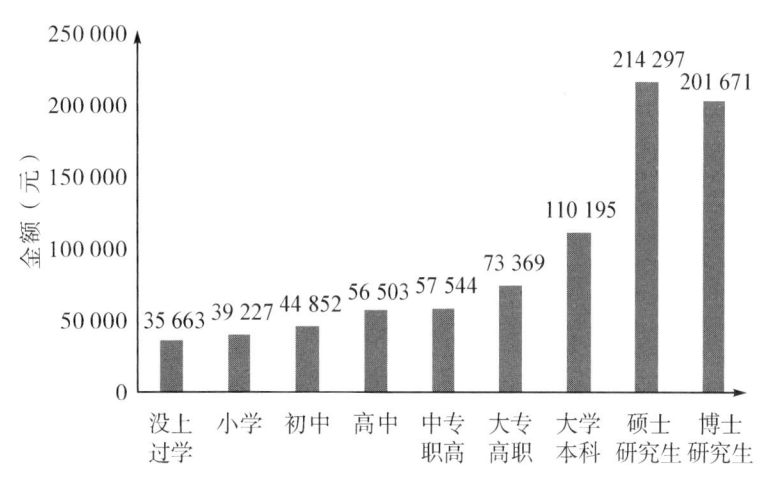

图 8-8　户主学历与家庭工资性收入

（2）工资性收入结构

表 8-7 统计了家庭工资性收入的构成情况。工资性收入中税后工资、税后奖金和税后补贴的均值分别为 49 386 元、5 462 元和 1 292 元，在工资性收入中的占比分别为 88.0%、9.7%、2.3%，说明工资性收入中绝大部分为税后工资。

分城乡看，城镇家庭税后工资为 55 624 元，高于农村的 38 424 元，其占工资性收入比重为 85.3%，低于农村的 95.6%；城镇家庭税后奖金及税后补贴分别为 7 785 元和 1 799 元，均高于农村家庭的 1 381 元和 401 元，占工资性收入的比重依次为 11.9%、2.8%，均高于农村的 3.4%、1.0%。

表 8-7　家庭工资性收入结构

收入构成	全国 均值（元）	全国 比例（%）	城镇 均值（元）	城镇 比例（%）	农村 均值（元）	农村 比例（%）
税后工资	49 386	88.0	55 624	85.3	38 424	95.6
税后奖金	5 462	9.7	7 785	11.9	1 381	3.4
税后补贴	1 292	2.3	1 799	2.8	401	1.0
工资总收入	56 140	100.0	65 208	100.0	40 206	100.0

表 8-8 统计了东、中、西部家庭工资性收入的构成情况。东部家庭税后工资为 60 035 元，高于中、西部地区，但占工资性收入的比重为 86.5%，低于中、西部地区。东部地区

家庭税后奖金、税收补贴分别为7 703元、1 642元，占工资性收入的比重分别为11.1%、2.4%，均高于中、西部地区家庭相应数值。

表8-8　　　　　　　　　　　地区与家庭工资性收入结构

收入构成	东部 均值（元）	东部 比例（%）	中部 均值（元）	中部 比例（%）	西部 均值（元）	西部 比例（%）
税后工资	60 035	86.5	40 797	90.4	42 251	88.7
税后奖金	7 703	11.1	3 428	7.6	4 193	8.8
税后补贴	1 642	2.4	889	2.0	1 180	2.5
工资总收入	69 379	100.0	45 114	100.0	47 624	100.0

表8-9统计了有工资性收入的家庭中获得奖金或补贴的比例。从全国来看，有奖金和补贴的家庭占比分别为36.3%、23.8%。分城乡看，城镇家庭中有奖金和补贴的比例分别为44.6%、29.5%，明显高于农村的21.7%、13.7%。分地区看，东部地区家庭有奖金和补贴的比例分别为41.1%、27.2%，比中、西部地区家庭相应比例都要高。

表8-9　　　　　有工资性收入家庭获得奖金、补贴的比例　　　　　　单位:%

项目	全国	城镇	农村	东部	中部	西部
税后奖金	36.3	44.6	21.7	41.1	32.6	32.9
税后补贴	23.8	29.5	13.7	27.2	20.3	22.2

图8-9统计了各户主学历组家庭中有奖金收入的比例。总体来看，随着户主学历的上升，有奖金收入的家庭占比逐渐提高。对于有工资性收入的家庭而言，户主没有上过学的获得税后奖金的比例仅为3.5%，户主学历为高中的获得税后奖金的比例上升至8.7%，户主学历为博士研究生的相应比例达到了21.7%。

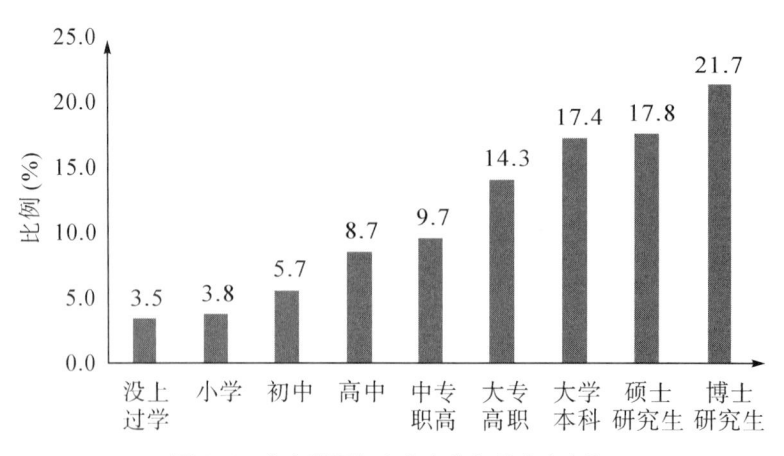

图8-9　户主学历与有奖金收入的家庭占比

8.1.3 农业收入

家庭农业收入指家庭从事农业生产经营所获得的净收入，即农业毛收入减去农业生产成本，再加上从事农业生产经营获得的食物补贴和货币补贴。农业生产成本包括家庭因农业生产经营而产生的雇佣成本及其他成本，本节内容仅涉及有农业收入的家庭。

由表 8-10 可知，就全国总体而言，家庭农业生产经营获得毛收入为 24 250 元，农业生产成本为 12 566 元，农业生产净收入为 12 460 元，农业生产成本率（生产成本除以毛收入）为 51.8%。分城乡看，城镇家庭农业毛收入、生产成本、净收入依次为 39 039 元、23 326 元、17 594 元，相应的成本率为 59.7%；农村家庭则为 20 307 元、9 697 元、11 091 元，均低于城镇相应数据，农村成本率为 47.8%，也较城镇更低。

分地区看，东部地区农业毛收入、生产成本、净收入依次为 30 027 元、18 728 元、12 632 元，前两者均高于中、西部地区，后者高于中部地区的 10 572 元，但低于西部地区的 14 162 元；东部地区农业生产成本率为 62.4%，依次高于中部地区的 53.8%、西部地区的 37.5%。

表 8-10　　　　　　　　　　家庭农业生产经营收入概况

区位	毛收入（元）	生产成本（元）	净收入（元）	成本率（%）
全国	24 250	12 566	12 460	51.8
城镇	39 039	23 326	17 594	59.7
农村	20 307	9 697	11 091	47.8
东部	30 027	18 728	12 632	62.4
中部	21 339	11 484	10 572	53.8
西部	22 095	8 283	14 162	37.5

注：净收入包括农业生产补贴，毛收入未包括。

8.1.4 工商业收入

工商业收入是指家庭从事工商业经营项目所获得的净收入，本节内容仅涉及有工商业收入的家庭。

图 8-10 统计了家庭工商业收入的情况。就全国总体而言，家庭工商业收入均值为 80 414 元，中位数为 24 000 元。分城乡看，城镇家庭工商业收入均值为 93 553 元，中位数为 25 000 元；农村家庭工商业收入均值为 46 585 元，中位数为 20 000 元。可以看到，城镇家庭工商业收入均值约为农村家庭的 2 倍。

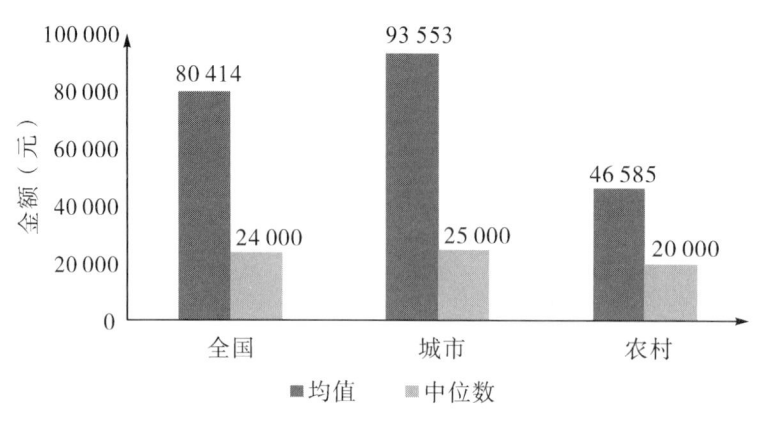

图 8-10　家庭工商业收入

如图 8-11 所示，分地区看，东部地区工商业收入均值为 92 636 元，中位数为 30 000 元；中部地区工商业收入均值为 48 154 元，中位数为 20 000 元；西部地区工商业收入均值为 71 527 元，中位数为 20 000 元。从均值来看，工商业收入东部最高，西部次之，中部最低，且东部地区工商业收入均值约为中部地区的 2 倍。从中位数来看，中、西部工商业收入持平，东部地区最高。

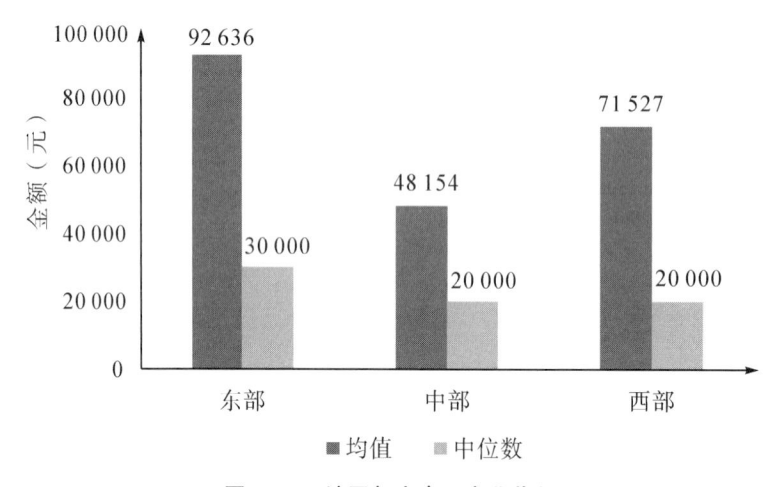

图 8-11　地区与家庭工商业收入

如图 8-12 所示，从户主学历看，总体而言，随着户主学历的提升，家庭工商业收入逐渐增加。户主没有上过学的家庭工商业收入最低，仅为 22 924 元；户主学历为高中的家庭，工商业收入提升至 110 372 元；户主学历为硕士研究生的家庭，工商业收入则达到了 189 331 元。

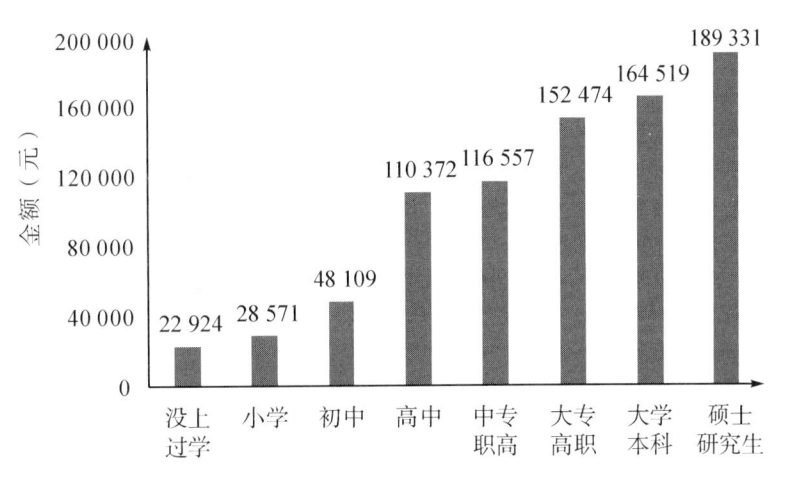

图 8-12　户主学历与家庭工商业收入

表 8-11 统计了不同行业工商业的盈亏比例及工商业收入情况。工商业盈利占比排在

表 8-11　　　　　　　　行业分布与工商业盈亏及工商业收入

行业	工商业收入（元） 均值	中位数	工商业盈亏（%） 盈利比例	亏损比例
房地产业	1 747 242	100 000	81.5	4.7
金融业	444 939	100 000	59.3	0.0
采矿业	297 271	75 000	62.7	25.3
电力、煤气及水的生产和供应业	210 111	35 000	77.7	8.4
建筑业	152 588	36 000	73.1	9.9
信息传输、计算机服务和软件业	122 451	30 000	68.6	11.8
制造业	119 243	40 000	77.3	8.1
科学研究、技术服务和地质勘察业	95 657	6 000	56.0	10.7
文化、体育和娱乐业	93 384	30 000	85.9	2.9
租赁和商务服务业	82 787	20 000	83.5	3.8
水利、环境和公共设施管理业	69 867	8 000	53.2	14.3
卫生、社会保障和社会福利业	60 968	30 000	88.1	3.1
交通运输、仓储及邮政业	58 247	25 000	81.7	5.2
批发和零售业	56 762	20 000	77.3	6.0
居民服务和其他服务业	55 887	20 000	82.4	2.7
住宿和餐饮业	35 225	30 000	80.9	6.1
教育业	32 315	20 000	65.9	8.7
其他	72 805	30 000	67.6	16.0
总体	80 414	24 000	78.2	6.2

前五位的行业分别是卫生、社会保障和社会福利业，文化、体育和娱乐业，租赁和商务服务业，居民服务和其他服务业，交通运输仓储及邮政业，盈利占比分别为88.1%、85.9%、83.5%、82.4%、81.7%；排在后五位的行业分别是教育业，采矿业，金融业，科学研究、技术服务和地质勘察业，水利、环境和公共设施管理业，盈利占比分别为65.9%、62.7%、59.3%、56.0%、53.2%。

进一步看工商业收入情况，工商业收入均值排在前五位的行业分别是：房地产业、金融业、采矿业、电力、煤气及水的生产和供应业以及建筑业，其均值分别为：174.7万元、44.5万元、29.7万元、21.0万元和15.3万元；排在后五位的行业分别为交通运输、仓储及邮政业，批发和零售业，居民服务业和其他服务业，住宿和餐饮业以及教育业，其均值分别为5.8万元、5.7万元、5.6万元、3.5万元和3.2万元。

如表8-12所示，从工商业生产经营动机看，因"从事工商业能挣得更多"而参与工商业生产经营的盈利比例最高，为81.5%；其次是"更灵活，自由自在"，为79.8%；因"找不到其他工作"而从事工商业的盈利比例最低，为73.2%。进一步看不同经营动机下的工商业收入高低，因"想自己当老板"而从事工商业的家庭，工商业收入均值和中位数均最高，分别为162 406元、40 000元；其次是"从事工商业能挣得更多"，相应均值和中位数依次为100 972元、35 000元；因"找不到其他工作"而从事工商业的家庭，其工商业收入均值和中位数都最低，分别为29 668元、12 000元。不难看出，出于"想自己当老板"、"从事工商业能挣得更多"之类的原因而主动从事工商业的家庭盈利比例相对较高，也能获得较多的工商业收入。

表8-12　　　　　　　　经营动机与工商业盈亏及工商业收入

经营动机	工商业盈亏（%）		工商业收入（元）	
	盈利比例	亏损比例	均值	中位数
从事工商业能挣得更多	81.5	8.5	100 972	35 000
更灵活，自由自在	79.8	4.7	69 094	25 000
想自己当老板	75.8	7.9	162 406	40 000
找不到其他工作	73.2	5.5	29 668	12 000
其他	79.0	5.7	73 913	15 000

8.1.5 财产性收入

财产性收入主要包括金融资产收入、房屋土地出租收入以及汽车保险理赔收入。其中，金融资产收入包括定期存款利息收入、股票差价或分红收入、债券投资获得的收入、基金差价或分红收入、金融衍生产品投资收入、金融理财产品获得的收入、非人民币资产投资获得的收入和黄金投资获得的收入等。房屋土地出租收入包括土地出租获得的租金及土地分红、房屋出租获得的租金和商铺出租的租金收入等。本节内容仅涉及有财产性收入家庭。

（1）财产性收入水平

如图 8-13 所示，全国家庭的财产性收入均值为 9 370 元，中位数为 2 000 元。分城乡看，城镇家庭的财产性收入均值为 11 822 元，中位数为 3 000 元；农村家庭的财产性收入均值为 3 401 元，中位数为 800 元。可以看到，城镇家庭的财产性收入均值和中位数均为农村家庭的 3 倍左右，说明农村家庭财产性收入相对较低。

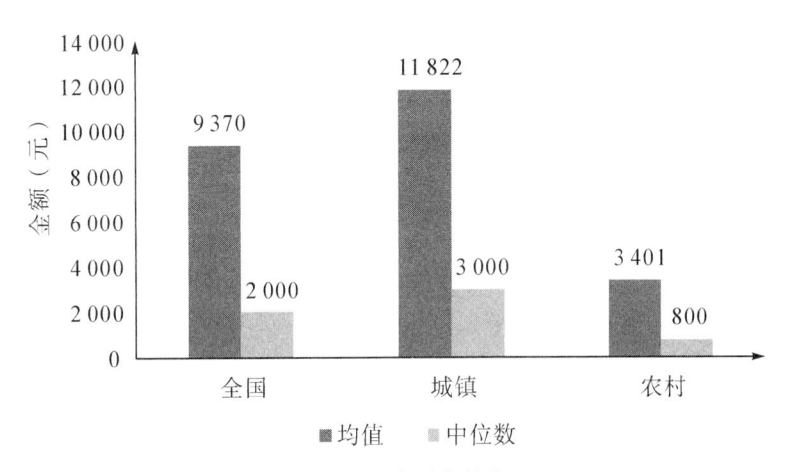

图 8-13　家庭财产性收入

如图 8-14 所示，分地区看，我国东、中、西部地区家庭的财产性收入均值分别为 12 594 元、4 355 元和 7 948 元，中位数则分别为 2 000 元、1 500 元和 1 750 元。东部地区家庭的财产性收入均值远高于中、西部地区，但中位数相差不大。

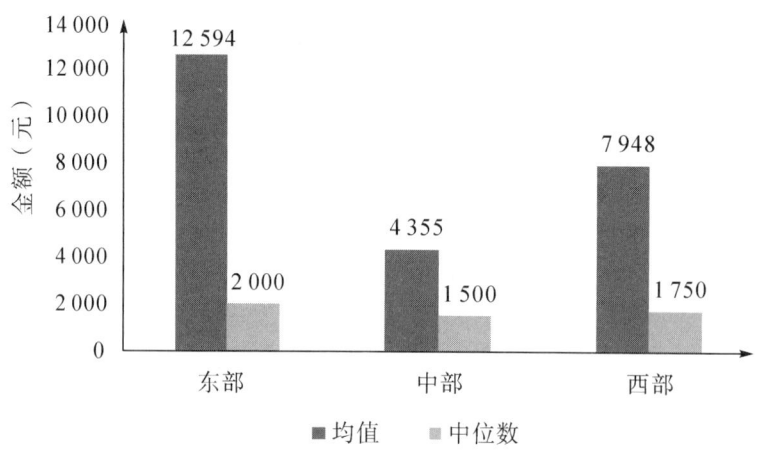

图 8-14 地区与家庭财产性收入

(2) 财产性收入结构

表 8-13 统计了家庭财产性收入的构成情况。家庭财产性收入中金融资产收入、房屋土地出租收入以及汽车保险理赔收入的均值分别为 3 286 元、5 678 元和 405 元,占财产性收入的比重分别为 35.1%、60.6% 和 4.3%。由此可见,财产性收入中贡献最大的是房屋土地出租收入,特别是房租收入,是家庭财产性收入的主要来源。

分城乡看,金融资产收入方面,城镇家庭该项收入均值为 4 355 元,远远高于农村家庭的 685 元,占财产性收入的比重为 36.9%,同样高于农村的 20.2%。房屋土地出租收入方面,城镇家庭的房屋土地出租收入总计为 6 978 元,高于农村的 2 514 元;占财产性收入的比重为 59.0%,低于农村的 73.9%。进一步地,城镇家庭房租收入占财产性收入的比重为 55.8%,高于农村的 44.6%,城镇家庭土地出租收入占财产性收入的比重仅为 3.2%,远低于农村的 29.3%。

表 8-13 家庭财产性收入结构

财产性收入构成	全国		城镇		农村	
	均值(元)	比例(%)	均值(元)	比例(%)	均值(元)	比例(%)
金融资产收入	3 286	35.1	4 355	36.9	685	20.2
房屋土地出租	5 678	60.6	6 978	59.0	2 514	73.9
地租收入	560	6.0	380	3.2	998	29.3
房租收入	5 118	54.6	6 598	55.8	1 516	44.6
汽车保险理赔	405	4.3	489	4.1	202	5.9
财产性收入	9 370	100.0	11 822	100.0	3 401	100.0

如表 8-14 所示，分地区看，金融资产收入方面，东部地区家庭该项收入的均值为 6 157 元，远远高于中、西部地区，占财产性收入的比重达到了 48.9%，明显高于西部地区的 13.9%，表明东部地区家庭投资理财意识更强。房屋土地出租收入方面，东部地区该项收入均值为 5 953 元，高于中部地区的 4 306 元，略低于西部地区的 6 421 元，占财产性收入的比重为 47.3%，相对比中、西部地区低。

表 8-14　　　　　　　　　　地区与家庭财产性收入结构

财产性收入构成	东部 均值（元）	东部 比例（%）	中部 均值（元）	中部 比例（%）	西部 均值（元）	西部 比例（%）
金融资产收入	6 157	48.9	−180	—	1 108	13.9
房屋土地出租	5 953	47.3	4 306	98.9	6 421	80.8
地租收入	380	3.0	796	18.3	679	8.5
房租收入	5 573	44.3	3 510	80.6	5 742	72.2
汽车保险理赔	484	3.8	230	5.3	420	5.3
财产性收入	12 594	100.0	4 355	100.0	7 948	100.0

8.1.6　转移性收入

转移性收入包括关系性收入、征地拆迁补贴、政府补贴（非农业）、退休养老收入、保险收入及其他收入。其中，关系性收入包括春节和中秋节等节假日收入、红白喜事收入、教育费、医疗费、生活费、继承遗产和其他收入等；征地拆迁补贴主要包括房屋拆迁的货币补偿、房屋拆迁时的房屋补偿（当时的价值）、土地征收的货币补偿金额；政府补贴包括特困户补助金、独生子女奖励金、"五保户"补助金、抚恤金、救济金、赈灾款、食物补贴、退耕还林等；其他收入包括博彩收入，出售房屋、汽车、知识产权收入，辞退金，打牌打麻将收入等。本节内容仅涉及有转移性收入的家庭。

（1）转移性收入水平

图 8-15 统计了家庭转移性收入情况。就全国总体而言，家庭转移性收入的均值为 19 009 元，中位数为 3 420 元。分城乡看，城镇家庭转移性收入均值为 26 541 元，中位数为 10 000 元；农村家庭转移性收入均值为 8 305 元，中位数为 1 920 元，均低于城镇家庭。

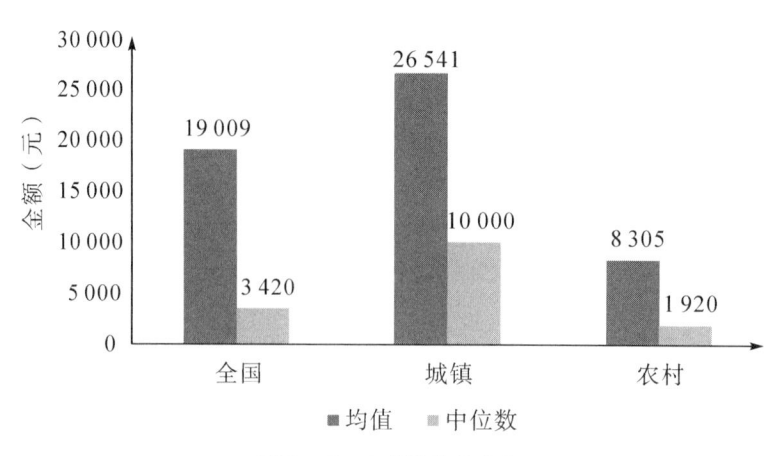

图 8-15　家庭转移性收入

如图 8-16 所示，分地区看，我国东、中、西部地区家庭的转移性收入均值分别为 25 052 元、14 282 元和 15 743 元，中位数则分别为 5 000 元、3 000 元、2 660 元，东部地区家庭转移性收入的均值和中位数均高于中西部地区。

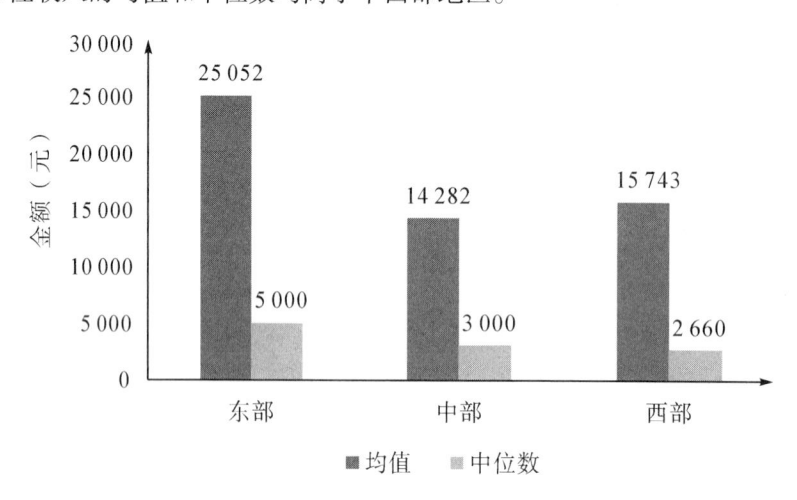

图 8-16　地区与家庭转移性收入

（2）转移性收入结构

表 8-15 统计了家庭转移性收入的构成情况。转移性收入中退休养老收入、征地拆迁补贴、关系收入、保险收入、政府补贴（非农业）及其他收入的均值分别为 10 474 元、3 157 元、2 826 元、1 116 元、429 元和 1 008 元，占转移性收入的比重分别为 55.1%、16.6%、14.9%、5.9%、2.3% 和 5.2%。由此可见，转移性收入中贡献最大的是退休养老收入，其次是征地拆迁补贴和关系收入。

分城乡看，退休养老收入方面，城镇家庭该项收入的均值为 15 967 元，远高于农村家庭的 2 666 元，占转移性收入的比重为 60.2%，明显高于农村的 32.1%，说明退休养老收入是城镇家庭转移性收入的主要构成部分。征地拆迁补贴和关系收入方面，城镇家庭这两项收入均略高于农村家庭，但占比分别为13.2%、12.8%，依次低于农村家庭的32.0%、24.3%，说明除养老保险收入之外，这两项收入也是农村家庭转移性收入的重要组成部分。保险收入方面，城镇家庭该项收入均值为1 834元，远高于农村家庭的97元，占转移性收入的比重仅为6.9%，但仍高于农村的1.2%。政府补贴收入方面，城乡家庭的差异不大，分别为387元、488元，但城镇家庭该项收入占转移性收入的比重为1.5%，明显低于农村的5.9%。

表8-15　　　　　　　　　　　　家庭转移性收入结构

转移性收入构成	全国 均值（元）	全国 比例（%）	城镇 均值（元）	城镇 比例（%）	农村 均值（元）	农村 比例（%）
退休养老收入	10 474	55.1	15 967	60.2	2 666	32.1
征地拆迁补贴	3 157	16.6	3 511	13.2	2 655	32.0
关系收入	2 826	14.9	3 394	12.8	2 018	24.3
保险收入	1 116	5.9	1 834	6.9	97	1.2
政府补贴	429	2.3	387	1.5	488	5.9
其他收入	1 008	5.2	1 448	5.4	381	4.5
总转移性收入	19 009	100.0	26 541	100.0	8 305	100.0

分地区看，退休养老收入方面，东部地区家庭的均值为14 381元，远高于中西部地区，占转移性收入的比重为57.5%，与中、西部家庭差异不大。征地拆迁补贴收入方面，东部地区家庭的均值为4 126元，高于中部地区的1 558元和西部地区的3 479元，占转移性收入的比重为16.5%，高于中部的10.9%但低于西部的22.1%。关系收入方面，东部地区家庭的均值为3 045元，略高于中、西部地区，占转移性收入的比重为12.1%，比中、西部家庭都要低。

表8-16　　　　　　　　　　　地区与家庭转移性收入结构

转移性收入构成	东部 均值（元）	东部 比例（%）	中部 均值（元）	中部 比例（%）	西部 均值（元）	西部 比例（%）
退休养老收入	14 381	57.5	8 160	57.1	7 614	48.4
征地拆迁补贴	4 126	16.5	1 558	10.9	3 479	22.1
关系收入	3 045	12.1	2 755	19.3	2 606	16.6
保险收入	1 743	7.0	630	4.4	773	4.9
政府补贴	380	1.5	395	2.8	529	3.4
其他收入	1 378	5.4	784	5.5	742	4.6
总转移性收入	25 052	100.0	14 282	100.0	15 743	100.0

(3) 征地拆迁补贴

图 8-17 统计了有征地拆迁补贴收入家庭的该项收入情况。从全国总体来看，征地拆迁补贴收入的均值为 179 381 元，中位数为 48 000 元。分城乡看，城镇家庭征地拆迁补贴收入的均值为 232 226 元，中位数为 90 000 元；农村家庭征地拆迁补贴均值为 125 647 元，中位数为 30 000 元，远远低于城镇家庭。

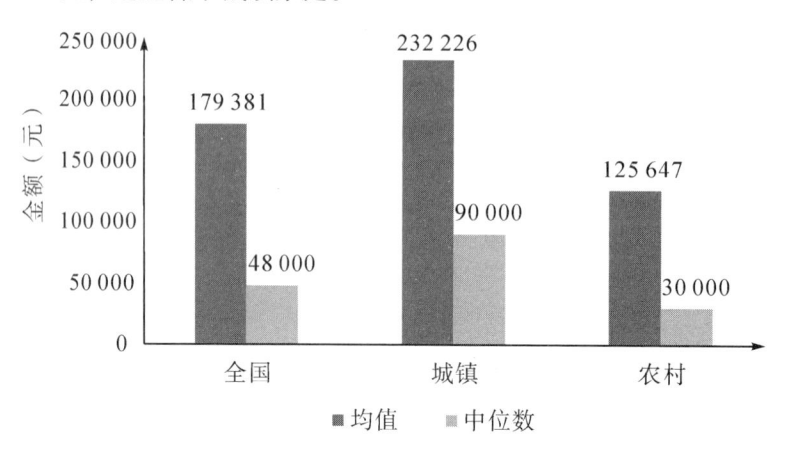

图 8-17　家庭因征地拆迁获得的补贴收入

如图 8-18 所示，分地区看，我国东、中、西部地区家庭征地拆迁补贴收入均值分别为 225 517 元、130 944 元和 155 251 元，中位数则分别为 30 000 元、60 000 元、71 000 元，可以看到东部家庭该项收入均值高于中、西部家庭，但中位数相对较低。

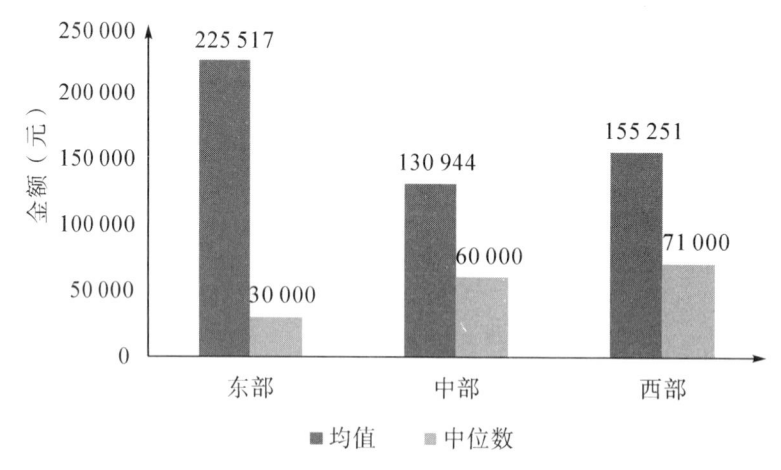

图 8-18　地区与家庭因征地拆迁获得的补贴收入

(4) 政治面貌与家庭转移性收入

如图 8-19 所示，户主为党员的家庭，其转移性收入的均值和中位数分别为 31 292 元、16 200 元；户主非党员的家庭，其转移性收入的均值和中位数则分别为 16 646 元、

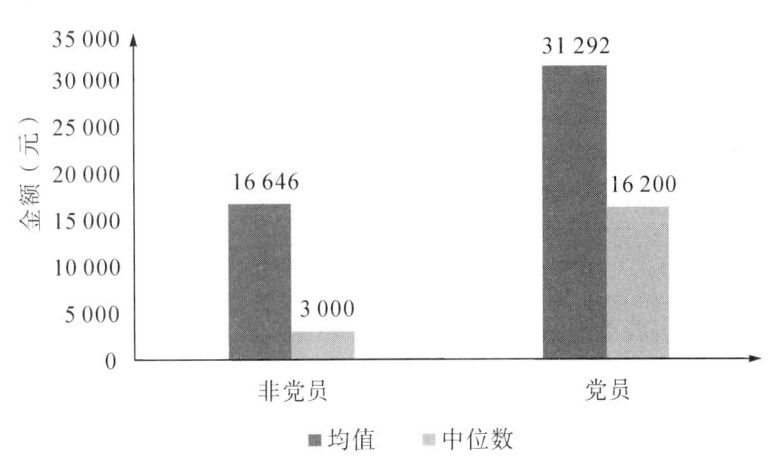

3 000 元，均低于户主为党员的家庭。

图 8-19　户主政治面貌与家庭转移性收入

表 8-17 进一步统计了不同政治面貌家庭的转移性收入结构差异。退休养老收入方面，户主为党员的家庭有该项收入的比例为 80.4%，高于户主非党员的 73.6%；该项收入的均值为 22 103 元，明显高于户主非党员的 8 236 元；占转移性收入的比重为 70.6%，明显高于户主非党员的 49.5%。征地拆迁补贴收入方面，户主为党员的家庭有该项收入的比例为 0.8%，低于户主非党员的 1.4%，其均值及占财产性收入比重也都明显低于户主非党员家庭。关系收入方面，户主为党员的家庭有该项收入的比例达到了 50.1%，明显高于户主非党员的 48.7%，该项收入的均值为 3 422 元，高于户主非党员的 2 711 元。

表 8-17　　　　　　　　　户主政治面貌与家庭转移性收入结构

转移性收入构成	非党员 有各项收入比例（%）	非党员 均值（元）	非党员 占比（%）	党员 有各项收入比例（%）	党员 均值（元）	党员 占比（%）
退休养老收入	73.6	8 236	49.5	80.4	22 103	70.6
征地拆迁补贴	1.4	3 547	21.3	0.8	1 132	3.6
关系收入	48.7	2 711	16.3	50.1	3 422	10.9
保险收入	12.0	824	5.0	18.9	2 634	8.4
政府补贴	19.0	452	2.7	15.9	307	1.0
其他收入	3.4	876	5.2	4.1	1 694	5.5
总转移性收入	74.4	16 646	100.0	81.0	31 292	100.0

专题 8-1　收入差距与基尼系数

表 8-18 统计了家庭总收入的均值在各百分位的数值。可以看到，在 25、50、75、90、95 分位数上均为城镇家庭收入高于农村家庭。同时，随着分位数的增大，城乡家庭的收入差距不断加大。

分地区看，在 25 分位数上，东、中、西部地区家庭总收入分别为 17 990 元、11 620 元、9 860 元，呈现出由东至西总收入逐渐递减的规律；在 50 分位数上，中、西部地区收入差距在缩小；在 75 分位数上，西部地区收入高于中部地区；随后的 90 分位数及 95 分位数，西部地区收入均高于中部地区，但均低于东部地区。总之，随着分位数的增大，东部与中、西部的收入差距不断加大，中、西部地区之间的收入差距先减小再不断加大。

表 8-18　家庭总收入均值及分位数　　　　　　　　　　　　单位：元

区位	均值	25 分位数	50 分位数	75 分位数	90 分位数	95 分位数
全国	64 236	12 500	36 440	72 090	127 050	188 000
城镇	83 190	22 500	49 200	90 040	155 600	241 300
农村	38 715	6 900	22 131	49 100	85 000	118 500
东部	81 439	17 990	46 211	90 400	162 000	254 700
中部	47 027	11 620	32 100	61 300	103 001	139 600
西部	55 616	9 860	31 000	61 600	108 000	155 110

基尼系数是经济学中用于衡量居民收入差距的常用指标，基尼系数越大，说明居民收入差距越大。此处基尼系数仅考虑相应样本区间收入为正值的家庭。如表 8-19 所示，若采用基本算法，就全国总体而言，基尼系数为 0.61，表明全国家庭收入差距较大，主要来源于工资收入、工商业收入和转移性收入，其占比分别为 44.2%、25.4% 和 21.1%，因此调节工资收入对于缩小全国收入差距至关重要。

分城乡看，城镇基尼系数为 0.58，其收入差距也主要来源于工资收入、工商业收入和转移性收入；农村家庭收入的基尼系数为 0.59，其收入差距主要来源于工资收入、农业收入和工商业收入，其占比分别为 51.5%、20.1%、15.9%。

分地区看，东、中、西部地区基尼系数分别为 0.60、0.55 和 0.64，表明西部地区家庭收入差距大于东部地区，而中部地区家庭收入差距最小。另外，从收入差距来源可知，农业收入、工商业收入占比由东至西逐渐增加，转移性收入占比则逐渐递减。

若采取扩展算法（在计算基尼系数的过程中剔除包括退休金、社保、政府补贴在内的政府转移性收入），可以看到，基尼系数普遍上升。就全国总体而言，基尼系数由 0.61 变为 0.65。分城乡来看，城镇基尼系数上升为 0.65，农村基尼系数上升为 0.61；分地区看，东、中、西部地区家庭基尼系数依次上升为 0.65、0.59、0.68。不难发现，政府转移性收入在调节家庭收入差距方面作用明显，特别是对于城镇家庭收入差距的调节作用高于农村，政府应进一步加大对农村家庭的转移性收入，有利于缩小家庭收入差距。

表 8-19　　　　　　　　　　家庭收入的基尼系数及其来源分解

区位	基尼系数（基本算法）	基尼系数（扩展算法）	工资收入（%）	农业收入（%）	工商业收入（%）	转移性收入（%）
全国	0.61	0.65	44.2	4.4	25.4	21.1
城镇	0.58	0.65	42.1	3.1	28.1	21.0
农村	0.59	0.61	51.5	20.1	15.9	11.2
东部	0.60	0.65	46.4	3.5	21.7	21.9
中部	0.55	0.59	46.4	5.4	25.2	19.9
西部	0.64	0.68	37.3	6.8	34.6	18.2

如图 8-20 所示，从户主学历看，总体而言，户主学历越高的样本家庭组，其家庭收入的基尼系数越小，收入差距越小。户主没上过小学的样本组，基尼系数最大，为 0.65；户主学历为中专（职高）的样本组，基尼系数为 0.52；户主学历为博士研究生的样本组，基尼系数最小，为 0.47。由此可见，加大国民教育的投入，提升居民学历层次，也有助于缩小收入差距。

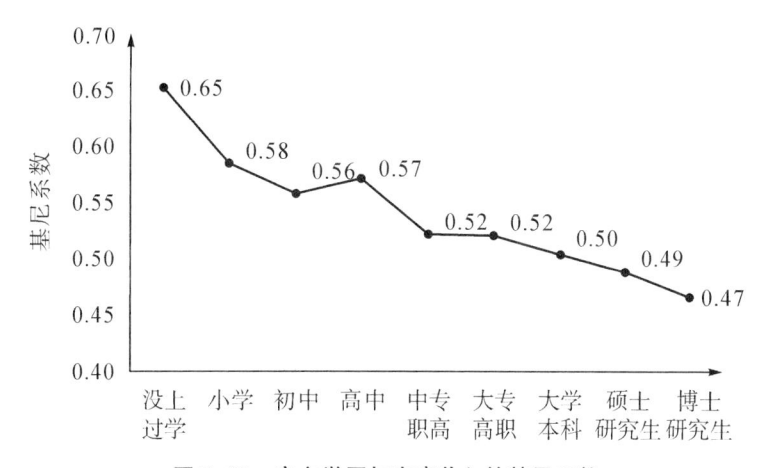

图 8-20　户主学历与家庭收入的基尼系数

专题 8-2 不同收入组家庭的特征比较

表 8-20 统计了不同收入组家庭代表性家庭成员①的若干特征。其中身体状况取值从 1 到 5，取值越大表示身体状况越好；外貌取值从 1 到 10，取值越大，表示外貌越好；风险偏好取值从 1 到 5，取值越大表示越偏好风险；受教育年限取值从 0 到 22，取值越大对应的受教育年限越长；普通话程度取值从 1 到 10，取值越大，普通话水平越高，以此计算各收入组家庭的各项特征得分。由表 8-20 可知，收入越高的家庭，各项特征得分均越高，表明高收入家庭的代表性家庭成员身体状况越好、外貌越好、越偏好风险、受教育年限越长、普通话程度越高。

表 8-20　　　　　　　　　　　不同收入组家庭的各项特征

收入组	身体状况	外貌	风险偏好	受教育年限	普通话程度
低收入	2.335	3.748	1.807	6.990	4.774
中低收入	2.408	3.817	1.829	7.679	5.299
中等收入	2.603	3.967	1.878	8.703	5.730
中高收入	2.734	4.060	1.951	9.764	6.137
高收入	3.008	4.337	2.284	11.463	6.852

表 8-21 统计了不同收入组家庭的主观态度。其中经济关注度取值从 1 到 5，取值越大，表示关注度越高；幸福感取值从 1 到 5，取值越大，表示越幸福；家庭重要程度取值从 1 到 5，取值越大，表示越重视家庭；婚姻中感情重要程度取值从 1 到 3，取值越大，表示越重视感情在婚姻中的作用；信任政府养老取值从 1 到 5，取值越大，表示越信任政府养老，以此为基础计算家庭各项主观态度得分。由表 8-21 可知，收入越高的家庭，前几项主观态度得分越高，但最后一项得分越低。这表明收入越高的家庭对经济信息的关注度越高、幸福感越强、越认为家庭重要、越注重感情在婚姻中的作用，但越不信任政府养老。

表 8-21　　　　　　　　　　　不同收入家庭的户主态度

收入组	经济关注度	幸福感	家庭重要程度	婚姻中感情重要程度	信任政府养老
低收入	1.862	3.452	4.471	1.807	4.302
中低收入	1.994	3.509	4.530	1.902	4.317
中等收入	2.076	3.597	4.569	1.967	4.272
中高收入	2.201	3.684	4.622	2.031	4.230
高收入	2.513	3.809	4.697	2.157	4.094

① 代表性家庭成员主要是指户主，若无户主信息，以受访者相应信息替代。

表 8-22 统计了不同收入家庭的生育养老观念。由表 8-22 可知，生男生女方面，不同收入家庭均有 70% 以上的户主，认为生男生女一样好；而收入越高，认为生女孩好的家庭户主占比明显越大。养老方面，不同收入家庭均有约 50% 的户主希望以自己居住的方式养老；而收入越高，希望和子女居住在一起养老的户主占比明显越小，而希望住养老院的户主占比明显越大。

表 8-22　　　　　　　　　　不同收入组家庭的生育养老观念　　　　　　　　　　单位:%

收入组	生男生女			养老方式		
	男孩好	女孩好	一样好	住养老院	自己居住	和子女居住
低收入	8.9	13.0	78.1	7.4	50.7	41.9
较低收入	9.2	14.0	76.9	8.8	49.0	42.2
中等收入	8.2	16.4	75.4	9.7	52.2	38.2
较高收入	8.1	18.0	73.9	10.3	56.6	33.1
高收入	9.4	20.2	70.3	12.4	58.7	28.9

专题 8-3　低收入家庭[①]特征分析

表 8-23 统计了低收入家庭及全样本家庭的收入结构。低收入家庭总收入为 3 740 元，约为全样本家庭总收入的 1/18。分不同类型收入看，低收入家庭的农业收入和转移性收入均值分别为 1 612 元和 1 541 元，分别只达到全样本相应均值的 1/4 和 1/9，这两项收入占总收入的比重分别为 43.1% 和 41.2%，是低收入家庭最主要的收入来源。低收入家庭的工资性收入均值仅为 483 元，约为全样本相应均值的 1/65，该项收入占总收入的比重为 12.9%，远低于全样本的 46.5%。

表 8-23　　　　　　　　低收入家庭与全样本家庭的收入结构

收入构成	低收入家庭		全样本家庭		全样本均值/低收入均值(倍)
	均值（元）	比例（%）	均值（元）	比例（%）	
工资性收入	483	12.9	31 246	46.5	65
农业收入	1 612	43.1	6 296	9.4	4
工商业收入	14	0.4	12 778	19.0	927
财产性收入	91	2.4	2 459	3.7	27
转移性收入	1 541	41.2	14 478	21.5	9
家庭总收入	3 740	100.0	67 256	100.0	18

---

① 本节中低收入家庭是指收入最低的 20% 家庭，但剔除了收入为负的家庭。

表8-24统计了低收入家庭及全样本家庭中有各项收入的比例。低收入家庭中,仅7.9%有工资性收入,远低于全样本家庭的55.1%;56.3%有农业收入,比全样本相应比例高了12.8个百分点;仅6.7%有工商业收入、11.6%有财产性收入、70.9%有转移性收入,均低于全样本家庭相应比例。综上分析可知,促进低收入家庭成员就业,提高工资性收入,鼓励低收入家庭自主创业以及加大对低收入家庭的转移性支付等,都是促进低收入家庭增收的重要途径。

表8-24 低收入家庭与全样本家庭有各项收入的比例 单位:%

比较样本	工资性收入	农业收入	工商业收入	财产性收入	转移性收入
低收入家庭	7.9	56.3	6.7	11.6	70.9
全样本家庭	55.1	43.5	14.1	24.0	75.4

表8-25比较了低收入家庭与全样本家庭其他方面的特征。从户主年龄看,低收入家庭户主平均年龄为54.8周岁,大于全样本的51.6周岁,说明低收入家庭的户主中年长者相对更多。从户主受教育年限看,低收入家庭户主平均受教育年限6.8年,低于全样本的8.9年。从户主政治面貌看,低收入家庭中,户主为党员的占比仅7.6%,远低于全样本的15.1%。从地域分布看,低收入家庭中农村家庭占比为61.9%,远高于全样本的42.4%,说明低收入家庭主要分布在农村。

表8-25 低收入家庭与全样本家庭的其他特征

比较样本	户主年龄（周岁）	户主受教育年限（年）	户主身体状况	户主为党员占比（%）	农村家庭占比（%）
低收入家庭	54.8	6.8	3.7	7.6	61.9
全样本家庭	51.6	8.9	3.4	15.1	42.4

图8-21详细统计了低收入家庭户主的学历分布,低收入家庭中户主没上过学的占比为17.8%,明显高于全国的8.6%;户主学历为小学的占比为36.7%,高于全国的25.7%。同时,户主学历为大学的占比仅为1.3%,远低于全样本的6.3%。由此可见,低收入家庭的户主学历层次明显相对较低。

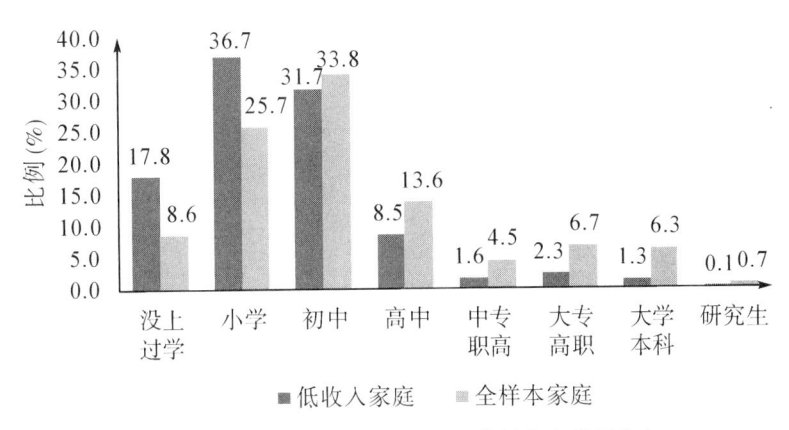

图 8-21　低收入家庭与全样本家庭的户主学历分布

图 8-22 详细统计了低收入家庭与全样本家庭的出生年代分布，可以看到低收入家庭户主为"30后"的占比为 11.5%，高于全样本的 7.0%；户主为"40后"的占比为 19.2%，高于全样本的 13.7%。从"50后"开始，低收入家庭户主在各年龄段的占比均低于全样本相应比例，进一步证实了低收入家庭的户主中年长者相对更多。

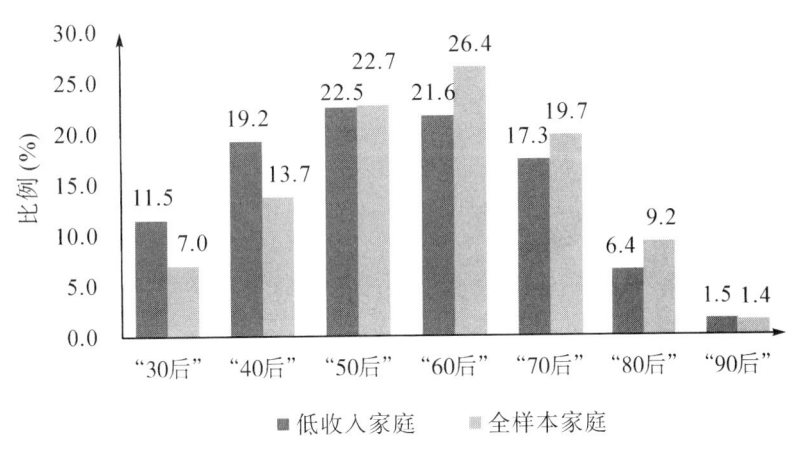

图 8-22　低收入家庭与全样本家庭的出生年代分布

8.2　家庭支出

8.2.1　家庭支出概况

家庭总支出包括消费性支出、转移性支出和保险支出。

(1) 总支出水平

如图 8-23 所示，我国家庭总支出的均值为 52 347 元，中位数为 36 310 元。分城乡看，城镇家庭总支出的均值为 65 059 元，中位数为 46 850 元；农村家庭总支出的均值为 35 230 元，中位数为 23 929 元，明显低于城镇家庭。

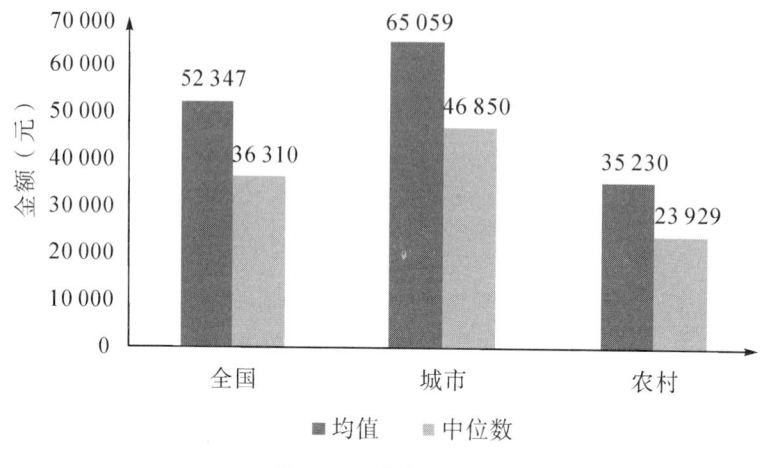

图 8-23 家庭总支出

如图 8-24 所示，分地区看，我国东、中、西部地区家庭总支出均值分别为 63 369 元、44 425 元和 45 721 元，中位数则分别为 43 550 元、32 020 元、33 000 元，东部地区家庭总支出明显高于中、西部地区。

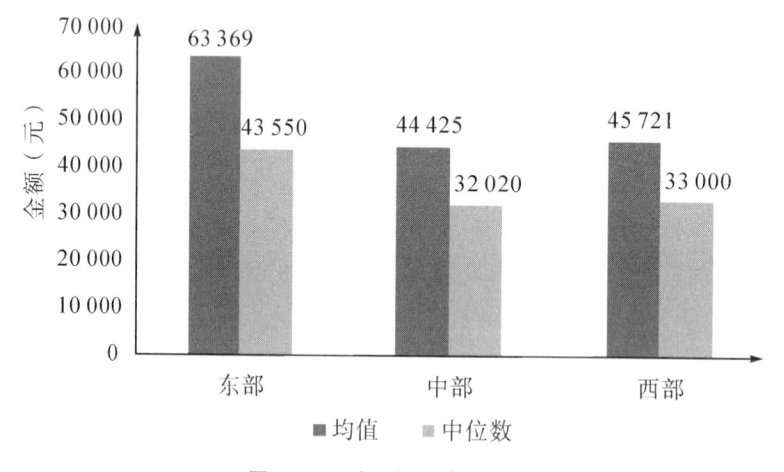

图 8-24 地区与家庭总支出

(2) 总支出结构

表 8-26 统计了家庭总支出的构成情况。家庭总支出中消费性支出、转移性支出和保险支出的均值分别为 45 923 元、4 188 元、2 236 元，占家庭总支出的比重分别为 87.7%、

8.0%、4.3%。显然，消费性支出是家庭总支出的最主要部分。分城乡看，消费支出方面，城镇家庭该项支出为 57 017 元，高于农村的 30 985 元；该项支出占总支出的比重为 87.6%，略低于农村相应比例。转移性支出方面，城镇家庭该项支出为 5 011 元，高于农村的 3 080 元；该项支出占总支出的比重为 7.7%，略低于农村相应比例。保险支出方面，城镇家庭该项支出为 3 031 元，明显高于农村的 1 166 元；该项支出占总支出的比重为 4.7%，高于农村的 3.3%，说明城镇家庭保险意识相对较强。

表 8-26　　　　　　　　　　家庭总支出结构

支出构成	全国 均值（元）	全国 比例（%）	城镇 均值（元）	城镇 比例（%）	农村 均值（元）	农村 比例（%）
消费性支出	45 923	87.7	57 017	87.6	30 985	88.0
转移性支出	4 188	8.0	5 011	7.7	3 080	8.7
保险支出	2 236	4.3	3 031	4.7	1 166	3.3
家庭支出	52 347	100.0	65 059	100.0	35 231	100.0

表 8-27 统计了有转移性支出及保险支出的家庭占比。就全国总体而言，有转移性支出和保险支出（主动缴纳社会保险费和商业保险费）的家庭占比分别为 80.2% 和 74.1%。分城乡看，城镇家庭中有转移性支出的家庭占比为 83.1%，高于农村家庭的 76.3%；有保险支出的家庭占比为 62.4%，远远低于农村家庭的 89.9%。分地区看，中部地区有转移性支出的家庭占比为 82.0%，高于东部的 80.0% 及西部的 78.8%；东部地区有保险支出的家庭占比为 68.1%，依次低于中部的 76.9% 及西部的 79.2%。

表 8-27　　　　　有转移性支出及保险支出的家庭占比　　　　　　　单位:%

支出构成	全国	城镇	农村	东部	中部	西部
转移性支出	80.2	83.1	76.3	80.0	82.0	78.8
保险支出	74.1	62.4	89.9	68.1	76.9	79.2

8.2.2　消费性支出

家庭消费性支出是日常生活所发生的支出，包括食品支出、衣着支出、生活居住支出、日用品与耐用品支出、医疗保健支出、交通通信支出、教育娱乐支出和其他支出八个部分。

（1）消费性支出水平

如图 8-25 所示，我国家庭消费性支出均值为 45 923 元，中位数为 32 120 元。城镇家庭消费性支出均值为 57 017 元，中位数为 41 280 元；农村家庭消费性支出均值为 30 985 元，中位数为 20 870 元，均明显低于城镇家庭。

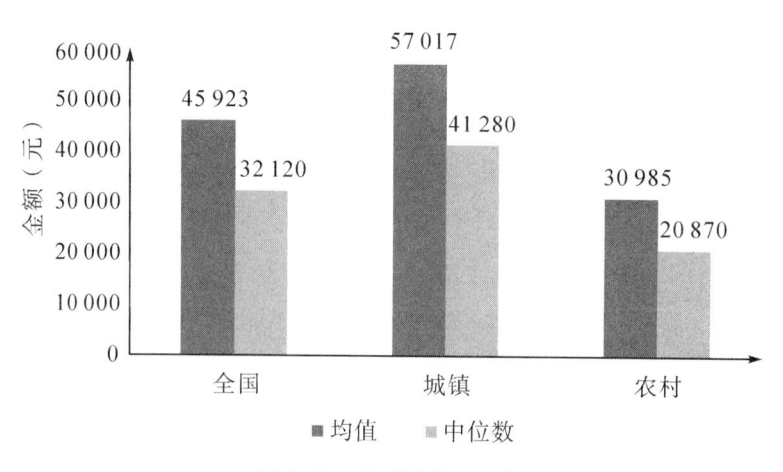

图 8-25　家庭消费性支出

如图 8-26 所示，分地区看，我国东、中、西部地区家庭的消费性支出均值分别为 55 535 元、38 695 元和 40 469 元，中位数则分别为 38 460 元、28 060 元、29 200 元。可以看到，东部地区家庭的平均消费性支出高于中、西部，但中部地区家庭的消费支出中位数低于东、西部。

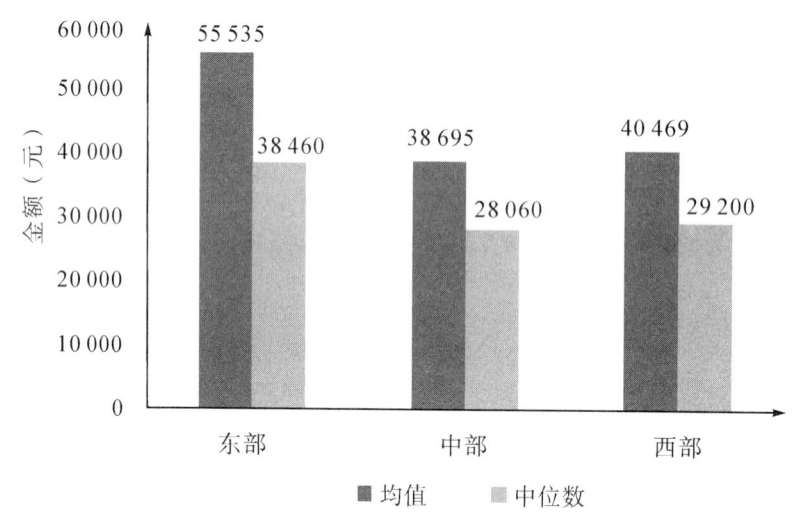

图 8-26　地区与家庭消费性支出

（2）消费性支出结构

表 8-28 统计了家庭消费性支出的构成情况。全国总体而言，家庭消费性支出中，占比最大各项依次为食品支出、生活居住支出、教育娱乐支出、交通通信支出，其均值分别为 16 812 元、8 907 元、6 082 元、4 616 元，占消费性支出的比重分别为 36.6%、19.4%、13.2%、10.1%，累计占比高达 79.3%。分城乡看，城镇家庭消费性支出中，占比最大的

四类支出与全国总体情况一致；对农村家庭而言，除了上述四类主要支出外，医疗保健支出占比也较高，为11.3%，明显高于城镇的6.9%，表明农村家庭医疗负担相对较重。

表8-28　　　　　　　　　　家庭消费性支出结构

支出构成	全国 均值（元）	全国 比例（%）	城镇 均值（元）	城镇 比例（%）	农村 均值（元）	农村 比例（%）
食品支出	16 812	36.6	21 296	37.4	10 774	34.8
生活起居支出	8 907	19.4	10 597	18.6	6 632	21.4
教育娱乐支出	6 082	13.2	7 943	13.9	3 576	11.5
交通通信支出	4 616	10.1	5 776	10.1	3 054	9.9
医疗保健支出	3 744	8.2	3 931	6.9	3 492	11.3
日用品与耐用品支出	3 128	6.8	4 001	7.0	1 952	6.3
衣着支出	2 491	5.4	3 234	5.7	1 489	4.7
其他支出	143	0.3	238	0.4	17	0.1
消费总支出	45 923	100.0	57 016	100.0	30 986	100.0

如表8-29所示，分地区看，东、中、西部地区家庭消费性支出中，占比最大的四类支出仍然是食品支出、生活起居支出、教育娱乐支出、交通通信支出，且各项支出占比差异不大。除此之外，医疗保健支出方面，可以看到中、西部地区家庭该项支出的均值分别为3 548元、3 683元，均低于东部地区的3 938元；但该项支出占消费性支出的比例依次为9.2%、9.1%，均高于东部的7.1%，说明中、西部地区家庭的医疗负担相对较重。

表8-29　　　　　　　　　　地区与家庭消费性支出结构

支出构成	东部 均值（元）	东部 比例（%）	中部 均值（元）	中部 比例（%）	西部 均值（元）	西部 比例（%）
食品支出	20 272	36.5	13 980	36.1	15 082	37.3
生活起居支出	11 219	20.2	7 455	19.3	7 304	18.0
教育娱乐支出	7 606	13.7	5 184	13.4	4 966	12.3
交通通信支出	5 558	10.0	3 767	9.7	4 225	10.4
医疗保健支出	3 938	7.1	3 548	9.2	3 683	9.1
日用品与耐用品支出	3 846	6.9	2 460	6.4	2 852	7.0
衣着支出	2 921	5.3	2 194	5.7	2 218	5.5
其他支出	175	0.3	106	0.3	139	0.3
消费总支出	55 535	100.0	38 695	100.0	40 469	100.0

(3) 恩格尔系数与平均消费倾向

恩格尔系数是食品支出总额占消费支出总额的比重。根据西方经济学中的恩格尔定律，家庭收入越高，食品支出在家庭消费性支出中所占的比重就越小，恩格尔系数也就越小。根据联合国粮农组织的划分标准，恩格尔系数在60%以上为贫困，51%~60%为温饱，41%~50%为小康，31%~40%为富裕，30%及以下为最富裕。

表8-30、表8-31分别统计了不同收入组家庭各项消费支出的均值和占比。由表8-30可知，总体而言，随着收入的提高，家庭食品支出的绝对额随之增加，低收入家庭的食品支出为10 539元，中等收入家庭的食品支出增加为14 966元，高收入家庭的食品支出达到28 590元。由表8-31可知，随着收入的提高，家庭食品支出占消费性支出的比重先增加后下降，低收入家庭食品支出占比为36.3%，中等收入家庭该项支出占比增加为40.0%，高收入家庭该项支出占比下降到了33.3%。

平均消费倾向是消费支出总额占总收入的比重。著名经济学家凯恩斯认为，消费会随着收入的增加而增加，但消费的增加量一般小于收入的增加量，因此平均消费倾向随着收入的增加而下降。由表8-30可知，总体而言，随着收入的提高，家庭消费性支出的绝对额随之增加，低收入家庭的消费支出总额为29 031元，中等收入家庭的消费性支出增加为37 416元，高收入家庭的消费性支出达到85 766元。由表8-31可知，随着收入的提高，家庭消费性支出占总收入的比例不断下降，较低收入家庭该项比例为1.78，中等收入家庭为1.02，较高收入家庭为0.73，高收入家庭为0.41，表明平均消费倾向随着收入的提高而下降。

表8-30　　　　　　　　不同收入组家庭的消费支出结构　　　　　　　　单位：元

支出构成	低收入	较低收入	中等收入	较高收入	高收入
食品支出	10 539	11 541	14 966	18 464	28 590
衣着支出	1 274	1 300	1 744	2 537	5 606
生活起居支出	5 399	6 423	7 131	8 820	16 789
日用品与耐用品支出	1 845	1 773	2 221	3 206	6 605
医疗保健支出	3 343	3 502	3 700	3 775	4 410
交通通信支出	2 965	2 668	3 238	4 289	9 934
教育娱乐支出	3 604	3 558	4 407	5 570	13 278
教育支出	2 629	2 773	3 184	3 541	6 793
旅游支出	804	645	963	1 585	4 702
其他支出	62	11	9	82	554
消费总支出	29 031	30 775	37 416	46 742	85 766
总收入	-7 193	17 287	36 847	63 959	210 644

表 8-31　　　　　　　　　　不同收入组家庭的消费支出结构　　　　　　　　　单位:%

支出构成	低收入	较低收入	中等收入	较高收入	高收入
食品支出	36.3	37.5	40.0	39.5	33.3
衣着支出	4.4	4.2	4.7	5.4	6.5
生活起居支出	18.6	20.9	19.1	18.9	19.6
日用品与耐用品支出	6.4	5.8	5.9	6.9	7.7
医疗保健支出	11.5	11.4	9.9	8.1	5.1
交通通信支出	10.2	8.7	8.7	9.2	11.6
教育娱乐支出	12.4	11.6	11.8	11.9	15.5
教育支出	9.1	9.0	8.5	7.6	7.9
旅游支出	2.8	2.1	2.6	3.4	5.5
其他支出	0.2	0.0	0.0	0.2	0.6
消费总支出	100.0	100.0	100.0	100.0	100.0
消费收入比	——	178.0	101.5	73.1	40.7

8.2.3　转移性支出

转移性支出是指给家庭成员以外的人或组织的现金或非现金支出,包括春节、中秋节等节假日的支出,红白喜事支出,在教育、医疗和生活费上给予他人的资助支出以及其他方面的转移性支出。

（1）转移性支出

如图 8-27 所示,我国家庭转移性支出均值为 4 188 元,中位数为 1 700 元。城镇家庭转移性支出均值为 5 011 元,中位数为 2 000 元;农村家庭转移性支出均值为 3 080 元,中位数为 1 000 元。

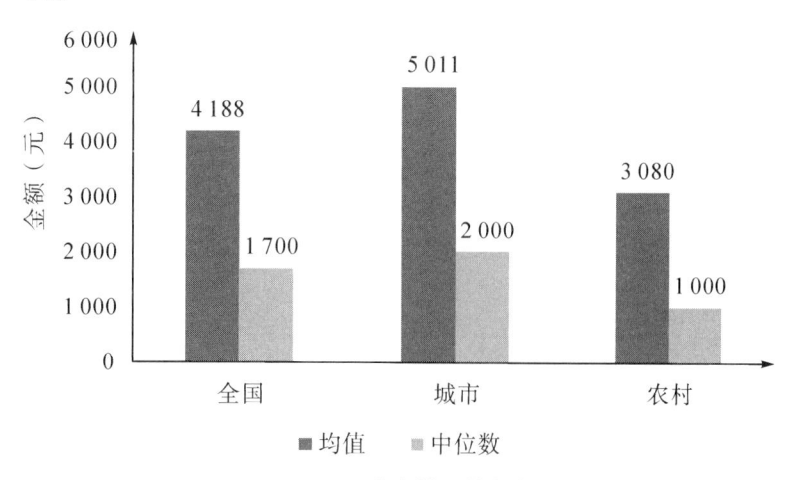

图 8-27　家庭转移性支出

如图 8-28 所示，按地区分，我国东、中、西部地区家庭转移性支出均值分别为 4 719 元、4 189 元和 3 480 元，中位数则分别为 1 900 元、2 000 元、1 300 元。

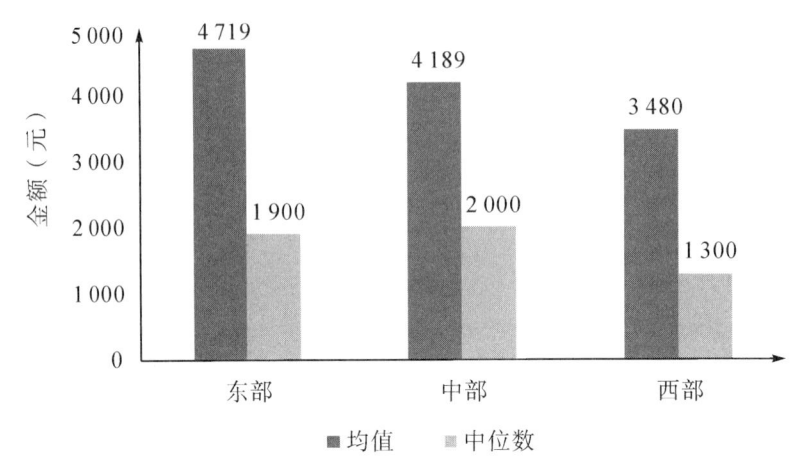

图 8-28 地区与家庭转移性支出

如表 8-32 所示，依不同收入组家庭①看，总体而言，随着收入的提高，有转移性支出的家庭占比及其转移性支出额度均在不断上升，低收入家庭 65.8% 有转移性支出，平均额度为 1 675 元；中等收入家庭该项比例为 83.4%，平均额度为 2 924 元；高收入家庭该项比例达到了 87.6%，平均额度则为 7 216 元。但从转移性支出除以家庭总收入的比值上看，随着收入的提高，该项比值不断下降，低收入家庭相应比例为 34.6%，中等收入家庭为 7.5%，高收入家庭则仅为 3.4%，说明收入越低的家庭，转移性支出的负担越重。

表 8-32　　　　　　　　　　不同收入组家庭的转移性支出

样本组	有转移性支出比例（%）	转移性支出额度（元）	转移性支出/家庭总收入（%）
低收入	65.8	1 675	34.6
较低收入	76.6	2 323	12.0
中等收入	83.4	2 924	7.5
较高收入	85.5	3 980	6.0
高收入	87.6	7 216	3.4

（2）转移性支出结构

表 8-33 统计了家庭转移性支出的构成情况。就全国总体而言，家庭转移性支出中红白喜事支出和节假日支出最多，均值分别为 1 756 元和 1 165 元，占转移性支出的比重分

---

① 此处参照前文的收入组划分方式，但仅考虑收入为正的家庭。

别为41.9%和27.8%。分城乡看，城镇家庭红白喜事支出和节假日支出分别为1 876元、1 561元，明显高于农村的1 595元、631元；占家庭转移性支出的比重分别为37.4%、31.1%，前者低于农村的51.8%，后者高于农村的20.5%，说明农村家庭红白喜事的转移性支出相对较多，而城镇家庭节假日的转移性支出相对较多。

表8-33　　　　　　　　　　家庭转移性支出结构

支出项目	全国 均值(元)	全国 比例(%)	城镇 均值(元)	城镇 比例(%)	农村 均值(元)	农村 比例(%)
红白喜事支出	1 756	41.9	1 876	37.4	1 595	51.8
节假日支出	1 165	27.8	1 561	31.1	631	20.5
教育、医疗、生活费	727	17.4	962	19.2	411	13.4
其他支出	540	12.9	612	12.3	442	14.3
总转移性支出	4 188	100.0	5 011	100.0	3 079	100.0

如表8-34所示，分地区看，中、西部地区家庭转移性支出结构的差异不大，东部家庭则明显不同。东部地区家庭红白喜事支出的均值为1 745元，低于中部的1 912元，但高于西部的1 614元，占转移性支出比重为37.0%，比中、西部相应比例都要低。东部地区家庭节假日支出为1 487元，依次高于中、西部地区家庭的1 024元、877元，占转移性支出的比重为31.5%，比中、西部相应比例都要高，说明东部家庭红白喜事支出相对较少，而节假日支出相对较多。

表8-34　　　　　　　　　不同地区家庭转移性支出结构

支出项目	东部 均值(元)	东部 比例(%)	中部 均值(元)	中部 比例(%)	西部 均值(元)	西部 比例(%)
红白喜事支出	1 745	37.0	1 912	45.6	1 614	46.4
节假日支出	1 487	31.5	1 024	24.4	877	25.2
教育、医疗、生活费	947	20.1	672	16.0	491	14.1
其他支出	540	11.4	581	13.9	498	14.3
总转移性支出	4 719	100.0	4 189	100.0	3 480	100.0

分支出对象看，转移性支出的支出对象主要有父母、公婆、岳父母和其他亲属。如表8-35所示，从全国总体来看，家庭转移性支出中，给其他亲属的支出占比最高，为72.5%；给父母的支出占比其次，为17.7%，给公婆、岳父母的支出占比最低，仅9.8%。分城乡看，城镇家庭给其他亲属的支出占比为66.6%，明显低于农村的87.3%，但城镇家

庭给父母、公婆（岳父母）的支出占比相对较高，依次为 21.6%、11.8%。分地区看，东部家庭给其他亲属的支出占比为 68.4%，低于中、西部家庭相应比例，而给父母、公婆（岳父母）的支出占比相对较高。

表 8-35　　　　　　　　　　　家庭转移性支出对象分布　　　　　　　　　　单位：%

支出对象	全国	城镇	农村	东部	中部	西部
父母	17.7	21.6	7.9	20.3	13.5	17.8
公婆/岳父母	9.8	11.8	4.8	11.3	7.8	9.4
其他亲属	72.5	66.6	87.3	68.4	78.7	72.8
总转移性支出	100.0	100.0	100.0	100.0	100.0	100.0

8.2.4　保险支出

家庭保险支出指主动缴纳商业保险、汽车保险及社会保险的相关费用。

由表 8-36 可知，就全国总体而言，家庭保险支出总额为 2 236 元。分城乡看，城镇家庭保险支出总额为 3 031 元，农村为 1 166 元，比城镇家庭少了近 2 000 元。表 8-36 还报告了家庭保险支出的构成情况。家庭保险支出主要由商业保险、汽车保险和社会保险构成，从全国来看，商业保险支出最多，其次是汽车保险，社会保险支出最少，三类保险支出的均值分别为 929 元、697 元和 610 元，占保险支出的比重分别为 41.6%、31.1% 和 27.3%。

表 8-36　　　　　　　　　　　　家庭保险支出结构

保险支出项目	全国 均值(元)	全国 比例(%)	城镇 均值(元)	城镇 比例(%)	农村 均值(元)	农村 比例(%)
商业保险	929	41.6	1 412	46.6	280	24.0
商业人寿险	494	22.1	736	24.3	169	14.5
商业健康险	230	10.3	367	12.1	46	3.9
商业养老险	155	7.0	232	7.7	52	4.4
商业财产险	3	0.1	5	0.2	0	0.0
其他商业险	46	2.1	71	2.3	13	1.2
汽车保险	697	31.1	905	29.8	417	35.8
社会保险	610	27.3	714	23.6	469	40.2
社会养老险	392	17.5	481	15.9	270	23.2
社会医疗险	218	9.8	233	7.7	198	17.0
保险总支出	2 236	100.0	3 031	100.0	1 166	100.0

分城乡看，城镇家庭商业保险结构与全国总体情况一致，三类保险支出均值分别为 1 412 元、905 元以及 714 元，占保险支出的比重依次为 46.6%、29.8% 和 23.6%；农村家庭则有所不同，农村家庭社会保险支出最多，其次是汽车保险，商业保险支出最少，均值依次为 469 元、417 元、280 元，占保险支出的比重分别为 40.2%、35.8% 及 24.0%，说明农村家庭购买社会保险相对较多。

由表 8-37 可知，分地区看，东部地区家庭的保险支出总额为 3 115 元，依次高于西部的 1 771 元、中部的 1 541 元。表 8-37 还报告了东、中、西部地区的家庭保险支出构成情况，东、中、西部地区家庭商业保险支出占比分别为 40.1%、44.2% 和 42.7%；社会保险支出占比分别为 25.9%、28.2%、29.5%；汽车保险支出占比分别为 34.0%、27.6%、27.8%。不难看出，东部地区家庭的汽车保险支出占比最高，中部的商业保险支出占比最高，而西部的社会保险支出占比最高。

表 8-37 不同地区家庭保险支出结构

保险支出项目	东部 均值(元)	东部 比例(%)	中部 均值(元)	中部 比例(%)	西部 均值(元)	西部 比例(%)
商业保险	1 249	40.1	682	44.2	756	42.7
商业人寿险	645	20.7	410	26.6	379	21.4
商业健康险	327	10.5	142	9.2	189	10.7
商业养老险	194	6.2	96	6.2	166	9.3
商业财产险	5	0.2	3	0.2	1	0.0
其他商业险	77	2.5	31	2.0	22	1.3
汽车保险	1 058	34.0	425	27.6	493	27.8
社会保险	809	25.9	434	28.2	523	29.5
社会养老险	478	15.3	307	19.9	362	20.4
社会医疗险	331	10.6	127	8.3	161	9.1
保险总支出	3 115	100.0	1 541	100.0	1 771	100.0

专题 8-4　高储蓄与低消费

家庭储蓄等于家庭总收入减去家庭总支出。表 8-38 统计了家庭储蓄概况，全国家庭储蓄均值为 11 889 元，负储蓄家庭占比为 50.1%。分城乡来看，城镇家庭储蓄均值为 18 131 元，远高于农村家庭的 3 485 元；城镇家庭的负储蓄占比 47.2%，也低于农村的 53.9%。

表 8-38　　　　　　　　　　　　家庭储蓄情况

储蓄项目单位	全国	城镇	农村	东部	中部	西部
储蓄均值（元）	11 889	18 131	3 485	18 070	2 602	13 092
负储蓄家庭占比(%)	50.1	47.2	53.9	47.3	51.0	52.8

备注：储蓄均值计算中的家庭总支出包含保险支出。

表 8-39 统计了不同收入组家庭的储蓄情况，中等收入及其以下收入组家庭的储蓄均值均为负数（不讨论储蓄率），较高收入家庭储蓄均值仅为 10 696 元，而高收入家庭储蓄达 110 936 元。此外，低收入家庭中，94.2% 的家庭储蓄为负。随着收入的提升，负储蓄家庭占比逐渐下降，高收入家庭中仅有 13.2% 的家庭储蓄为负。收入最高的 5% 家庭，其储蓄率高达 68.7%。

表 8-39　　　　　　　　　　　不同收入组家庭储蓄情况

储蓄项目单位	低收入	较低收入	中等收入	较高收入	高收入	收入最高的 5%
储蓄均值（元）	-39 573	-17 054	-5 341	10 696	110 936	355 473
储蓄率（%）	—	—	—	16.7	52.7	68.7
负储蓄家庭占比(%)	94.2	70.6	45.9	25.9	13.2	6.4

9 保险与保障

9.1 社会保障

9.1.1 养老保险

(1) 养老保险覆盖率

表 9-1 给出了中国居民的养老方式分布情况，24.4%的居民无任何形式的养老保障，65.9%的居民以社会养老保险的方式养老，仅有 8.2%的居民以离退休工资的方式养老。在农村居民中，25.5%无任何形式的养老保障，71.0%以社会养老保险的方式养老，仅有 2.1%以离退休工资的方式养老。而在城镇居民中，23.5%无任何形式的养老保障，62.0%以社会养老保险的方式养老，同时 12.8%以离退休工资的方式养老。按地区看，在东部地区，21.2%的居民无任何形式的养老保障，68.1%的居民以社会养老保险的方式养老，8.7%的居民以离退休工资的方式养老。在中部地区和西部地区，无养老保障的比例分别为 25.3%和 27.6%，高于东部地区。与此同时，拥有社会养老和离退休工资的比例要低于东部地区。总的来说，我国的养老保障覆盖范围仍需进一步提高。

表 9-1　　　　　　　　居民养老方式分布　　　　　　　　单位:%

养老方式	全国	城镇	农村	东部	中部	西部
无养老保障	24.4	23.5	25.5	21.2	25.3	27.6
有养老保障	74.1	74.8	73.1	76.8	73.5	71.0
社会保险	65.9	62.0	71.0	68.1	64.8	64.1
离退休工资	8.2	12.8	2.1	8.7	8.7	6.9
其他	1.5	1.7	1.4	2.0	1.2	1.4

表 9-2 给出了社会养老保险的类型分布。在社会养老保险中，占比最高的是城镇职工基本养老保险、城镇居民基本养老保险和新型农村养老保险。其中，城镇职工基本养老保险在全国占比为 30.8%，城镇为 54.3%，农村为 4.2%。城镇居民基本养老保险在全国占比为 9.1%，城镇为 15.3%，农村为 2.2%。新型农村养老保险在全国占比为 52.6%，城镇为 24.7%，农村为 84.1%。

表 9-2　　　　　　　　　　社会养老保险的种类分布　　　　　　　　　　单位:%

社会养老保险种类	全国	城镇	农村
城镇职工基本养老保险	30.8	54.3	4.2
城镇居民基本养老保险	9.1	15.3	2.2
新型农村社会养老保险	52.6	24.7	84.1
农村社会养老保险	5.2	3.2	7.5
城乡居民社会养老保险	2.3	2.5	2.0

(2) 养老金的领取情况

表 9-3 给出了 60 周岁以上拥有社会养老保障的居民已经开始领取养老金的比例。拥有养老保险且年龄在 60 周岁以上的人群中，有 94.5% 的女性已经开始领取养老保险金，男性有 93.3% 已经开始领取养老保险金。在城镇，拥有养老保险并超过 60 周岁的人群中，有 97.3% 的女性已经开始领取养老保险金，男性有 95.9% 已经开始领取养老保险金。在农村，拥有养老保险并超过 60 周岁的人群中，有 91.8% 的女性已经开始领取养老保险金，男性有 91.3% 已经开始领取养老保险金。

表 9-3　　　　　60 周岁以上已经开始领取社会养老保险金的比例　　　　　单位:%

是否领取	全国		城镇		农村	
	男性	女性	男性	女性	男性	女性
领取	93.3	94.5	95.9	97.3	91.3	91.8
未领取	6.7	5.5	4.1	2.7	8.7	8.2

(3) 社会养老保险保费和收入

基本养老保险中的城镇职工基本养老保险由企业和个人共同承担。如表 9-4 所示，在城镇职工基本养老保险的保费缴纳方面，个人和单位共同缴纳的占 71.5%，个人全额缴纳的占 16.4%，单位全额缴纳的占 12.1%。

表 9-4　　　　　　　城乡居民基本养老保险的保费承担主体　　　　　　　单位:%

区位	个人和单位分摊	个人全额缴纳	单位全额缴纳
全国	71.5	16.4	12.1
城镇	71.8	16.0	12.2
农村	68.4	21.5	10.1

分城乡看缴费中断的情况。如表 9-5 所示，农村居民的社会养老保险有 2.2% 曾经中断缴费，96.2% 从未中断。城镇居民的社会养老保险有 8.3% 曾经中断缴费，90.6% 从未中断。

表 9-5　　　　　　　城乡居民社会养老保险缴费中断情况　　　　　　　单位:%

是否中断	全国	城镇	农村
曾经中断	5.5	8.3	2.2
从未中断	93.2	90.6	96.2
一次缴清	1.3	1.1	1.6

按照社会养老保险类型看缴费中断的情况。如表 9-6 所示，城镇职工基本养老保险的保费均为分期缴纳。拥有城镇职工基本养老保险的居民，11.4%曾经中断过缴费，88.6%从未中断缴费。其他类型的社会养老保险分为一次性缴纳和分期缴纳两种。拥有城镇居民基本养老保险的居民，8.0%曾经中断缴费，89.7%从未中断。拥有新型农村养老保险的居民，1.8%曾经中断缴费，96.6%从未中断。拥有老式农村养老保险的居民，3.3%曾经中断缴费，94.1%从未中断。拥有城乡居民社会养老保险的居民，5.2%曾经中断缴费，90.7%从未中断。

表 9-6　　　　　　　社会养老保险缴费中断情况　　　　　　　单位:%

是否中断	城镇职工基本养老保险	城镇居民基本养老保险	新型农村养老保险	老式农村养老保险	城乡居民社会养老保险
曾经中断	11.4	8.0	1.8	3.3	5.2
从未中断	88.6	89.7	96.6	94.1	90.7
一次缴清	—	2.3	1.6	2.6	4.1

按照社会养老保险类型来分析缴费中断的原因。如表 9-7 所示，城镇职工基本养老保险缴费中断的最主要原因是工作变动/辞职，占到了 58.5%；其次为单位停止缴费，占 17.6%；其他类型的社会养老保险缴费中断的最主要原因为没有钱缴费。

表 9-7　　　　　　　社会养老保险缴费中断原因　　　　　　　单位:%

中断原因	城镇职工基本养老保险	城镇居民基本养老保险	新型农村养老保险	老式农村养老保险	城乡居民社会养老保险
单位停止缴费	17.6	3.8	1.1	—	—
工作变动/辞职	58.5	1.4	1.1	—	—
没有钱缴费	12.6	35.8	37.0	18.6	42.8
继续缴费不划算	0.7	7.0	1.9	1.1	10.6
已经缴足 15 年	2.1	0.3	15.4	—	—
政府补贴太少	0.3	1.1	1.7	2.6	2.7
手续太繁琐	—	3.4	1.4	11.2	—
发放不按时	—	1.1	1.3	—	2.2
其他	8.2	46.1	39.1	66.5	41.7

表9-8给出了城乡居民的养老保险保费和收入。城镇居民的养老金收入平均为17 609元/年，农村居民的养老金收入平均为2 342元/年。城镇居民养老保险缴费平均为3 091元/年，农村居民养老保险缴费平均为467元/年。

表9-8　　　　　　　　社会养老保险个人缴费和收入比较　　　　　　　单位：元/年

比较项目	全国	城镇	农村
缴费（元/年）	1 615	3 091	467
收入（元/年）	10 778	17 609	2 342

按照养老保险种类来分析保费和收入水平。表9-9给出了2012年社会养老保险平均个人缴费情况。从全国看，城镇职工基本养老保险由个人承担的保费金额平均为5 548元/年，城镇居民基本养老保险由个人承担的保费金额平均为3 490元/年，新型农村养老保险由个人承担的保费金额平均为308元/年。

表9-9　　　　　　　　　　社会养老保险平均个人缴费　　　　　　　　　单位：元/年

区位	城镇职工基本养老保险	城镇居民基本养老保险	新型农村养老保险	老式农村养老保险	城乡居民社会养老保险
全国	5 548	3 490	308	719	1 830
城镇	5 513	3 611	496	1 087	2 849
农村	5 954	2 584	247	556	822

表9-10给出了各类社会养老保险的保费收入。城镇职工基本养老保险的养老金收入平均为23 977元/年，城镇居民基本养老保险养老金收入平均为13 466元/年，新型农村养老保险养老金收入平均为1 864元/年。

表9-10　　　　　　　　　各类社会养老保险的保费收入　　　　　　　　单位：元/年

区位	城镇职工基本养老保险	城镇居民基本养老保险	新型农村养老保险	老式农村养老保险	城乡居民社会养老保险
全国	23 977	13 466	1 864	2 266	8 977
城镇	24 215	13 941	3 401	3 929	11 751
农村	19 152	10 270	1 399	1 501	4 551

按照性别来分析养老金收入水平。由表9-11可知，城镇男性的养老金收入平均为1 632元/月，城镇女性养老金收入平均为1 280元/月，城镇男性养老金收入高于女性。农村男性养老金收入平均为181元/月，农村女性养老金收入平均为184元/月。由此可见，城乡居民的养老金平均收入水平差距悬殊。

表9-11　　　　　　　　　性别与居民养老金收入　　　　　　　　单位：元/月

性别	全国	城镇	农村
男性（>60周岁）	831	1 632	181
女性（>55周岁）	803	1 280	184

（4）社保收入和离、退休工资收入的差距

表9-12给出了社会养老保险与离退休工资的比较。相比于社会养老保险平均898元/月的养老金而言，离休人员平均工资收入为3 615元/月，城镇离休人员平均工资收入为3 681元/月，农村离休人员平均工资收入为2 813元/月。退休人员的平均工资收入为2 570元/月，城镇退休人员的平均工资收入为2 629元/月，农村退休人员的平均工资收入2 163元/月。无论是社会养老保险金，还是离退休工资，农村的养老收入都远低于城镇。而且，无论是农村还是城镇，社会养老保险金的月平均收入都要远低于离休或者退休工资收入。

表9-12　　　　　　　社会养老保险与离退休工资比较　　　　　　　单位：元/月

区位	社会养老金	离休工资	退休工资
全国	898	3 615	2 570
城镇	1 467	3 681	2 629
农村	195	2 813	2 163

（5）社会养老保险账户余额

各项社会养老保险的平均余额差距很大。如表9-13所示，城镇职工基本养老保险的账户余额平均为13 901元，城镇居民为14 089元，农村居民为11 259元。城镇居民基本养老保险账户余额平均为11 156元，城镇居民为11 739元，农村居民为6 394元。新型农村养老保险账户余额平均为780元，城镇居民为1 267元，农村居民为619元。

表9-13　　　　　　　　城乡社会养老保险账户余额　　　　　　　　　单位：元

区位	城镇职工基本养老保险	城镇居民基本养老保险	新型农村养老保险	老式农村养老保险	城乡居民社会养老保险
全国	13 901	11 156	780	1 931	6 514
城镇	14 089	11 739	1 267	2 786	9 159
农村	11 259	6 394	619	1 530	3 239

男性和女性的养老保险账户余额有较大差距。如表9-14所示，从全国来看，男性各养老保险账户余额均高于女性。

表 9-14　　　　　　　　　　　性别与社会养老保险账户余额　　　　　　　　单位：元

区位	性别	城镇职工基本养老保险	城镇居民基本养老保险	新型农村养老保险	老式农村养老保险	城乡居民社会养老保险
全国	男性	16 219	12 165	782	2 106	7 206
	女性	11 538	10 459	778	1 756	5 914
城镇	男性	16 626	12 908	1 221	3 326	10 958
	女性	11 568	10 951	1 310	2 284	7 723
农村	男性	11 435	6 782	642	1 563	2 996
	女性	11 002	6 071	596	1 496	3 472

（6）企业年金

由表 9-15 可知，拥有企业年金的居民占比仅有 6.0%。拥有企业年金的居民中，有 16.5% 已经开始领取。

表 9-15　　　　　　　　　　　企业年金拥有情况　　　　　　　　　　　单位：%

拥有与领取比例	全国	城镇	农村
拥有企业年金占比	6.0	6.4	1.8
已经开始领取的比例	16.5	16.8	4.9

由表 9-16 可知，个人年金缴费平均为 200 元/月，单位年金缴费平均为 451 元/月。年金收入平均为 1 156 元/月。

表 9-16　　　　　　　　　　　企业年金缴费和收入　　　　　　　　　　单位：月/元

年金缴费与收入	均值	中位数
个人年金缴费	200	70
单位年金缴费	451	200
年金收入	1 156	200

由表 9-17 可知，拥有年金的居民的平均年金账户余额为 18 621 元，男性为 20 915 元，女性为 14 927 元。城镇居民中，男性年金账户余额平均为 21 165 元，女性为 15 069 元。农村居民年金账户余额较少，男性账户余额平均为 8 873 元，女性为 9 572 元。

表 9-17　　　　　　　　　　　企业年金账户余额　　　　　　　　　　　单位：元

性别	全国	城镇	农村
总体	18 621	18 838	9 182
男性	20 915	21 165	8 873
女性	14 927	15 069	9 572

9.1.2 医疗保险

(1) 社会医疗保险的覆盖率

由表9-18可知，全国社会医疗保险的覆盖率为90.1%，农村为93.3%，城镇为87.6%，农村覆盖率略高于城镇。

表9-18　　　　　　　　　　　医疗保险覆盖率　　　　　　　　　　　单位:%

有无医保	全国	城镇	农村
有	90.1	87.6	93.3
没有	9.9	12.4	6.7

表9-19分析了各个年龄段居民的社会医疗保险覆盖情况。由表9-19可知，全国有92.9%的50周岁以上的居民拥有基本医疗保险，城镇为92.0%，农村为93.8%；全国88.6%的31~50周岁的居民拥有基本医疗保险，城镇为85.6%，农村为92.9%。全国79.2%的30周岁及以下居民拥有基本医疗保险，城镇为76.3%，农村为89.4%。相对而言，农村的医疗保险覆盖率要高一些，这得益于近些年新型农村合作医疗在农村的推广。

表9-19　　　　　　　　　　　年龄与医疗保险覆盖　　　　　　　　　　　单位:%

有无医保	全国			城镇			农村		
	≤30周岁	31~50周岁	>50周岁	≤30周岁	31~50周岁	>50周岁	≤30周岁	31~50周岁	>50周岁
有	79.2	88.6	92.9	76.3	85.6	92.0	89.4	92.9	93.8
没有	20.8	11.4	7.1	23.7	14.4	8.0	10.6	7.1	6.2

按性别分析社会医疗保险覆盖率。由表9-20可知，从全国看，男性社会医疗保险的覆盖率为90.2%，女性为90.0%，男性的覆盖率略高。从城镇看，男性社会医疗保险的覆盖率为87.5%，女性为87.8%，女性略高。从农村看，男性社会医疗保险的覆盖率为93.6%，女性为93.0%，男性略高。

表9-20　　　　　　　　　　　性别与医疗保险覆盖　　　　　　　　　　　单位:%

有无医保	全国		城镇		农村	
	男性	女性	男性	女性	男性	女性
有	90.2	90.0	87.5	87.8	93.6	93.0
没有	9.8	10.0	12.5	12.2	6.4	7.0

由表9-21可知居民没有医疗保险的原因。居民没有医疗保险的原因中占比较高的包括：保费太高，无力承担；身体好，没有必要买；单位不予办理；有其他保障方式，等等。其中，全国有37.3%的人认为"保费太高，无力承担"，城镇为32.1%，农村为51.7%。全国有22.4%的人认为自己"身体好，没有必要买"，城镇为23.2%，农村为20.7%。全国20.9%的人选择"单位不予办理"，城镇为24.6%，农村为10.7%。全国15.6%的人选择"有其他保障方式，不需要购买"，城镇为16.6%，农村为12.8%。其他没有办理医保的原因主要包括：报销比例/金额低、报销制度繁琐、不了解医保、不方便购买、不是本地的、没有单位，等等。

表9-21　　　　　　　　　　　没有医疗保险的原因　　　　　　　　　　单位:%

原因	全国	城镇	农村
保费太高，无力承担	37.3	32.1	51.7
身体好，没必要买	22.4	23.2	20.7
单位不予办理	20.9	24.6	10.7
报销比例/金额低	3.4	3.1	4.2
保险范围小	4.3	3.8	5.6
报销制度繁琐	5.2	5.3	4.7
有其他保障方式	15.6	16.6	12.8
其他原因	34.1	31.5	40.3

由表9-22可知医疗保险的主要种类。在农村有92.9%的居民拥有新型农村合作医疗。城镇有41.4%的居民拥有城镇职工基本养老保险。

表9-22　　　　　　　　　　　医疗保险种类分布　　　　　　　　　　单位:%

医保种类	全国	城镇	农村
公费医疗	2.6	4.3	0.6
单位报销	1.7	2.8	0.5
城镇职工基本养老保险	24.2	41.4	3.3
城镇居民基本养老保险	9.9	16.5	1.9
新型农村合作医疗	60.5	33.8	92.9
学生医疗保险	0.1	0.1	0.2
医疗救助	0.1	0.1	0.05
红军级离休干部配偶或遗孀的医疗保险	0.01	0.02	—
其他	0.8	0.9	0.6

(2) 医疗保险的保费情况

如表 9-23 所示，个人医疗保险的保费支出平均为 348 元/年，农村为 145 元/年，城镇为 537 元/年。

表 9-23　　　　　　　　　　　　医疗保险保费支出　　　　　　　　　　　　单位：元/年

区位	均值	中位数
全国	348	60
城镇	537	60
农村	145	60

(3) 医疗保险与医疗支出

由表 9-24 可知个人医疗支出情况。个人医疗支出总额平均为 2 874 元/年，城镇为 3 179 元/年，农村为 2 479 元/年。其中，有医疗保险的居民医疗费用支出总额为 2 931 元，医保支出为 1 457 元/年。分城乡看，有医保的农村居民医疗费用支出为 2 481 元，其中医保支出平均为 904 元。有医保的城镇居民医疗费用为 3 302 元，其中医保支出为 1 917 元。无医疗保险的居民医疗费用平均为 2 351 元，城镇为 2 308 元，农村为 2 456 元。有医保的人的医疗支出比没有医保的人高出 580 元/年。在农村的这一差距较小，仅为 25 元/年，在城镇这一差距则为 994 元/年。社会医疗保险覆盖率的提高，提高了中国居民的医疗水平。

表 9-24　　　　　　　　有医保和无医保居民的医疗支出对比　　　　　　　　单位：元/年

医疗支出	全国 均值	全国 中位数	城镇 均值	城镇 中位数	农村 均值	农村 中位数
医疗费用	2 874	500	3 179	500	2 479	500
有医疗保险者的医疗费用	2 931	500	3 302	500	2 481	500
其中：医保支付	1 457	0	1 917	50	904	0
无医疗保险者的医疗费用	2 351	300	2 308	250	2 456	450

(4) 社会医疗保险个人账户余额

如表 9-25 所示，从全国看，有 49.9% 的居民有医保个人账户，50.1% 的居民没有医保个人账户。分城乡看，农村居民有 35.1% 有医保个人账户，64.9% 没有医保个人账户。城镇居民有 62.0% 有医保个人账户，38.0% 没有医保个人账户。可见城镇居民拥有社会医疗保险个人账户的比率远远高于农村居民。

表 9-25	医保个人账户拥有比例		单位:%
有无医保个人账户	全国	城镇	农村
有	49.9	62.0	35.1
无	50.1	38.0	64.9

由表 9-26 可知全部有医疗保险账户的居民的平均账户余额。从全国看,拥有医疗保险账户的居民的账户余额平均为 1 401 元,城镇为 1 896 元,农村仅为 345 元。城镇和农村居民的医疗保险账户余额平均相差 1 551 元。

表 9-26	医疗保险账户余额	单位: 元
区位	均值	中位数
全国	1 401	96
城镇	1 896	100
农村	345	96

如表 9-27 所示,从全国看,有余额的医疗保险账户余额平均为 1 920 元,农村为 505 元,城镇为 2 519 元。城镇与农村居民账户余额平均相差 2 014 元。

表 9-27	医疗保险非零账户余额	单位: 元
区位	均值	中位数
全国	1 920	200
城镇	2 519	400
农村	505	96

(5) 大病统筹

由表 9-28 可知大病统筹的基本情况。从全国看,有 11.9% 的居民拥有大病统筹。分城乡看,拥有大病统筹的城镇居民占比为 17.3%,农村居民占比为 5.2%。2012 年大病统筹的平均缴费为 420 元,城镇为 454 元,农村为 287 元。从全国看,2012 年使用大病统筹支付的医疗费用为 523 元,城镇为 579 元,农村为 352 元。

表 9-28	大病统筹基本情况		
大病统筹基本情况	全国	城镇	农村
拥有大病统筹的比例 (%)	11.9	17.3	5.2
2012 年缴纳的保费 (元)	420	454	287
2012 年大病统筹支付的医疗费用 (元)	523	579	352

9.1.3 失业保险、生育保险和工伤保险

表 9-29 给出了失业保险、生育保险和工伤保险的覆盖情况。从全国看，年龄大于 16 周岁的居民中有 28.3%拥有失业保险，城镇有 34.5%拥有失业保险，农村仅有 7.6%的居民拥有失业保险。同时，从全国看，有 28.9%的 16 周岁以上居民拥有工伤保险，城镇为 33.9%，农村仅为 12.3%。另外，从全国看，有 21.1%的 16 周岁以上居民拥有生育保险，城镇为 26.1%，农村仅为 4.1%。可见，城镇居民的失业保险、工伤保险和生育保险的拥有率均远远高于农村居民。

表 9-29　失业保险、生育保险和工伤保险覆盖情况　单位:%

"三险"覆盖比例	全国	城镇	农村
拥有失业保险的比例	28.3	34.5	7.6
拥有工伤保险的比例	28.9	33.9	12.3
拥有生育保险的比例	21.1	26.1	4.1

9.1.4 住房公积金

如表 9-30 所示，拥有住房公积金的居民占比为 26.2%，城镇为 32.2%，农村为 5.9%。在拥有住房公积金的居民中，有大约 96.9%的居民还在继续缴纳住房公积金。2012 年缴纳的住房公积金平均为 505 元，城镇为 515 元，农村为 328 元。公积金账户的余额平均为 26 183 元，城镇为 26 882 元，农村为 12 953 元。拥有住房公积金的居民中，2012 年使用公积金的居民占 17.1%，城镇为 17.7%，农村为 7.6%。2012 年提取的公积金平均为 23 553 元，城镇为 23 626 元，农村为 20 450 元。

表 9-30　住房公积金基本情况

住房公积金基本情况	全国	城镇	农村
拥有住房公积金比例（%）	26.2	32.2	5.9
还在继续缴费的比例（%）	96.9	96.9	96.7
2012 年缴纳的公积金（元）	505	515	328
公积金账户余额（元）	26 183	26 882	12 953
2012 年使用公积金的比例（%）	17.1	17.7	7.6
2012 年提取公积金的金额（元）	23 553	23 626	20 450

如表 9-31 所示，提取公积金的原因中，占比最高的为买房，其次为偿还购房贷款本息。其他提取公积金的原因包括房屋建造、大修、翻新和消费等。

表 9-31　　　　　　　　　　　　　提取公积金的原因　　　　　　　　　　　单位:%

原因	全国	城镇	农村
买房	46.5	47.2	18.2
房屋建造、大修、翻修	7.4	6.8	34.8
偿还购房贷款本息	31.9	32.3	15.6
付房租	1.2	1.1	8.5
离退休	1.0	1.1	5.6
其他	12.0	11.5	17.3

9.2 商业保险

9.2.1 商业保险投保

商业保险在我国居民中的投保比例较低。如表 9-32 所示,从全国看,有 92.1% 的居民没有任何商业保险,拥有商业人寿保险的居民占 3.9%,拥有商业健康保险的居民占 2.1%,拥有商业养老保险的居民占 0.9%,拥有商业财产保险的居民占 0.1%,拥有其他商业保险的居民占 1.5%。在农村居民中,有 95.8% 没有任何商业保险,拥有商业人寿保险的农村居民占 2.2%,拥有商业健康保险的农村居民占 0.9%,拥有商业养老保险的农村居民占 0.4%,拥有商业财产保险的农村居民占 0.1%,拥有其他商业保险的农村居民占 0.8%。在城镇居民中,有 88.8% 没有任何商业保险,拥有商业人寿保险的城镇居民占 5.5%,拥有商业健康保险的城镇居民占 3.3%,拥有商业养老保险的城镇居民占 1.3%,拥有商业财产保险的城镇居民占 0.1%,拥有其他商业保险的城镇居民占 2.0%。

表 9-32　　　　　　　　　　　　商业保险投保比例　　　　　　　　　　　单位:%

区位	人寿保险	健康保险	养老保险	财产保险	其他保险	都没有
全国	3.9	2.1	0.9	0.1	1.5	92.1
城镇	5.5	3.3	1.3	0.1	2.0	88.8
农村	2.2	0.9	0.4	0.1	0.8	95.8

注:①有受访者购买了多项商业保险,所以可能会出现横向加总大于100%的情况。
　　②投保比例=投保人数/总人数。

从保险消费的性别特征看,男性的商业保险持有比例高于女性。如表 9-33 所示,在拥有商业人寿保险的人群中,男性占 53.3%,女性占 46.7%。在拥有商业健康保险的人群中，男性占 50.1%，女性占 49.9%。在拥有商业养老保险的人群中，男性占 48.4%，女性占 51.6%。在拥有商业财产保险的人群中，男性占 57.0%，女性占 43.0%。在拥有其他商业保险的人群中，男性占 57.6%，女性占 42.4%。

表 9-33　　　　　　　　　　性别与商业保险投保比例　　　　　　　　　　单位：%

性别	商业人寿保险	商业健康保险	商业养老保险	商业财产保险	其他商业保险
男性	53.3	50.1	48.4	57.0	57.6
女性	46.7	49.9	51.6	43.0	42.4

将每种商业保险在各个年龄段的投保人数除以该年龄段的样本总量，可以得到每种保险在各个年龄段的投保比例。如表 9-34 所示，无论哪种商业保险，投保比例最高的年龄段均为 41~50 周岁的中年人。

表 9-34　　　　　　　　　　年龄与商业保险投保比例　　　　　　　　　　单位：%

年龄段	商业人寿保险	商业健康保险	商业养老保险	商业财产保险
≤30 周岁	4.5	2.7	0.4	0.04
31~40 周岁	5.1	3.3	1.5	0.1
41~50 周岁	5.6	3.3	2.0	0.2
51~60 周岁	4.2	2.1	1.2	0.1
>60 周岁	1.8	0.6	0.5	0.1

由表 9-35 可知拥有每种商业保险的居民的学历水平分布情况。可以看出，初中和高中文化程度的居民是商业保险的主要投保人群。

表 9-35　　　　　　　　　　保险拥有者的学历水平分布　　　　　　　　　　单位：%

学历	商业人寿保险	商业健康保险	商业养老保险	商业财产保险	其他商业保险
没上过小学	2.5	1.8	3.9	7.8	3.5
小学	11.8	7.5	14.0	15.5	11.1
初中	28.5	23.6	25.9	20.5	27.5
高中	18.3	18.9	21.1	22.9	24.1
中专/职高	6.9	6.8	7.0	3.7	5.9
大专/高职	13.3	17.4	14.5	12.3	10.7
大学本科	16.9	21.5	12.0	17.4	16.1
硕士研究生	1.5	2.3	1.3	—	1.2
博士研究生	0.3	0.3	0.3	—	—

将每种商业保险在各个学历水平的投保人数除以该学历水平的样本总量，可以得到每种保险在各个学历水平的投保比例。由表9-36可知，随着学历水平的提高，商业保险的投保比例显著提高。

表9-36　　　　　　　　　　　学历与商业保险投保比例　　　　　　　　　　单位:%

学历	商业人寿保险	商业健康保险	商业养老保险	商业财产保险	其他商业保险
没上过小学	0.8	0.3	0.3	0.1	0.3
小学	1.9	0.7	0.6	0.1	0.5
初中	3.3	1.6	0.9	0.1	0.8
高中	5.3	2.9	1.6	0.2	1.7
中专/职高	5.0	2.8	1.4	0.1	1.0
大专/高职	7.7	5.0	2.2	0.2	1.5
大学本科	8.3	5.5	1.7	0.2	2.1
硕士研究生	8.5	7.0	2.5	—	1.7
博士研究生	8.1	5.2	2.9	—	—

9.2.2　商业人寿保险

由表9-37可知，在拥有商业人寿保险的居民中，投保人为本人的占比为51.6%，投保人为家人的占比为45.5%，投保人为单位的占比为2.9%。由表9-38可知，受益人占比最高的是本人，占比为49.9%。其后依次为子女、配偶和父母。

表9-37　　　　　　　　　　　　　投保人分布　　　　　　　　　　　　　单位:%

投保人	占比
本人	51.6
家人	45.5
单位	2.9

表9-38　　　　　　　　　　　　　受益人分布　　　　　　　　　　　　　单位:%

受益人	占比
本人	49.9
配偶	17.0
父亲/母亲	11.8
儿子/女儿	26.5
其他亲属	1.1
没有指定	3.0

注：由于该问题为多选，所以可能会出现加总大于100%的情况。

由表9-39可知，农村居民人均投保额为47 778元，城镇居民人均投保额为119 154元。从保险分红看，农村居民所投的商业人寿保险30.2%有分红，人均分红收入为236元。城镇居民所投的商业人寿保险42.9%有分红，人均分红收入为601元。从返还本金上看，农村居民所投商业人寿保险39.9%有返还本金，平均返还209元。城镇居民所投商业人寿保险55.6%有返还本金，平均返还314元。单次缴纳的保费金额，农村居民平均为2 233元，城镇居民平均为4 097元。有1.1%的农村居民获得了保险理赔，平均获赔1 425元。有2.3%的城镇居民获得保险理赔，平均获赔4 952元。

表9-39　　　　　　　　　　　商业人寿保险情况

人寿保险特征	全国	城镇	农村
投保总额（元）	102 226	119 154	47 778
分红占比（%）	39.6	42.9	30.2
上年所获得分红（元）	524	601	236
返还本金占比（%）	51.5	55.6	39.9
返还的本金（元）	293	314	209
单次缴纳的金额（元）	3 626	4 097	2 233
是否获得理赔（%）	2.0	2.3	1.1
赔付了多少（元）	4 431	4 952	1 425

9.2.3　商业健康保险

由表9-40可知，持有商业健康保险的农村居民中有38.1%的投保人为本人，55.4%的投保人为家人，6.5%的投保人为单位。持有商业健康保险的城镇居民中有47.6%的投保人为本人，47.6%的投保人为家人，4.8%的投保人为单位。从商业健康保险的种类看，农村居民与城镇居民持有重大疾病险的分别占54.9%和69.3%，持有医疗保险的占比分别为33.9%和37.5%。农村居民为商业健康保险支付的保费为1 432元，城镇居民为3 649元。农村居民的非零报销额平均为4 940元，城镇居民为3 919元。

表 9-40　　　　　　　　　　　　商业健康保险情况

商业健康保险特征	全国	城镇	农村
投保人为本人的占比（%）	45.8	47.6	38.1
投保人为家人的占比（%）	49.1	47.6	55.4
投保人为单位的占比（%）	5.1	4.8	6.5
重大疾病保险占比（%）	66.5	69.3	54.9
医疗保险占比（%）	36.8	37.5	33.9
上年保费（元）	3 218	3 649	1 432
上年报销额（元）	188	204	122
上年非零报销额（元）	4 023	3 919	4 940

9.2.4　商业养老保险

由表 9-41 可知，农村居民持有的商业养老保险中，投保人为本人、家人和单位三种情况占比依次为 62.7%、30.6% 和 6.7%。城镇居民持有的商业养老保险中，投保人为本人、家人和单位三种情况占比依次为 62.8%、33.6% 和 3.6%。在保费缴纳方面，农村居民人均缴纳 3 640 元，城镇居民人均缴纳 6 124 元。从保险分红看，农村居民所投的商业养老保险 25.2% 有分红，人均分红收入为 947 元。城镇居民所投的商业人寿保险 31.3% 有分红，人均分红收入为 851 元。农村居民有 14.2% 已经开始领取商业保险金，2012 年 6 月平均领取 258 元。城镇居民有 7.9% 开始领取，2012 年 6 月平均领取 410 元。

表 9-41　　　　　　　　　　　　商业养老保险情况

商业养老保险特征	全国	城镇	农村
投保人为本人的占比（%）	62.8	62.8	62.7
投保人为家人的占比（%）	33.0	33.6	30.6
投保人为单位的占比（%）	4.2	3.6	6.7
2012 年缴纳保费（元）	5 576	6 124	3 640
保险分红的占比（%）	30.0	31.3	25.2
2012 年分红额度（元）	869	851	947
开始领取养老金的比例（%）	9.3	7.9	14.2
上个月领取的金额（元）	359	410	258

专题 9-1　社会保障与居民幸福感

居民的幸福感会因为拥有保险产品而显著提高。在中国家庭金融调查问卷中，居民对自己的主观幸福感进行了评分。我们设定 1~5 五个分数，1 为最不幸福，5 为最幸福。从调查结果看，无论是社会养老保险、社会医疗保险，还是商业保险，有保险产品的居民的幸福感均高于没有保险产品的居民。如表 9-42 所示，拥有社会养老保险的居民的平均幸福感为 3.65，没有社会养老保险的居民的平均幸福感为 3.52。拥有社会医疗保险的居民的平均幸福感为 3.63，没有社会医疗保险的居民的平均幸福感为 3.54。拥有商业保险的居民的平均幸福感为 3.72，没有商业保险的居民的平均幸福感为 3.60。

社会保险是关系到居民幸福安康的关键。我国目前的社会保险水平还比较低，尤其是部分农村居民甚至没有社会保险。从民生的角度考虑，我国应该继续提高社会保险水平，真正实现老有所养、病有所医，切切实实地保障底层居民的生活，提高居民的幸福感。

表 9-42　保险与幸福感

有无保险	社会养老保险 幸福感	占比（%）	社会医疗保险 幸福感	占比（%）	商业保险 幸福感	占比
没有	3.52	24.1	3.54	10.4	3.60	91.4
有	3.65	75.9	3.63	89.6	3.72	8.5

专题 9-2　保险产品信任度与保险需求

中国家庭对保险产品的信任度很低，很大程度上影响了对保险产品的需求。在中国家庭金融调查的问卷中，针对社会保险和商业保险分别设置了保险信任度的问题。表 9-43 揭示了对社会养老保险的信任度与社会养老保险需求之间的关系。可以发现，居民对商业保险的信任度偏低，"完全不相信"的居民占 20.2%。

表 9-43　商业保险信任度与商业保险需求　　　　　　　　　　　　　　单位:%

信任度	完全不相信	不相信	介于相信和不相信之间	相信	完全相信
商业保险投保比例	3.2	5.8	6.6	10.6	11.9
各组居民占比	20.2	27.9	16.6	23.6	10.8

表 9-44 揭示了对社会保险的信任度与社会保险需求之间的关系。可以发现，居民对社会保险的信任度普遍较高，"完全相信"的居民占 54.3%。

表 9-44　社会养老保险信任度与社会养老保险需求　　　　　　　　　　单位:%

信任度	完全不相信	不相信	介于相信和不相信之间	相信	完全相信
社会保险投保比例	65.5	69.1	72.2	73.4	80.1
各组居民占比	3.4	6.7	6.7	28.8	54.3

10 家庭财富

10.1 家庭财富的分布

本节中，我们用家庭总资产来刻画家庭财富水平。每个财富分位数说明有相应百分比的家庭其财富低于此资产数，进而反映出我国家庭财富的分布情况。例如，2013年全国家庭财富10分位数为20 050元，表明有10%的家庭其财富低于20 050元，或90%的家庭其财富高于20 050元；2013年全国家庭财富中位数（50分位数）为256 000元，表明有一半的家庭其财富低于256 000元，另有一半的家庭其财富高于256 000元。

从财富分布来看，中国家庭财富分布极为不均。表10-1报告了2011年、2013年10~90分位数上全国、城镇和农村家庭的财富情况。我们着重分析2013年的家庭财富分布情况。从全国来看，家庭财富的10分位为20 050元，表明有10%的家庭其财富值低于20 050元；家庭财富的90分位为1 566 100元，表明有10%的家庭其财富高于1 566 100元。进一步分析，我国家庭财富的90分位是10分位的78倍，是50分位家庭财富的6倍，表

表10-1　　　　　　　　　各分位家庭财富状况　　　　　　　　单位：元

分位数	2011年			2013年		
	全国	城镇	农村	全国	城镇	农村
10分位	18 565	22 100	15 400	20 050	29 600	14 780
20分位	46 250	90 650	30 650	53 820	110 500	32 100
30分位	91 800	151 100	55 700	106 500	210 130	57 900
40分位	135 300	213 410	87 805	173 430	316 430	91 675
50分位	191 700	310 950	117 650	256 000	441 300	131 105
60分位	276 930	454 600	161 800	372 766	601 710	181 542
70分位	404 650	755 500	222 750	536 600	829 780	249 580
80分位	718 900	1 231 900	320 000	829 000	1 237 150	363 100
90分位	1 647 350	2 616 850	536 480	1 566 100	2 271 500	620 600

明我国家庭财富分布非常不均。分城乡看，城镇家庭财富的 10 分位为 29 600 元，表明有 10%的城镇家庭其财富低于 29 600 元；90 分位为 2 271 500 元，表明有 10%的城镇家庭其财富高于 2 271 500 元，且最高的 90 分位数家庭财富是最低的 10 分位数家庭财富的 77 倍，是 50 分位家庭财富的 5 倍。农村家庭财富的 10 分位显示，有 10%的家庭财富低于 14 780 元；90 分位显示有 10%的家庭财富高于 620 600 元。据统计，农村家庭财富的 90 分位数为 10 分位数的 42 倍，是 50 分位家庭财富的 5 倍。

表 10-1 同时给出 2011 年家庭财富的分位数，以比较各分位数上财富变化情况。从全国来看，相比于 2011 年，2013 年 20 分位家庭财富增加 16.4%，30 分位家庭财富增加 16.0%，40 分位家庭财富增加 28.2%，50 分位家庭财富增加 33.5%，60 分位家庭财富增加 34.6%，70 分位家庭财富增加 32.6%，80 分位家庭财富增加 15.3%，而 90 分位家庭财富则降低 4.9%。总的来看，财富增加比率呈先上升后下降的趋势。

为了更加直观地观察财富分布，表 10-2 将家庭按总资产规模由低到高分为 10 组，并给出了各组家庭总资产占全国家庭总资产的比重。从全国来看，总资产最低的 10%家庭的资产总和仅为全国家庭总资产的 0.1%，而总资产最高的 10%家庭的资产总和占全国总资产的比例高达 60.6%，最富有的 20%家庭拥有的总资产占全国家庭总资产的比例为 76.4%。由此可见，我国家庭财富分布不均现象严重。分城乡看，在城镇家庭中，总资产最低的 10%家庭资产总和仅占城镇家庭总资产的 0.1%，资产最高的 10%家庭所有资产占家庭总资产的比重为 54.5%；在农村家庭中，总资产最低的 10%家庭所有资产仅占农村家庭总资产的 0.2%，而总资产最高的 10%家庭所有资产占农村家庭总资产的比重高达 52.7%。因而，无论在城镇还是农村，财富分布不均现象都非常严重。

表 10-2　　　　　　　　　　　各组占总财富比重　　　　　　　　　　单位:%

| 组别 | 2011 年 | | | 2013 年 | | |
(家庭财富由低到高)	全国	城镇	农村	全国	城镇	农村
1	0.1	0.1	0.3	0.1	0.1	0.2
2	0.3	0.4	0.8	0.4	0.5	0.8
3	0.8	0.9	1.5	0.8	1.4	1.5
4	1.2	1.7	2.5	1.6	2.4	2.5
5	2.0	2.6	3.6	2.5	3.4	3.7
6	3.1	4.0	5.1	3.8	4.6	5.3
7	4.4	6.4	6.8	5.6	6.6	7.4
8	8.0	9.7	9.1	8.8	9.8	10.1
9	16.3	16.2	13.1	15.8	16.7	15.8
10	63.9	58.1	57.2	60.6	54.5	52.7

此外，与 2011 年各组财富占比比较后发现，在 2013 年，第 4~8 组资产占比都有不同程度的上升，而总资产最高的两组家庭所拥有的资产占社会总资产的比重在下降。这说明，我国财富分布极其不均的现象有所缓解。

10.2 家庭财富的人口学特征

本节统计了不同资产规模的家庭所具有的基本人口学特征。如表 10-3 所示，就家庭规模而言，不同财富水平的家庭在人口规模方面基本保持一致，差异并不显著，这说明家庭规模与家庭财富水平之间并不存在显著的关联；就教育程度而言，随着家庭财富水平升高，户主受教育年限逐渐增长，总资产最低的 10% 家庭户主平均受教育年限为 6.7 年，总资产最高的 10% 家庭户主平均受教育年限为 12.2 年；就户主年龄而言，随着家庭财富水平的升高，平均户主年龄整体呈下降趋势。

表 10-3　不同财富规模家庭人口学特征

组别(家庭财富由低到高)	家庭规模（人）	教育程度（年）	户主年龄（周岁）
1	2.9	6.7	56.5
2	3.4	7.1	54.2
3	3.7	7.6	53.0
4	3.8	7.8	52.0
5	3.8	8.3	51.6
6	3.8	9.0	50.1
7	3.6	9.5	50.3
8	3.5	10.2	49.1
9	3.5	10.8	50.0
10	3.5	12.2	48.5

10.3 家庭资产负债表

为进一步展现家庭财富水平，余下两个小节将分别编制不同财富水平家庭的资产负债表和收支储蓄表。在 CHFS 家庭资产及负债调查中，家庭资产包括金融资产和非金融资产两大部分。具体说来，家庭金融资产包括现金、活期存款、定期存款、股票、债券、基金、衍生品、金融理财产品、非人民币资产、黄金、借出款等,家庭非金融资产包括农业、工商业等生产经营资产、房地产与土地资产、车辆以及家庭耐用品等资产;家庭负债包括农业及工商业借款、房屋借款、汽车借款、金融投资借款、信用卡借款以及其他借款等。

本章抽取并编制典型家庭的资产负债表及收支储蓄表,以便更形象地展现中国家庭资产配置及债务负担状况。CHFS 以家庭总资产为基础,首先将 28 141 个家庭按照总资产规模分为 5 段:0~20% 为低资产家庭,21%~40% 为相对低资产家庭,41%~60% 为中等资产家庭,61%~80% 为相对高资产家庭,81%~100% 为高资产家庭,91%~100% 为资产最高 10% 家庭,96%~100% 为资产最高 5% 家庭。然后再对每个资产规模的家庭做平均值处理,求得每个分项资产、负债以及收入、支出等科目的状况,作为该类家庭的资产负债表和收支储蓄表的基础。

如表 10-4 所示,CHFS 所绘制的典型家庭资产负债表包括了家庭资产、家庭负债与家庭所有者权益三个部分。其中,家庭总资产等于家庭负债与家庭所有者权益之和。家庭所有者权益即为家庭净资产,是家庭总资产扣减家庭总负债后的余额,代表了家庭实际拥有的资产。家庭总资产则代表了家庭实际控制的资产。

表 10-4 家庭资产负债表 单位:元

	0~20%	21%~40%	41%~60%	61%~80%	81%~100%	91%~100%	96%~100%
资产:							
金融资产							
现金	1 199	2 313	3 782	6 129	24 941	38 087	54 335
银行存款							
活期存款	1 398	4 651	7 940	13 488	47 014	70 317	99 902
定期存款	680	4 123	7 051	14 500	44 205	60 629	72 430
其他应收款(家庭借出款项)	228	910	2 381	4 856	27 753	45 794	72 448
可供出售金融资产(债券及衍生品)	8	74	265	647	4 387	7 707	12 977
持有至到期投资(金融理财产品)	5	43	100	392	14 441	24 506	39 543
交易性金融资产(股票、基金、黄金)	68	412	979	3 197	37 108	63 520	100 056
长期股权投资(持有非上市公司股权)	0	1	0	7	5 895	11 580	23 049
保险	1 468	3 898	7 111	16 556	41 215	54 077	67 971
非人民币	1	2	15	86	3 024	5 695	10 628
非金融资产							
房产	8 347	63 600	174 668	399 021	1 709 848	2 600 361	3 688 313
土地	2 477	14 707	30 083	45 857	84 639	101 173	130 532
汽车	1 207	3 945	8 271	18 293	74 648	111 820	155 107
耐用消费品	2 547	4 930	8 002	13 322	30 099	40 221	52 228

表10-4(续)

	0~20%	21%~40%	41%~60%	61%~80%	81%~100%	91%~100%	96%~100%
收藏品及奢侈品	206	481	1 182	2 490	18 323	31 818	53 364
经营性工商业资产	286	1 697	6 121	19 064	686 268	1 319 660	2 517 711
经营性农业资产	1 486	3 965	4 645	4 789	17 219	27 507	44 951
资产合计：	21 612	109 751	262 595	562 691	2 871 026	4 614 472	7 195 545
负债：							
信用卡	87	92	132	210	1 040	1 521	1 998
为获得金融产品而负债	29	4	1	118	1 718	3 214	6 090
房产负债	1 246	3 514	9 417	24 864	69 764	85 109	85 109
汽车负债	60	443	1 262	2 228	4 274	5 899	7 999
教育负债	1 218	1 028	1 155	432	511	194	298
为获得耐用消费品、收藏品及奢侈品而负债	21	41	65	1 273	777	1 359	2 446
经营性负债	1 533	2 605	3 924	5 723	60 383	111 607	184 449
其他负债	3 060	3 646	1 993	800	882	4 250	4 713
负债合计：	7 254	11 373	17 949	35 648	139 349	213 153	293 102
所有者权益：							
家庭净资产	14 358	98 378	244 646	527 043	2 731 677	4 401 319	6 902 443
负债与所有者权益总计：	21 612	109 751	262 595	562 691	2 871 026	4 614 472	7 195 545

分总资产规模来看，低资产家庭的净资产仅为14 358元，家庭总负债为7 254元，家庭总资产为21 612元；相对低资产家庭净资产为98 378元，家庭总负债为11 373元，家庭总资产为109 751元；中等资产家庭净资产为244 646元，家庭总负债为17 949元，家庭总资产为262 595元；相对高资产家庭净资产为527 043元，家庭总负债为35 648元，家庭总资产为562 691元；然而高资产家庭净资产则高达2 731 677元，家庭总负债为139 349元，家庭总资产为2 871 026元；进一步分析，资产最高10%家庭净资产为4 401 319元，家庭总负债为213 153元，家庭总资产为4 614 472元；资产最高5%家庭净资产为6 902 443元，总负债为293 102元，家庭总资产为7 195 545元。与国际数据进行比较后，我们可以认为，中国最富裕的20%的家庭所拥有的家庭总资产在数量上远远超过了其他资产规模的家庭。

10.3.1 家庭资产负债率

如表10-5所示，不同资产规模的家庭的资产负债结构存在较大差异。从低资产家庭到高资产家庭，总资产负债率依次为33.6%、10.4%、6.8%、6.3%和4.9%，资产最高10%和5%家庭总资产负债率分别仅为4.6%和4.1%；从低资产家庭到高资产家庭，净资产负债率依次为 50.5%、11.6%、7.3%、6.8% 和 5.1%，资产最高 10% 和 5% 家庭净资产负债率仅为 4.8% 和 4.2%。这说明虽然高财富家庭拥有很高的负债绝对值，但是低财富家庭却有更高的总资产负债率，实际上承受了相对更高的还债负担。

表 10-5　　　　　　　　　　　家庭资产负债率　　　　　　　　　　　单位：%

资产负债率	0~20%	21%~40%	41%~60%	61%~80%	81%~100%	91%~100%	96%~100%
总资产负债率	33.6	10.4	6.8	6.3	4.9	4.6	4.1
净资产负债率	50.5	11.6	7.3	6.8	5.1	4.8	4.2

10.3.2　家庭金融资产组合

金融资产是一切可以在有组织的金融市场上进行交易、具有现实价格和未来估价的金融工具的总称。家庭金融资产的最大特征是能够在市场交易中为家庭提供即期或远期的货币收入流量。中国家庭的金融资产包括了现金、银行存款、其他应收款（借出款）、可供出售金融资产（债券、衍生品）。

如表 10-6 所示，不同资产规模的家庭中，不同类别的金融资产占总资产比例差距较大：家庭持有现金占总资产的比例随着家庭资产规模的增加而降低，如低资产家庭现金占比为 5.5%，而高资产家庭现金占比仅为 0.9%；活期存款与定期存款占比也随家庭资产规

表 10-6　　　　　　　　　　　金融资产占总资产比例　　　　　　　　　　　单位：%

金融资产类型	0~20%	21%~40%	41%~60%	61%~80%	81%~100%	91%~100%	96%~100%
现金	5.5	2.1	1.4	1.1	0.9	0.8	0.8
活期存款	6.5	4.2	3.0	2.4	1.6	1.5	1.4
定期存款	3.1	3.8	2.7	2.6	1.5	1.3	1.0
其他应收款	1.1	0.8	0.9	0.9	1.0	1.0	1.0
可供出售金融资产	0.0	0.1	0.1	0.1	0.5	0.2	0.2
持有至到期资产	0.0	0.0	0.0	0.1	0.2	0.5	0.5
交易性金融资产	0.3	0.4	0.4	0.6	1.3	1.4	1.4
长期股权投资	0.0	0.0	0.0	0.0	0.2	0.3	0.3
保险	6.8	3.6	2.7	2.9	1.4	1.2	0.9
非人民币	0.0	0.0	0.0	0.0	0.1	0.1	0.1
金融资产合计	23.3	15.0	11.2	10.7	8.7	8.3	7.7
剔除现金、银行存款、其他应收及保险后	0.4	0.5	0.5	0.8	2.3	2.6	2.2

模的增加而呈递减趋势。然而，家庭应收款即家庭借出款基本上稳定在1%的水平。此外，剔除现金、银行存款、其他应收及保险后的金融资产占比随着家庭资产规模的增加而增加，分别为0.4%、0.5%、0.5%、0.8%和2.3%。由此可以看出，随着家庭资产规模的增加，家庭金融资产的多样性在增加，家庭的金融市场参与度也在加深。

10.3.3 家庭非金融资产组合

非金融资产是指除了家庭金融资产以外的一切资产，包括房产、土地、汽车、耐用消费品、收藏品及奢侈品、经营性工商业资产和经营性农业资产等。如表10-7所示，不同资产规模家庭的非金融资产占比差别相当大。整体上看，随着家庭总资产规模的增加，家庭非金融资产占比呈递增趋势，依次为76.7%、84.9%、88.7%、89.4%和91.2%，且资产最高10%家庭和最高5%家庭非金融资产占比也分别高达91.8%和92.3%。这种差距主要来源于两方面：一方面，不同资产规模的家庭其房产占比存在较大差异，从低资产规模到高资产规模家庭房产占比依次为38.6%、57.9%、66.5%、70.9%和59.6%，呈先上升后下降趋势；另一方面，经营性工商业资产占比的差距更为明显，高资产家庭经营性工商业资产占比高达23.9%，特别是资产最高10%的家庭和最高5%的家庭占比高达28.6%和35.0%，远高于其他资产规模的家庭，即最富裕家庭普遍拥有自主的工商业资产。

表10-7　　　　　　　　　　非金融资产占总资产比例　　　　　　　　　　单位:%

非金融资产类型	0~20%	21%~40%	41%~60%	61%~80%	81%~100%	91%~100%	96%~100%
房产	38.6	57.9	66.5	70.9	59.6	56.4	51.3
土地	11.5	13.4	11.5	8.1	2.9	2.2	1.8
汽车	5.6	3.6	3.1	3.3	2.6	2.4	2.2
耐用消费品	11.8	4.5	3.0	2.4	1.0	0.9	0.7
收藏品及奢侈品	1.0	0.4	0.5	0.4	0.6	0.7	0.7
经营性工商业资产	1.3	1.5	2.3	3.4	23.9	28.6	35.0
经营性农业资产	6.9	3.6	1.8	0.9	0.6	0.6	0.6
非金融资产合计	76.7	84.9	88.7	89.4	91.2	91.8	92.3

10.4　家庭收支储蓄表

如表10-8所示，CHFS所编制的典型家庭收支储蓄表包括了家庭收入、家庭支出与家庭储蓄三个部分。其中，家庭储蓄为家庭总收入扣除家庭总支出后的结余。如表10-8所

表 10-8　　　　　　　　　　　　　家庭收支储蓄表　　　　　　　　　　单位：元

	0~20%	21%~40%	41%~60%	61%~80%	81%~100%	91%~100%	96%~100%
家庭总收入：							
工资性收入	12 965	19 605	25 903	34 026	62 049	78 372	94 130
农业收入	4 510	6 041	5 244	4 768	6 558	8 444	16 391
工商业收入	424	1 028	2 388	6 266	46 538	78 643	137 628
财产性收入	113	348	458	1 393	8 945	14 799	24 512
转移性收入及其他收入							
关系收入	1 152	1 443	1 675	2 381	4 002	4 626	4 940
征地拆迁收入	1 972	2 675	1 301	2 330	3 623	5 038	4 344
退休收入	4 028	3 959	6 141	9 632	15 725	17 266	16 751
保险收入	47	120	191	845	3 007	4 321	5 580
政府转移收入	421	346	337	252	259	222	189
其他收入	91	79	275	556	2 799	3 996	6 469
收入合计：	25 723	35 644	43 913	62 449	153 505	215 727	310 934
家庭总支出：							
消费性支出							
食品支出	9 457	11 611	14 673	18 678	29 644	35 732	43 442
衣着支出	936	1 347	1 878	2 674	5 618	7 383	9 650
生活居住支出	4 055	5 044	8 337	9 932	17 170	20 772	26 408
日用品与耐用品支出	1 233	1 769	2 310	3 279	7 050	9 066	11 577
医疗保健支出	3 758	3 442	3 480	3 472	4 563	4 835	4 921
交通支出	1 686	2 700	3 260	4 810	10 627	13 948	17 888
教育娱乐支出	2 684	3 552	4 504	5 699	13 973	19 858	28 345
其他支出	5	11	12	82	607	1 082	1 749
转移支出	1 675	2 942	3 601	4 641	7 327	10 260	14 420
支出合计：	25 489	32 418	42 055	53 267	96 579	122 936	158 400
储蓄：	234	3 226	1 858	9 182	56 926	92 791	152 534

示，从家庭总收入来看，从低资产家庭到高资产家庭，家庭总收入依次为 25 723 元、35 644 元、43 913 元、62 449 元和 153 505 元，资产最高 10%家庭和 5%家庭总收入分别为 215 727 元和 310 934 元。由此可见高资产家庭的收入远高于低资产家庭的收入，前者甚至达到了后者的将近 6 倍。从分项收入来看，从低资产家庭到高资产家庭，家庭的工资性收入依次为 12 965 元、19 605 元、25 903 元、34 026 元和 62 049 元，资产最高 10%家庭和 5%家庭工资性收入分别为 78 372 元和 94 130 元，可见高资产家庭的工资性收入远高

于低资产家庭；从低资产家庭到高资产家庭的工商业收入依次为 424 元、1 028 元、2 388 元、6 266 元和 46 538 元，同时资产最高 10%家庭和 5%家庭工商业收入分别为 78 643 元和 137 628 元，可见高资产家庭的工商业收入也远高于低资产家庭；此外，高资产家庭的其他分项收入包括农业收入、财产性收入与转移性及其他收入也均高于低资产家庭。综上，我们可以看出，当前收入状况可能进一步拉大财富分布不均等现象。

表 10-8 显示，在不同资产规模的家庭之间，不仅其收入水平相差较大，而且其支出水平和储蓄水平也存在较大的差异。从低资产家庭到高资产家庭的总支出依次为 25 489 元、32 418 元、42 055 元、53 267 元和 96 579 元，资产最高 10%家庭和 5%家庭总支出则分别为 122 936 元和 158 400 元。同时，从低资产家庭到高资产家庭的总储蓄依次为 234 元、3 226 元、1 858 元、9 182 元和 56 926 元，资产最高 10%家庭和 5%家庭总储蓄则分别为 92 791 元和 152 534 元。由此可见，高资产家庭总支出和总储蓄也依然远高于低资产家庭。

10.4.1 家庭收入构成

如表 10-9 所示，家庭总收入的结构也存在较大的差异：从低资产家庭到高资产家庭，工资性收入占总收入的比例分别为 50.4%、55.0%、59.0%、54.5%和 40.4%，资产最高 10%家庭和 5%家庭工资性收入占比则分别为 36.3%和 30.3%；工商业收入占总收入比例依次为 1.6%、2.9%、5.4%、10.0%和 30.3%，资产最高 10%家庭和 5%家庭工商业收入占比则分别为 36.5%和 44.3%；财产性收入占总收入比例依次为 0.4%、1.0%、1.0%、2.2%和 5.8%，资产最高 10%家庭和 5%家庭财产性收入占比则分别为 6.9%和 7.9%；转移性收入及其他收入占总收入比例依次为 30.1%、24.2%、22.7%、25.7%和 19.2%，资产最高 10%家庭和 5%家庭转移性收入及其他收入占比分别为 16.4%和 12.2%。综上可知，相比于高资产家庭，低资产家庭更多地依赖于工资性收入和转移性收入及其他收入。同时，相比于其他家庭，高资产家庭的工商业收入与财产性收入的占比更高。

表 10-9　　　　　　　　　　家庭收入占比表　　　　　　　　　　单位:%

收入类型	0~20%	21%~40%	41%~60%	61%~80%	81%~100%	91%~100%	96%~100%
工资性收入	50.4	55.0	59.0	54.5	40.4	36.3	30.3
农业收入	17.5	16.9	11.9	7.6	4.3	3.9	5.3
工商业收入	1.6	2.9	5.4	10.0	30.3	36.5	44.3
财产性收入	0.4	1.0	1.0	2.2	5.8	6.9	7.9
转移性收入及其他收入	30.1	24.2	22.7	25.7	19.2	16.4	12.2

10.4.2 家庭支出构成

如表 10-8 和表 10-10 所示，不同资产规模的家庭总支出不仅绝对数相差迥异，其结构也存在显著差异。从家庭食品支出来看，虽然资产规模越大的家庭，食品支出额也随之增加，但是食品支出相对于总支出的占比却呈现下降趋势。从低资产家庭到高资产家庭，食品支出占总支出比例分别为 37.2%、35.7%、34.8%、35.1% 和 30.7%，资产最高 10% 家庭和 5% 家庭食品支出占比分别为 29.1% 和 27.4%。从家庭衣着支出来看，随着家庭资产规模的增加，衣着支出的绝对数及其占比均呈现增大趋势，这可能是由于越富裕的家庭在衣着方面越注重品牌意识，更愿意增大投入。值得关注的是，从低资产家庭到高资产家庭，医疗保健支出依次为 3 758 元、3 442 元、3 480 元、3 472 元和 4 563 元，资产最高 10% 家庭和 5% 家庭的该项支出相差不多，分别为 4 835 元和 4 921 元。但是，从医疗保健支出占家庭支出的比例来看，低资产家庭到高资产家庭医疗保健支出占比依次为 14.7%、10.6%、8.3%、6.5% 和 4.7%，资产最高 10% 家庭和 5% 家庭该项支出占比仅分别为 3.9% 和 3.1%。由此可见，越贫困的家庭，医疗保健支出的负担就越重。

表 10-10　家庭支出占比表　　　　　　　　　　　单位:%

支出类型	0~20%	21%~40%	41%~60%	61%~80%	81%~100%	91%~100%	96%~100%
食品支出	37.2	35.7	34.8	35.1	30.7	29.1	27.4
衣着支出	3.7	4.2	4.5	5.0	5.8	6.0	6.1
生活居住支出	15.9	15.6	19.8	18.6	17.8	16.9	16.7
日用品与耐用品支出	4.8	5.5	5.5	6.2	7.3	7.4	7.3
医疗保健支出	14.7	10.6	8.3	6.5	4.7	3.9	3.1
交通支出	6.6	8.3	7.8	9.0	11.0	11.3	11.3
教育娱乐支出	10.5	11.0	10.7	10.7	14.5	16.2	17.9
其他支出	0.0	0.0	0.0	0.2	0.6	0.9	1.1
转移支出	6.6	9.1	8.6	8.7	7.6	8.3	9.1